비블로스성경인문학시리즈 3

성서, 생태 위기에 답하다

비블로스성경인문학시리즈 3

성서, 생태 위기에 답하다

강철구 | 구자용 | 김순영 | 김혜란 | 문우일 | 박유미 | 오민수 | 유연희 | 최종원 지음
박성철 책임 편집

저자 소개

강철구 박사
총신대학교 신학과와 신학대학원을 졸업한 후, 독일 뮌스터(Münster) 대학교를 거쳐서 튀빙엔(Tübingen)대학교 신학과에서 욥기 연구로 신학박사(Dr. theol.) 학위를 받았다. 총신대학교, 백석대학교 신학대학원, 서울성경신학대학원대학교에서 강사와 대신대학교에서 겸임교수를 역임했으며, 현재는 웨스트민스터신학대학원대학교에서 구약학 조교수로 재직하고 있다.

구자용 박사
총신대학교 신학과와 신학대학원 졸업한 후, 독일 본(Bonn)대학교 신학석사(Mag. theol.) 및 신학박사(Dr. theol.) 학위를 받았다. 현재 주안대학원대학교 구약학 교수로 재직 중이다. 번역서로 뤼디거 룩스의 『이스라엘의 지혜』 (한국학술정보, 2012)이 있고, 저서로 『다윗의 왕위계승사: 전도서를 드라마화한 삶의 이야기』 (새물결플러스, 근간)가 있다.

김순영 박사
삶의 상황성과 일상을 신학의 자료 삼는 구약성서 연구자다. 백석대학교 기독교전문대학원에서 구약학으로 박사학위를 받은 후 십 수

년 동안 백석대 신학대학원과 평생교육원, 안양대 신학대학원, 한영대에서 히브리어와 구약 과목들을 강의했다. 지금은 비블로성경인문학연구소 연구원으로, 한국연구재단 인문사회학술연구 교수 지원을 받으며 잠언의 지혜와 동아시아 도의 개념 비교, 생태학적인 구약본문 해석과 연구에 주력하고 있다. 저서로 『어찌하여 그 여자와 이야기하십니까?』(꽃자리, 2017), 『일상의 신학, 전도서』(새물결플러스, 2019) 등이 있다.

김혜란 박사

경기대학교 무역학과를 졸업 후, 총신대학교 신학대학원을 거쳐, 웨스트민스터 신학대학원에서 신약학 석사(Th.M.)와 "요한계시록 12장에 나타난 세 모티프의 중첩 사용 연구"로 신약학 박사학위(Ph.D.)를 취득하였다. 웨스트민스터 신학대학원, 아세아 연합신학대학교, KC대학에서 강의하였다. 연구논문으로 "요한계시록 12장에 나타난 여자-뱀 후손 간의 대결 구도 모티프 연구"(「신약연구」, 2018년 9월), "요한계시록 12:13-17에 나타난 세 모티프 중첩 사용연구"(「신약연구」, 2019년 9월)가 있다. 현재 교회사역과 비블로스 성경 인문학연구소에서 연구원으로 섬기고 있으며, 한국연구재단에서 연구지원을 받아 요한계시록의 해석과 연구를 진행 중이다.

문우일 박사

고려대학교(B.S.)와 서울신학대학교(M.Div.)와 시카고대학교(M.A.)를 졸업하고, 클레어몬트대학원대학교에서 신약학으로 박사학위(Ph.D.)를 받았다. 서울신학대학교 교양교육원 조교수(신약학)를 역임했고

(2014-2021), 아현성결교회 협동목사로 사역하고 있다. 세계성서학회(SBL International Meeting)에 "복음서와 행전의 인유 분과(Allusions in the Gospels and Acts)를 창설했고(2014), 분과의장을 역임했다(2014-2020). 『요한복음새롭게보기』 외 20여권의 역서가 있으며, 알렉산드리아의 필론 저서 1권(역서)이 2022년에 아카넷에서 출판될 예정이다.

박유미 박사

이화여대를 졸업하고 총신대학교 신학대학원을 거쳐 총신대 일반대학원에서 박사학위(Ph.D.)를 받았다. 이후 총신대 학부와 신대원에서 강의하였고 지금은 안양대학교 구약학 겸임교수로 있다. 현재 비블로스 성경인문학 연구소장과 기독교반성폭력센터 공동대표를 겸하고 있다. 저서로는 『이스라엘의 어머니 드보라』(2007), 『내러티브로 읽는 사사기』(2018)가 있으며 공저로는 『성폭력 성경 한국교회』(2019), 『혐오를 부르는 이름, 차별』(2020), 『이런 악한 일을 내게 하지 말라』(2020), 『샬롬 페미니즘입니다』(2021)가 있다. 구약과 여성과 생태에 관심을 갖고 연구하고 있다.

오민수 박사

총신대학교 신학과와 신학대학원을 졸업한 후, 독일 킬(Kiel)대학에서 「전도서, 잠언의 지혜전개 구분비교」로 신학박사(Dr. theol.) 학위를 취득하였다. 함부르크에서 5년 담임목회자로 봉직 후, 불변의 소명에 따라 귀국하여 대신대학교와 총신대학교에서 '사본학', '히브리어', '오경', '예언서', '지혜서', '시가서', '주경신학', '구약윤리'를 가르쳤다.

또한 기독교 대학(경민대학교, 한국국제대학교)에서 '창의인성'과 '기독교의 이해'를 교수하였으며, 현재는 대신대학교 구약학 조교수로 봉직 중이다. 역서로 『세상에서의 삶: 윤리』(2019)와 『꾸밈없는 사람들』(2020)이 있다. 저서로는 『지고, 지선, 지미 - 아가서 주석』(2021)이 있다.

유연희 박사

감리교신학대학교와 대학원에서 공부한 후, 뉴욕 유니온(Union)신학대학원에서 구약성서로 박사학위(Ph.D.)를 받았다. 저서로 『아브라함과 리브가와 야곱의 하나님』(대한기독교서회, 2009)과 『이브에서 에스더까지: 성서 속 그녀들』(삼인, 2014)이 있다. 역서로 필리스 트리블의 『하나님과 성의 수사학』(태초, 1996)과 『수사비평: 역사, 방법론, 요나서』(한국기독교연구소, 2007), 그리고 존 콜린스의 『히브리 성서 개론』(한국기독교연구소, 2011) 등 십여 권이 있다. 감신대, 이화여대, 한신대 등에서 강사를 역임하였다. 페미니스트비평, 퀴어비평, 생태비평을 적용한 성서 해석에 관심을 갖고 연구하고 있다.

최종원 박사

서울신학대학교 신학과와 대학원(M.A.)을 졸업한 뒤, 독일 본(Bonn)대학교에서 구약학으로 신학박사(Dr.theol.) 학위를 받았다. 현 서울신학대학교에서 구약학과 관련하여 강의를 하고 있으며, 주요 연구로는 구약과 고대 근동의 문화와 역사에 집중하고 있다. 저서로는 『Zur Bedeutung der Zahl Sieben. Eine literar - und kompositionskritische Studie zu den Vorstellungen von Fluch und Strafe im Alten Orient und im Alten Testament』(KAANT 11; Hartmut Spenner, 2011)이 있으며, 한국에서 폭넓은 학회 활동으로 다수의 논문이 있다. 대표적으로 "신명기의 비아르타법에 관한 연구"(「구약논단」, 76집, 2020)과 "이스라엘 종교사로 본 화해신학"(「구약논단」, 72집, 2019), "후기 유대 공동체의 '다문화'(Multiculture)에 관한 연구 - 에스라와 느헤미야에 나타난 이방인의 수용성과 배타성을 중심으로 -"(「구약논단」, 56집, 2015) 등이 있다.

박성철 박사

총신대학교 신학과와 신학대학원을 졸업한 후, 경희대학교 NGO대학원에서 시민사회학으로 석사학위를 받았고 독일 본(Bonn)대학교에서 신학석사(Mag. Theol.)와 정치신학연구로 철학박사(Dr. Phil.) 학위를 받았다. 총신대학교 신학대학원 강사와 횃불트리니티신학대학원대학교 초빙교수와 경희대학교 공공대학원 객원교수를 역임했으며 현재 서울성경신학대학원대학교 강사, 하나세교회와 교회와사회연구소 대표로 재직하고 있다. 저서로 『종교 중독과 기독교 파시즘』(2020)와 공저로 『칭의와 정의』(2017), 『성폭력, 성경, 한국교회』(2019), 『혐오를 부르는 이름, 차별』(2020), 『생태 위기와 기독교』(2021) 등이 있다. 현대신학과 정치신학 그리고 성서해석학을 중점적으로 연구하고 있다.

서문

COVID-19 사태는 먼 미래의 일처럼 느껴졌던 생태 위기를 현재의 문제로 인식하게 만들었다. 이제 인류는 생태학적 관점으로 세상을 바라보지 않으면 생존의 위기에서 벗어날 수 없다. 이러한 현실의 변화는 그리스도인에게 성서에 대한 새로운 이해를 요구하고 있다. 아니, 그리스도인이기에 생태 위기 시대를 성서를 통해 새롭게 바라보아야 하는지도 모른다. 『성서, 생태 위기에 답하다』(비블로스성경인문학시리즈 3)는 2020년 하반기 동안 생태 위기 시대의 기독교적 가치체계를 정립하기 위해 '비블로스성경인문학연구소'와 '기독교인문학연구원'이 공동으로 진행한 연구프로젝트 '생태학과 기독교'의 두 번째 결과물이다. 첫 번째 결과물은 2021년 상반기에 『생태학과 기독교』(비블로스성경인문학시리즈 2)로 출간되었다. 『성서, 생태 위기에 답하다』는 그 제목에서도 알 수 있는 바와 같이 성서신학적 관점에서 생태 위기의 문제를 다루었다. 9명의 저자들뿐 아니라 실천신학과 조직신학, 역사신학과 역사학을 전공한 4명의 연구자들(강호숙, 이수봉, 홍인표, 안주봉)이 각자의 전공에 따라 전문적인 평가와 조언으로 도왔다.

생태 위기와 같이 인류 존재를 위협하는 문제는 다양한 신학적 관점 속에서 지속적인 연구가 진행되어야 한다. 본서는 창세기부터 요한계시록에 이르는 광범위한 성서를 생태 위기라는 일관된 관점으로 연구하면서 신학자나 목회자들이 아니더라도 이해할 수 있도록 노력하였다. 무엇보다 본서는 66권으로 구성된 성서의 특성과 차별성을 제대로 드러내지 못했던 기존의 성서 해석 방식을 지양하고 구약성서와 신약성서가 쓰여진 고대 사회의 세계관에 대한 깊이 있는 연구들을 기반으로 각각의 본문들을 접근하였다. 하지만 성서신학이 고대 근동학이나 고고학의 한 분야에 전락하지 않기 위해서는 현대의 신학적 의미를 담아낼 수 있어야 하기에 성서 텍스트에 대한 생태신학적 해석을 진지하게 고민하였다.

본서는 2부로 구성되어 있다. 제1부는 자연생태계를 왜곡된 인식으로 바라보았던 기존의 인간 중심의 인식론을 비판하고 있다. 제1장 "생태 신학적 관점으로 본 창세기 1장의 세계관"은 창조신학에 대한 왜곡된 해석이 생태 위기를 가중시켰음을 밝히고 창세기 1장에 대한 생태학적 해석을 통해 이를 극복하려 한다. 제2장 "욥에게 들려주는 하나님의 생태학 특강(욥 38:1-41:34)"은 레오나르도 보프의 사회 생태적 민주주의를 기반한 성서 해석 방식을 욥기의 자연과 인간의 관계에 적용하여 해석한다. 제3장 "불평등 사회의 생태적 전환을 위한 잠언의 지혜"는 부의 축적과 성장 논리가 생태위기를 가속화시키는 현실로 인식하고 불평등한 현실 사회 각성과 생태적 전환을 위한 잠언을 제시한다. 제4장 "그녀가 운다: 생태비평으로 예레미야 12장을 읽다"는 지구성서프로젝트의 해석학적 방법론을 예레미야 12장에 적용하는 생태비평을 통해 자연을 대상화한 전통적인 구약성서 해석의 문제를 지적하고 지구 및 그 요소들과 동일시하는 해석을 꾀한다. 제5장 "묵시적 생태학의 관점에서 본 새 하늘과 새 땅(계 21:1-22:5)"은 자연생태계의 회복을 요한계시록에 등장하는 새 하늘과 새 땅에 대한 생태학적 해석을 통해 다루고 생태 윤리와 생태 정의를 강조한다.

제2부는 자연생태계 속 생명체와 인간의 관계를 성서 본문을 통해 재조명한다. 제1장 "동물, 사회의 급진적 정황 변화의 주역(출 23:4-5)"은 생태 위기가 동물을 지배의 대상으로 바라본 시각에서 유래된 것임을 밝히고 이를 극복하기 위해 인간과 자연이 운명공동체임을 구약 성서본문을 통해 살펴본다. 제2장 "구약의 신학적 동물학과 생태학"은 구약성서의 동물에 대한 전통적인 이해를 생태학에 기반한 신학적 동물학을 통해 비판하고 동물과 인간 사이의 관계를

새롭게 정립함으로써 공존의 가능성을 찾는다. 제3장 "무엇을 먹을까? - 레위기 음식법에 대한 생태학적 읽기"는 레위기의 음식법에 대한 생태학적 해석을 통해 생명의 가치를 강조하고 생태 위기 극복을 위한 일상생활의 변화(식습관의 변화 등)를 신학적으로 살펴본다. 제4장 "생태 관점에서 읽은 '뿌리는 자의 비유'(막 4:3-8)"는 뿌리는 자의 비유가 내포하고 있는 삼중구조의 생태학적 함의를 살펴봄으로써 경제적 생산 중심의 땅에 대한 전통적 이해를 비판하고 대안적 인식론을 정립한다.

본서의 저자들은 이 한 권의 책으로 생태 위기에 대한 성서의 통찰력을 다 담아낼 수 없다는 것을 잘 알고 있다. 하지만 이 연구가 생태 위기의 문제에 대한 해결책의 전부는 아닐지라도 이를 위해 '마중물'의 역할을 감당함에 부족함이 없을 것이라고 확신한다.

남한산성 아래서

책임 편집자 박성철

CONTENTS

제1부

성서, 자연생태계와 인간의 새로운 관계에 답하다

제1장

생태 신학적 관점으로 본 창세기 1장의 세계관

최종원

I. 들어가는 말: 질문하기

오늘날 COVID-19의 삶은 인간의 육체와 정신을 파괴하여 더 이상 과거의 전통적인 삶의 양식이 지속할 수 없다는 위기감을 알려주었다. 특히 자연의 파괴는 온갖 질병과 관련이 있을 뿐 아니라 인간의 삶을 위협하고 있다. 이러한 위협에 인간은 무감각할 뿐만 아니라 구원을 인간 중심적으로만 해석하는 오류를 범하고 있다. 그러나 인간의 구원은 자연의 건강함과 무관하지 않다는 것을 오늘날 자연의 위협을 통하여 배워야 한다. 이런 점에서 오늘날 신학은 과거 전통적 신학의 한계를 넘어서야 하며 새로운 패러다임을 제시해주어야 한다.

생태 신학이라는 용어는 생태학(Ökologie)이라는 용어에서 출발한다. 이 용어는 1866년 독일의 생물학자인 헤켈(Ernst Haeckel)이 처음으로 사용했다.[1] 생태학의 의미처럼, 오늘날 다양한 분야는 '에코'(eco-)를 접두사로 사용하면서, 저마다 생태 전문가로서 관심을 표한다. 특히 생태학은 정치, 사회, 정신 분야에서 활발하게 연구되고 있으며, 신학의 분야에서도 특히 창조신학을 필두로 깊이 연구되고 있다.

창조신학은 소위 오경의 한 주제일 뿐만 아니라, 예언서와 지혜서에서도 중요한 사관으로 언급되고 있음은 이미 널리 알려졌다(사 40-55장; 겔 36장; 욥 28장; 시편의 창조시편 등). 각각의 본문들은 창조신학의 다양한 관점을 소개하고 있으며, 자연과 밀접한 관계가 있는 하나님의 활동을 소개하고 있다. 특히 창조신학의 관점은 자연(Natur)과 문화(Kultur)의 상관관계를 관찰하며 그 현상에서 하나님의 간섭과 인간의 반응이 어떻게 일어나고 있는지를 설명하고자 한다. 이는 창조신학이 생태학적 관점과 매우 깊은 관계가 있음을 내포한다.

이런 점에서 이 글은 창세기 1장의 창조신학 본문을 생태학적 관점에서 접근하여 기존의 신학적 관점을 재정리하고자 하며 어떠한 역사관이 투영되고 있는지를 연구하고자 한다. 이와 함께 해석학적 측면에서 통시적이며 동시에 공시적인 해석 방법으로 접근하여 제기된 문제를 해결하고자 한다.

II. 창세기 1장의 연구사

창세기 1장은 1867년 이래로 율리우스 벨하우젠(Julius Wellhausen)의 문서설 영향 아래 있었다.[2] 그의 종교사적 연구의 중요성은 오경 연구의 중심으로 1970년대까지 계속되었다. 그러나 새로운 문헌 연구

방법이 시도되면서 벨하우젠의 문서설은 마침내 극복되었다.[3] 이 과정에서 소위 야훼계 문헌 자료의 성격을 규정하는 것이 주요한 이슈였다.[4] 지금까지 모든 연구사적 자료를 이 논문에서 살피는 것은 무의미하나, 몇 가지 창세기 주석과 관련된 저서를 살펴보면, 대부분 이러한 흐름을 어렵지 않게 확인할 수 있다. 그 대표적인 관점은 창세기 1장이 제사장적 관점에서 서술되었음에 대한 학자들의 의견일치가 있다는 것, 그리고 오늘날 이 문제를 논함에 있어서 통시적 관점과 공시적 관점이 동시에 사용되고 있다는 것이다.[5]

오경 연구에 있어서 가장 주요한 쟁점은 야훼 문서의 존재 유무다. 이미 1976년 롤프 렌토르프(Rolf Rendtorff)는 『오경의 전승사적 문제』(*Die übelieferungsgeschichtliche Problem des Pentateuch*)라는 저서에서 이 야훼 문서의 존재에 강한 의문을 제기했으나 대부분의 학자들은 여기에 반응을 보이지 않았다. 그러나 존 반 시터스(John van Seters, 1975)나 코우츠(G. W. Coats, 1983년)는 그의 주장을 따르고 있다. 이러한 개념은 보충가설[6]로 제안되었고, 야훼 문서가 제사장 문서의 해석으로 이해되기에 이르게 되었다. 그 결과 H. H. 슈미드(Hans Heinrich Schmid, 1976년), 마틴 로제(Martin Rose, 1981년), 루돌프 스멘트(Rudolf Smend, 1984년) 등과 같은 학자들이 야훼 문서가 신명기 신학과 깊은 연관성이 있음을 연구하였고, 그 연구를 통해서 야훼 문서가 이스라엘의 후기 왕정 시대에 형성된 것으로 추정할 수 있는 결과를 낳았다. 또 다른 부류에서 반 시터스(1975년)나 R. N. 와이브레이(Roger Norman Whybray, 1987년)와 같은 학자들은 문학적 관점과 고고학적 연구의 도움으로 야훼 문서를 주전 6세기경에 형성된 것으로 보기도 한다.[7]

관련하여 이 글이 목표하는 바를 다시 정리해 본다면, 그것은 먼저 창세기 1장의 다양한 신학적 관점을 정리하고, 그 관점들 중에서 특히 생태학적 관점들이 창세기 1장 외의 또 다른 제사장적 신학을 배경으로 하는 본문에서 나타나는지에 대해 고찰하는 것이다. 나아가 창세기 1장 26-28절에 나타난 인간 창조와 그 이후 소개되는 '먹거리 문화'(창 1:29-31)에 대한 이해가 창세기 1장 본문의 중요한 신학적 세계관을 드러내고 있는 중요한 주제임을 밝히며, 이 주제를 중심으로 본 논문은 생태학적 사고 위에서 지금까지 다양한 신학적 입장을 재해석하고 새로운 신학적 사고가 이스라엘의 정신사적 흐름에서 중요한 자리를 차지하고 있음을 살펴보고자 한다.

III. 창세기 1장의 주석학적 접근

1. 창세기 1장의 문학적 구조와 문제

창세기 1장의 내용은 일반적으로 2장 4a절 또는 4b절에서 그 문학적 단위가 결정된다. 지금까지 이 단위는 문서설을 입증하는데 중요한 사고를 제공하였다. 편집사적으로 2장 4절은 엘로힘으로 소개하는 1장 1절에서 2장 3절과 야휘스트 본문[8]으로 기록된 2장 5절 이하의 본문을 이어주는 이음글로 이해할 수 있다. 이런 점에서 엘로힘으로 소개되는 창조 본문은 2장 3절까지 하나의 문학적 단위를 형성한다고 볼 수 있다.

지금까지 창조의 서술 구조와 그 구조에서 땅을 지배하는 인간의 임무를 '제왕 이데올로기'로 해석하는 의견이 반영되었다. 본문의 문학적 단위가 4a절에서 나누어지든지 4b절에서 나누어지든지 간에 창조의 과정은 7일의 구조 속에서 진행되는 것이 확실하다. 이 구조 속에서 인간 창조의 의미는 무엇인가? 또한 인간과 자연의 관계는 오히려 평등한가? 인간은 동물들보다 더 우월하다고 말할 수 있는가? 왕으로서 인간은 모든 피조물에 대하여 우월한 것이며, 이러한 사고는 사회 제도적인 문제를 일으키지 않는가? 이 질문들을 우리는 창세기 1장에서 제기해 볼 수 있다. 지금까지 적용되었던 신학적 주제가 아니라 다른 차원에서 이 본문을 적용해 볼 수 있을 것이다. 적어도 먹거리 문화라는 관점에서 볼 때, 인간은 자연과 평등의 관계에 있다는 것이 명백해 보인다(1:29ff.). 이 부분을 중심으로 우리는 성서가 말하는 인간과 자연의 관계성을 역사적이며 사회적으로 재구성하여 해석할 수 있을 것이다.

먼저 창세기 1장의 7일 구조는 분명 제사장적 사고의 배경에서 해석되고 있다. 이 제사장적 사고의 배경을 고려할 때, 창세기 1장의 구조를 학자들의 도움을 받아 다음과 같이 재구성할 수 있다.

a 1-2절 대전제
b 3-5절 첫째 날(창조 명령 1) - 우주(빛과 어둠)
c 6-8절 둘째 날(창조 명령 2) - 궁창(하늘과 바다)
d 9-13절 셋째 날(창조 명령 3, 4) - 땅(마른 땅과 식물)
b′ 14-19절 넷째 날(창조 명령 5) - 우주(해, 달, 별 등)
c′ 20-23절 다섯째 날(창조 명령 6) - 궁창(하늘과 바다의 생물들)
d′ 24-31절 여섯째 날(창조 명령 7, 8) - 땅(땅의 생물과 인간 그리고 먹거리로서 식물)
e 2장 1-3절 일곱째 날(하나님의 안식)

하나님의 창조 구조가 제사장의 세계를 반영하고 있음은 분명해 보인다. 왜냐하면 7일간의 구조는 적어도 안식일의 개념과 밀접하게 관련되어 있고, 다시 안식일은 예배와 예식에 있어서 중요한 절기를 형성하는 틀을 제공해 주기 때문이다. 그러나 좀 더 세부적인 사항들이 이 구조 안에서 문제를 일으키는 것을 관찰할 수 있다. 그것은 하나님의 창조 행위가 8번 발생하며, 셋째 날과 여섯째 날에 그 활동은 두 번씩 일어나고 있다는 사실이다.

위의 도표에서 보듯이, 창조는 큰 틀에서 두 부분으로 서술되고 있다. 첫 부분인 3-13절에는 '나누다'(4절, 6절, 7절, 14절, 18절)라는 동사가 주요한 역할을 한다. 이어 두 번째 부분인 14-31절은 '창조'되고 나누어진 공간에 '하나님이 보시기에 좋은' 것들이 장식된다. 마지막으로 전체 창조 활동은 안식일 개념의 범주와 함께 서술되고 있다.

안식일 사고는 이스라엘 백성이 광야를 지나는 시기(출 16:22-30)에 발생하였고, 나아가 시내산에서 하나님이 모세를 통하여 이스라엘 백성에게 주신 네 번째 계명(안식일을 기억하여 지켜라; 출 20:8-10)으로 법으로 명시되기까지 했다. 또한 안식일은 광야에서 성소와 그 부속물들을 만드는 일과 연관되어 소개된다(출 31:1-11). 이 두 부분의 말씀을 연결하여 생각해 보면, 분명 세상을 만드는 일과 성소를 만드는 일이 평행되는 일임을 보여준다. 이러한 신앙 사관은 출애굽기 31장 16-17절에서 분명하게 소개하고 있다.

> 이같이 이스라엘 자손이 안식일을 지켜서 그것으로 대대로 영원한 언약을 삼을 것이니, 이는 나와 이스라엘 자손 사이에 영원한 표징이며 나 여호와가 엿새 동안에 천지를 창조하고 일곱째 날에 일을 마치고 쉬었음이니라 하라.

안식일 개념은 노아의 계약(창 9:8-17)과 같이 영원한 언약의 신학적 토대 위에서 적용되고 있다. 창세기 9장 8절에서 하나님(엘로힘)은 노아와 그의 아들들에게 말한다. 하나님이 언약을 세우시는 첫 번째 대상은 9-10절에서 기록하듯이 노아 가족과 노아 후손과 모든 생물이다. 그 생물들은 방주에 함께 탔던 새와 가축과 땅의 모든 생물이다. 이 언약이 무지개를 통하여 증언되고, 16절에서 다시 언급될 때 그 대상은 새롭게 확대 적용되고 있다. "무지개가 구름 사이에 있으리니 내가 보고 나 하나님과 모든 육체를 가진 땅의 모든 생물 사이의 영원한 언약을 기억하리라." 즉, 이 영원한 언약의 대상자는 '육체를 가진 땅의 모든 생물'이다.

주목할 만한 것은 창세기 9장 1-7절 사이에서 영원한 언약의 개념이 제사장의 세계관이 보여주는 '먹거리' 사고와 함께 나타나고 있다는 점이다. 이 세계관은 인간에게 동물이 '채소같이' 먹을거리(창 9:3, "모든 산 동물은 너희의 먹을 것이 될지라. 채소같이 내가 이것을 다 너희에게 주노라.")로 주어졌다는 것이다. 이 본문은 소위 제사장적 신학사고가 나타나는 본문으로 알려져 있다. 그렇다면 이 본문과 창세기 1장의 본문 사이에는 미묘한 사고의 간격이 있음을 보여주는 것이 아닌가? 창세기 1장 29-30절은 다음과 같이 소개한다.

> 하나님이 이르시되 내가 온 지면의 씨 맺는 모든 채소와 씨 가진 열매 맺는 모든 나무를 너희에게 주노니 너희의 먹을 거리가 되리라. 또 땅의 모든 짐승과 하늘의 모든 새와 생명이 있어 땅에 기는 모든 것에게는 내가 모든 푸른 풀을 먹을 거리로 주노라 하시니 그대로 되니라.

창세기 1장 29-30절의 사고는 소위 제사장 신학으로 알려진 노아

계약과 그 세계관이 다르다는 것을 분명하게 보여준다. 이 관점은 지금까지 대부분의 신학자들이 언급하지 않을 정도로 그렇게 주목받는 본문이 아니었다. 이 본문의 세계관은 인간과 동물에게 먹을거리의 대상이 평등하게 주어지고 있다는 것이다.

이미 앞에서 창세기 1장의 구조를 통하여 소개하였듯이, 안식일 구조 속에서 여섯 번째 날에 일어난 창조 사건에 대한 서술에는 땅에 대한 세계관이 엿보인다. 이 세계관은 분명 땅의 생물들의 존재 가치를 드러내는 정체성과 깊은 관련이 있음이 분명하다. 이런 측면에서 볼 때, 창세기 1장의 세계관은 노아 이야기 속의 '영원한 언약' 개념과 출애굽기 31장의 안식일 계약 사고를 함께 내포한다고 할 수 있다. 그러나 그 사고를 무비판적으로 받아들이지 않고 새로운 시대의 정신으로 받아들이고 있다는 것이 중요한 신학적 관점이다.

간단히 정리해 보면, 창세기 1장은 기본적으로 창조 신앙을 안식일이라는 틀 위에서 해석하고 있음을 알 수 있다. 여기서 하나님의 창조 활동의 흐름을 중심으로 본문의 내용을 살펴보면, 본문은 하나님의 창조 행위의 시점을 위에서 아래, 즉 우주(하늘)에서 땅으로 향하는 시점으로 기록하고 있다는 것이다. 이는 본문의 관점이 하늘이 아니라 땅에 집중하며, 땅에서 일어나는 일들이 주요한 관심사임을 강조한다. 또한 하나님의 창조 활동은 셋째 날과 여섯째 날에 각각 두 번씩 발생하고 있는데, 이렇게 한 쌍으로 겹쳐지는 날에 행해진 하나님의 창조는 특별히 땅의 영역과 깊은 관계를 맺고 있다는 점에서 주목할 만하다. 그래서 창세기 2장 4절 이하는 1장을 해석하되 땅의 상황에 더욱더 집중하며 해석하는 것으로 볼 수 있다.

창세기 1장을 통하여 알 수 있듯이, 모든 생태계는 하나님의 명령

속에 움직인다. 생태계가 건강하다는 것은 하나님의 명령과 그 활동이 제대로 작동한다는 증거이다. 그래서 본문은 하나님이 창조하신 세계의 그 상태를 '하나님이 보시기에 좋다'고 평가한다. 그런데 여기에서 우리는 하나님의 장식물로 채워지는 다섯 번째 날과 여섯 번째 날에 일어난 사건에 주목해야 한다. 그것은 이전 창조와 그 창조 결과에 대한 판단과 새로운 관점이 나타나고 있는 부분이며, 다섯 번째 날과 여섯 번째 날은 '축복'(바라크) 선언과 관련하여 새로운 시각을 우리에게 제공해 준다.

2. 창조와 축복

다섯 번째 날 하나님(엘로힘)은 하늘과 바다의 생물을 '창조'하고 그들에게 '복'을 주신다. 여섯 번째 날은 땅의 생물을 만드시고, '보시기에 좋다'라고 평가하신다. 그리고 하나님(엘로힘)은 그날에 사람(아담)을 창조하며 복을 주신다. 전체 본문의 구조를 면밀히 살펴보면, 하늘과 바다의 생물 창조와 인간 창조 사이에 땅의 생물 창조 사건이 소개되고 있다. 창조된 그 땅의 생물(24절)은 '가축과 기는 것과 땅의 생물'로 소개된다. 이들은 인간이 창조되기 전에 창조된 피조물이다. 그런데 이 부분에서 특이한 것이 있는데, 그것은 하늘과 바다의 생물 그리고 인간에게 선언하신 하나님의 복주심 명령이 '땅의 생물'에게는 적용되지 않고 있다는 사실이다. O. H. 슈텍(Odil Hannes Steck)은 이 현상을 살피면서, 다음과 같이 질문한다. "왜 땅의 생물들에게 복 주심이 제외되었나?"[9] 어떤 의미가 여기에 놓여있는가? 본문에 설정되어 있는 '복 주심-구조'를 분석해 보면 다음과 같다.

절	주제	내용
22	하늘과 바다의 생물	하나님이 그들에게 복(바라크)을 주시며 이르시되 생육하고 번성하여 여러 바닷물에 충만하라 새들도 땅에 번성하라
24-25	땅의 생물	하나님이 보시기에 좋았더라
(26-)28	인간	하나님이 그들에게 복(바라크)을 주시며 하나님이 그들에게 이르시되 생육하고 번성하여 땅에 충만하라, 땅을 정복하라, 바다의 물고기와 하늘의 새와 땅에 움직이는 모든 생물을 다스리라

위 도표에서 보듯이, 첫 번째 복의 대상은 하늘과 바다의 생물에 한정된다. 그들에게 주어진 복의 내용은 "생육하고 번성하여 충만해지는 것이다." 그리고 인간에게 역시 복이 주어지며, 바다와 땅의 생물에게 주어진 복의 내용이 언급되고 정복하고 다스리는 내용이 추가된다. 위에서 슈텍의 의문에 대한 답변으로 베르너 슈미트(Werner H. Schmidt)는 22절의 하늘과 바다의 생물에게 주어진 복의 내용이 땅의 인간에게 그대로 일치되고 있는 것으로 보아, 땅의 생물 역시 땅에 충만할 수 있는 대상이 될 수 있다고 보았다. 또한 창세기 8장 17절로 이 사고의 분명한 근거를 제시한다. "너와 함께 한 모든 혈육 있는 생물 곧 새와 가축과 땅에 기는 모든 것을 다 이끌어내라. 이것들이 땅에서 생육하고 땅에서 번성하리라." 땅의 생물은 땅에 생육하고 번성하게 될 것이라고 하나님이 노아에게 말씀하신다. 인간과 땅의 생물이 하나님의 명령 가운데 자연 안에서 생육하고 번성하는 행위를 이루어내는 것은 창조적 관점이다. 그러나 창세기 8장 17절에서도 여전히 땅의 생물에게 적용될 복 주심의 공식적인 어구는 빠져있다. 이것을 근거로 슈미트는 땅의 생물에게 복이 언급되지

않은 것은 땅의 인간과 땅의 생물들이 서로 경쟁 관계 속에 있음을 의미하는 것이라고 주장한다.[10)]

땅의 생물과 땅의 인간은 모두 땅을 기반으로 살아간다. 창세기 1장은 그 땅을 '에레츠'로 표시한다. 그들의 생활환경은 분명히 땅이다. 인간은 생물들과 함께 그 땅에서 살아가도록 허락되었다. 이 땅에 대한 관심은 창세기 2장 7절 이하에서 소개하는 인간 창조 이야기에서 새롭게 전환한다. 먼저 신(神)명칭이 여호와 엘로힘으로 전환되어 있다. 여호와 하나님(엘로힘)은 사람(아담)을 '땅(아다마)의 흙(아파르)'으로 지으신다. 땅(에레츠)의 배경은 창세기 2장의 인간 창조(7절)에서 아다마로 전환되었다. 그리고 8절에서 여호와 하나님은 에덴에 그 사람(아담)을 두셨다. 이때부터 사람(아담)은 에덴이라는 한정된 공간에서 경작하고 그 곳을 지키게 하신다(15절). 에덴을 경작한다는 것은 그 땅을 경작지로 이해한다고 볼 수 있다. 그 경작지는 소위 자연과 대비되는 분화적 공간을 의미한다고 볼 수 있다. 이러한 경작지는 이스라엘의 문화적 공간을 통하여 설명되는데, 에스겔 36장 35절에서 미래 이스라엘의 모습으로 포로기 이후 에덴동산과 같이 됨을 예견하고 있는 것을 볼 때, 적어도 포로기 이후 에덴은 이스라엘을 대표하는 공간으로 이해될 수 있다. 에덴은 경작지의 대표적인 문화적 공간이다. 이 에덴은 생명 나무와 선과 악을 알게 하는 나무가 중심이 되어 인간의 삶이 하나님의 명령과 밀접하게 관련이 있음을 알게 한다. 그 관계로 여호와 하나님은 먹거리에 대한 규정을 정하신다. 여호와 하나님은 그 먹거리로 각종 나무 열매는 임의로 먹을 수 있으나, 선악을 알게 하는 나무의 열매는 먹지 말라는 것이다. 이 먹거리 규정을 지키지 않으면 죽음의 결과가 따른다. 그 죽음은 추방이며 인간은 땅(아다마)을 경작해야만 한다(창 3:23).

이렇게 땅(아다마)을 문화적 개념으로 이해하는 것은 삶의 의미를 인간 중심적으로만 해석하려는 것으로, 거기에 성경의 근본적인 의지가 담겨있다고 볼 수 없다. 인간은 여전히 자연 속에 있다. 인간은 자연을 떠나서는 생존이 불가하다. 창세기 2장 7절은 인간이 땅(아다마)의 흙에서 왔음을 분명히 소개하고 있다. 여전히 창조 본문에서 인간은 땅을 경작하듯이(창 2:15), (창 2:15), 인간은 자연과 함께 그리고 자연 속에서 문화를 만들며 공존해야 한다. 창세기 1장은 인간(아담)이 땅 위에서 존재하고 있음을 설명한다. 아담은 땅을 떠나서는 생존할 수 없다.

다른 한편으로는 동물 역시 같은 공간인 땅을 기반으로 생존해 살아간다. 이러한 개념은 구약과 고대 근동에서 신(神)개념에 덧붙여져 있는 '동물의 주 모티브'와 무관하지 않다.[11] 그래서 구약에서도 야훼 하나님은 '동물의 주'로서 표현되고 있다. 하나님은 인간의 하나님이자 동물들의 하나님이다. 생태학적 관점에서 인간은 자연과 동등하다. 이것이 무너질 때, 역사는 어두워지고 파괴된다.

3. 생태학적 주제로서 인간과 자연의 경합

1) 오경 안에서 인간과 자연의 경합

(1) 창세기 4장 10-12절

> 이르시되 네가 무엇을 하였느냐 네 아우의 핏소리가 땅에서부터 내게 호소하느니라. 땅이 그 입을 벌려 네 손에서부터 네 아우의

피를 받았은즉 네가 땅에서 저주를 받으리니 네가 밭을 갈아도 땅이 다시는 그 효력을 네게 주지 아니할 것이요, 너는 땅에서 피하며 유리하는 자가 되리라.

창세기 4장 10-12절의 분위기는 땅과 인간이 경합을 이루는 장면으로 묘사된다. 가인이 동생을 살인한 후, 일어난 땅의 반응은 생태학적이며 사회적인 태도를 보여주는 사건으로 볼 수 있다. 피를 받게 된 땅은 저주를 받은 것으로 이해된다. 그 결과 땅은 인간에게 어떠한 열매도 제공하지 않게 된다. 인간의 사회적 활동은 자연이 제공해 주는 결과에 따라 그 범위가 결정된다. 그래서 본문은 땅이 객체가 아닌 주체가 되어, 그 효력을 인간에게 제공하지 않을 것이라고 표현한다.

인간의 잘못된 모습은 곧바로 땅의 반응으로 드러난다. 그 땅은 인간에게 저주로 반응한다. 이 저주는 인간의 사회 활동에 대한 자연의 반응이다. 이렇게 성서는 인간의 태도에 복과 저주로 응답하는 자연을 통하여 인간의 삶을 규정하고 나아가 도덕적이며 윤리적인 태도를 요구한다. 이것이 창조 본문에서 나타나고 있다.

(2) 창세기 6장 12절

하나님이 보신즉 땅이 부패하였으니 이는 땅에서 모든 혈육 있는 자의 행위가 부패함이었더라.

이 본문에서 소개하듯이, 자연(땅)의 부패(악)는 문화(인간 행위)의 부패를 암시하고 있다. 그러므로 노아 홍수 이야기에서 땅은 인간 문화를 대표한다. 그리고 하나님은 생태학적인 파괴를 통하여 악의 세력을 통제하신다. 그 결과로 창세기 7장 21절에서 "땅 위에 움직이는 생물이 다 죽었으니 곧 새와 가축과 들짐승과 땅에 기는 모든 것과 모든 사람이라"고 기록한다. 이 기록은 땅의 무질서한 상태를 보여주며, 인간이 자연과 매우 밀접한 관계를 맺고 있고, 심지어 생사의 문제에 있어서도 매우 깊은 관련을 맺고 있음을 보여주고 있다.

(3) 민수기 13장 32절과 16장 32절

> 이스라엘 자손 앞에서 그 정탐한 땅을 악평하여 이르되 우리가 두루 다니며 정탐한 땅은 그 거주민을 삼키는 땅이요 거기서 본 모든 백성은 신장이 장대한 자들이며
>
> 땅이 그 입을 열어 그들과 그들의 집과 고라에게 속한 모든 사람과 그들의 재물을 삼키매

생태학적 사고(거주민을 삼키는 땅)는 창조 본문이 아닌 광야 전승에서도 나타난다. 인간이 정탐한 그 땅은 인간을 삼킨다. 자연이 주체이며 인간이 객체가 된다. 자연은 의인화되어 인간의 태도를 규정한다. 이 개념은 땅이 인간과 경합하고 있음을 소개한다.

인간이 땅과 경합하고 있다는 사고는 제사장 본문으로 알려진 창세기 1장의 '인간 창조 본문' 안에 반영되어 있다. 이 창조 본문(창세기 1장)에서 땅은 하나님에 의해 창조된 피조물이며, 하나님의 통치 범위 안에 있다. 창조신학은 자연을 하나님의 통제 범위로 해석하고 있다. 이런 사고는 '노아 홍수 본문'에서도 동일하게 적용된다. 하나님(엘로힘)은 홍수를 일으키고 다스리는 분이다. 제사장 본문은 자연의 다스림은 철저히 하나님의 권한에 속하여 있음을 강조한다.

하나님이 다스리는 땅의 개념은 소위 '**dominium terrae**'(땅의 주)라는 개념으로 소개된다.[12] 하나님(엘로힘)은 땅의 통치권을 인간에게 부여한다. 인간 창조를 소개하는 창세기 1장 26-28절의 내용은 분명히 땅의 통치권을 인간에게 부여하고 있다.

위에서 언급한 '그 거주민을 삼키는 땅'은 인간에게 적대적이며, 또한 사람이 살지 않는 비어 있는 땅이다. 야생 동물은 그 땅을 자신의 서식지로 삼는다. 결국 땅의 생물은 인간과 한 공간에서 서로 경쟁하며 자신의 삶의 터전을 확보하고자 한다.[13] 그 대표적인 모습이 창세기 1장에서 두드러지게 나타나고 있다. 그러나 민수기는 이러한 관계가 깨어진 사회적 배경 속에서 이해할 수 있다. 땅에 대한 통치권을 위임받은 인간은 그 권한을 자연과 조화를 이루며 살아가고자 할 때, 하나님이 주신 복은 지속가능하다. 그러나 그 힘을 남용하여 자연과의 균형을 잃을 때, 혼란과 파괴가 일어난다. 이러한 생태계의 모습은 성서에서 적어도 포로기를 상징적으로 표현하는 본문에서 두드러지게 나타나고 있다.

(4) 레위기 26장 22절

> 내가 들짐승들을 너희 중에 보내리니 그것들이 너희의 자녀를 움키고 너희 가축을 멸하며 너희의 수효를 줄이리니 너희의 길들이 황폐하리라.

'땅의 주' 하나님은 땅을 통제하여 이스라엘의 미래를 예견하게 한다. 레위기 26장 38절은 '원수들의 땅이 이스라엘 민족을 삼킬 것이라'고 기록하고 있다. 이 본문은 소위 '성결법'으로 알려져 있으며,

전체 주제는 '약속과 성취'라는 구조 속에서 계약 신학의 사고를 수용하여 반영하고 있다.[14] 이 본문의 22절에서 들짐승은 인간의 세계와 대립하고 있는데, 이는 분명히 계약 신학의 본문에서 저주의 항목에 포함되어 있다. 들짐승과의 대립뿐만 아니라 땅은 열매를 맺지 못하는데, 그 이유가 바로 야훼의 명령을 준행하지 않았기 때문이다. 계약을 어긴 이스라엘은 파괴된다. 이런 점에서 창세기 1장의 땅의 생물이 복을 받지 못한다는 관점은 적어도 레위기 26장의 사고와 매우 닮았다고 볼 수 있을 것이다.

(5) 신명기 28장 26절

> 네 시체가 공중의 모든 새와 땅의 짐승들의 밥이 될 것이니 그것들을 쫓아줄 자가 없을 것이다.

이처럼 계약 신학적 본문의 또 다른 예가 신명기 28장에서 소개된다. 이 장은 신명기 계약 신학의 범주로 소개할 수 있다.[15] 신명기 계약 신학은 고대 근동 계약적 사고 위에서 해석될 수 있는데, 이 계약 양식의 마지막 내용이 바로 '축복과 저주' 항목이다.[16] 특히 땅과 땅에 속한 생물과 인간의 경쟁은 저주 항목에서 종종 발견되는 표현이다. 신명기 28장 26절은 레위기 26장과 달리 땅의 생물뿐만 아니라 하늘의 생물까지 포함하면서 자연 생태계가 인간에 대항하여 서 있음을 강조한다.

2) 예언서 안에서 인간과 자연의 경합

예언서에서 자연 현상에 대한 주제는 매우 특별하다. 이 현상은 지혜의 언어와 계약의 언어로 나타나기도 한다.

(1) 아모스 7장 1-3절

> 주 여호와께서 내게 보이신 것이 이러하니라 왕이 풀을 벤 후 풀이 다시 움돋기 시작할 때에 주께서 메뚜기를 지으시매 메뚜기가 땅의 풀을 다 먹은지라. 내가 이르되 주 여호와여 청하건대 사하소서 야곱이 미약하오니 어떻게 서리이까 하매 여호와께서 이에 대하여 뜻을 돌이키셨으므로 이것이 이루어지지 아니하리라. 여호와께서 말씀하셨느니라.

계약의 언어로 표현하는 아모스 7장 1-3절은 다섯 가지 환상 가운데 그 첫 번째 내용으로 땅의 생물인 메뚜기 재앙을 통하여 진행된 이스라엘 백성의 악행에 대한 심판을 소개하고 있다[17]. "메뚜기가 땅의 풀을 다 먹은지라 내가 이르되 주 여호와여 청하건대 사하소서 야곱이 미약하오니 어떻게 서리이까."(2절) 분명 메뚜기는 인간을 공격한다. 이것은 확실히 소위 계약 전승을 배경으로 한다고 해석할 수 있다.[18] 야훼의 명령을 어긴 인간은 언제든지 자연의 침탈을 경험하게 된다. 그 자연은 '땅의 주'(dominium terrae)인 야훼에 의하여 통제되고, 결국 인간은 자연의 무질서한 모습을 통하여 자신이 저지른 악의 결과를 경험하게 된다. 또한 야훼는 메뚜기를 지으신 분이시다. 생물의 주이신 야훼는 인간의 창조주이시기도 하다. 이사야 예언자는 야훼를 이스라엘 백성을 창조하신 분으로 소개한다(사 43:1, 7, 21; 44:2, 21, 24). 이 용어는 '도공'으로 소개되는 이사야 64장 7절에서 야훼에게 소급되고 있다. 이런 점에서 창세기 2장 7, 8, 19절과도 비교된다.

창조의 내용을 중심으로 살펴보면, 창세기 1장의 분위기와 창세기 2장의 분위기가 분명 차이가 있다. 여기서 벨하우젠을 중심으로 연구된 종교사학파의 논점이 오늘날 비평받고 있음을 주목해 볼 필요가 있다. 왜냐하면 그것은 창세기 2장을 야휘스트의 문서로 보면서 1장과의 단절을 주장하고 있기 때문이다. 그러나 창세기 1장이 2장과 동떨어진 사고를 가진 것이 아니라, 오히려 창세기 1장에 대한 재해석으로 창세기 2장을 이해할 수 있다는 것이 비교적 최근에 일어난 공시적 비평 방법을 통해서 주장되는 바이다. 창세기 1장은 오직 신의 세계를 중심으로 표현한다면, 창세기 2장은 인간 중심으로 넘어가고 있다. 처음 창조에서 희미하게 언급된 인간과 땅의 생물 사이의 관계는 창세기 2장으로 넘어가면서 더 세밀하게 나타난다. 2장 19절에서 아담은 하나님이 만든 생물들의 이름을 부른다. 이 행위는 1장에서 하나님이 첫째 날부터 셋째 날까지 창조한 세계를 부르시던 창조 행위의 연속으로 볼 수 있다.

다른 한편 창조의 질서는 인간의 세계에서 땅과 직접적으로 경합하는 주제로 넘어가고 있다.[19] 땅의 상황은 매우 좋지 않다(2장 5절). 땅은 경작되어야 하지만, 스스로 경작할 능력이 없다. 인간이 땅을 경작한다. 인간의 우월성인가? 그 즉시 7절에서 인간의 출처를 밝힌다. 인간은 '땅(아다마)의 흙'에서 왔으며 인간과 땅의 관계는 매우 밀접하다고 강조한다. 동시에 땅의 한 부분인 에덴동산은 인간의 경작으로 보호된다. 2장 8절의 에덴동산은 3장으로 넘어가면서 그 분위기가 급변한다. 왜냐하면 바로 거기에서 인간은 악을 행하기 때문이다. 폭력과 투쟁은 인간이 중심이 되어버린 에덴동산에서 하나님과의 관계를 산산히 부수어버린다. 뿐만 아니라 하나님은 인간을 그 땅 에덴에서 쫓아내신다. 인간은 계속하여 인간의 근원이 된 땅(아다마)을 경작한다(창 3:23).

아모스의 본문은 이스라엘이 하나님과의 약속을 어기므로 땅과 적대적 관계에 놓여 있음을 보여준다. 야곱의 미약함은 곧바로 메뚜기가 땅의 풀을 다 먹어버림으로 야곱에게 더 이상 풀을 남기지 않는다는 것이다. 이러한 관점은 에덴동산의 사건처럼 하나님과의 계약을 어긴 이스라엘 백성들에 대한 징벌의 의미로 소개되고 있다.

(2) 호세아 4장 1-3절

> 이스라엘 자손들아 여호와의 말씀을 들으라 여호와께서 이 땅 주민과 논쟁하시나니, 이 땅에는 진실도 없고 인애도 없고 하나님을 아는 지식도 없고, 오직 저주와 속임과 살인과 도둑질과 간음 뿐이요 포악하여 피가 피를 뒤이음이라. 그러므로 이 땅이 슬퍼하며 거기 사는 자와 들짐승과 공중에 나는 새가 다 쇠잔할 것이요 바다의 고기도 없어지리라.

호세아 예언자는 땅이 생태학적으로 파괴된 원인이 인간의 악함에 있다고 소개한다. 호세아 4장의 땅은 이스라엘 땅에 사는 이스라엘 민족을 비유하고 있으며, 그래서 예언자는 그 땅에 진실도 없고 인애도 없음을 인간이 땅과 경합하는 모습으로 소개한다. 이 그림은 북왕국 이스라엘의 멸망과 관련이 있다.

이에 신명기 28장의 땅과 호세아 4장의 땅의 모습을 비교하는 것은 매우 적절해 보인다. 두 본문의 유사성은 소위 신명기 계약 신학과 매우 유사하다. 그래서 그 내용은 징벌의 내용으로 나타난다. 비록 호세아 본문이 법정 용어를 사용하여 기술하지만, 그 내용은 국가 간의 계약 본문에서 자주 나타나는 것들이다.[20] 이 저주는 그 땅에 사는 주민들에게 나타나므로 주민들의 죄는 생태학적 영역이 아니라, 사회적인 영역에 놓여있음은 분명해 보인다. 분명히 생태학적인 파괴는 사회 영역의 파괴로서 강조되고 있다.

(3) 예레미야 50장 39절

> 그러므로 사막의 들짐승이 승냥이와 함께 거기에 살겠고 타조도 그 가운데에 살 것이요 영원히 주민이 없으며 대대에 살 자가 없으리라.

이 본문은 시드기야 재위 4년인 주전 594/3년을 배경으로 하고 있다. 이는 비벨론의 몰락을 미래의 예언으로 소개하면서 생태계의 관점으로 설명한다. 이는 세계 만민을 주관하시고 통치하시는 야훼 하나님의 절대 주권이 오직 그에게만 있음을 다시 한번 더 강조하고 있다.[21] 도시의 주인은 그 도시의 주민인가? 아니면 들짐승인가? 하나님은 들짐승들이 그 도시에 거주할 수 있도록 허락한다. 이 본문의 배경은 이사야 13장 19-22절에 나오는 바벨론 신탁의 본문에서 좀 더 자세하게 설명되고 있다.

(4) 이사야 13장 20-22절

> 그 곳에 거주할 자가 없겠고 거처할 사람이 대대에 없을 것이며 아라비아 사람도 거기에 장막을 치지 아니하며 목자들도 그 곳에 그들의 양 떼를 쉬게 하지 아니할 것이요 오직 들짐승들이 거기에 엎드리고 부르짖는 짐승이 그들의 가옥에 가득하며 타조가 거기에 깃들이며 들양이 거기에서 뛸 것이요 그의 궁성에는 승냥이가

부르짖을 것이요 화려하던 궁전에는 들개가 울 것이라 그의 때가 가까우며 그의 날이 오래지 아니하리라.

앞선 예레미야 50장 39절처럼, 이 본문 역시 바벨론이 더 강력한 제국에 의해서 멸망 당할 것을 예언한 말씀이다. 이스라엘 땅에 적용되었던 땅의 짐승들의 침탈은 강력한 이방 제국의 몰락에서도 똑같이 적용되고 있다. 하나님의 강력한 힘이 세상의 그 어떤 힘보다 우위에 있음을 알게 한다. 이는 어떤 제국의 힘을 비난하고자 함이 아니다. 오히려 탈제국주의라기보다 세상의 어떠한 힘으로도 하나님이 당신의 백성을 구원하려는 의지를 꺾을 수 없다는 구약의 분명한 신학적 관점을 보여준다고 할 수 있다. 이는 하나님이 "온 세계를 향하여 정한 경영"이라는 이사야 14장 26절의 배경과 일치한다고 볼 수 있다.[22)]

이 배경은 이스라엘 땅뿐만 아니라 이방 강대국들에 대해서도 동일하게 적용되고 있다. 이 사고는 이사야 23장 13절(갈대아 사람의 땅에 들짐승이 사는 곳이 됨)과 이사야 34장 8-17절(에돔에 대한 심판 선언으로 다양한 들짐승들의 반란을 묘사한다)의 내용과 유사하다. 들짐승이 사는 곳은 황무하며 사람이 살지 못하는 비어 있는 땅이 될 수밖에 없다. 이는 예언의 영역에서는 심판의 주제이며 계약의 영역에서는 저주의 내용이기도 하다. 그러므로 땅의 생물이 인간의 공간을 점령하는 것은 국가의 몰락을 의미하며 동시에 생태학적으로 인간과 들짐승의 경합을 통하여 바라보는 창조 세계를 통하여 소개된다.

(5) 에스겔 34장 25-26절

> 내가 또 그들과 화평의 언약을 맺고 악한 짐승을 그 땅에서 그치게 하리니 그들이 빈 들에 평안히 거하며 수풀 가운데에서 잘지라. 내가 그들에게 복을 내리고 내 산 사방에 복을 내리며 때를 따라 소낙비를 내리되 복된 소낙비를 내리리라.

위 본문은 평화의 언약을 약속하는 예언의 말씀이다.[23] 이 본문은 전후 관계 속에서 양치는 목자의 은유적 비유의 말씀으로 소개하고 있다. 이 본문은 예레미야 23장 1-8절과 관련이 있으며 고대 근동에서 이 은유는 매우 잘 알려진 통치와 관련된 주제로 연결될 수 있다.[24] 그래서 시편 23편의 낭만적인 목자상은 이러한 전통을 이어받고 있다.

이 본문에서 주목할 부분은 바로 앞 본문에서 소개하는 다윗의 시대를 소환하는 것이다. 하나님은 이스라엘 백성의 목자로서 소개되며 이 상황은 27절에서 이스라엘 백성이 '그 땅'에서 평안(샬롬)할 수 있도록 성취될 것이다. 이 평안은 결국 포로기 상황을 대변하는 인간과 동물의 경합 문제로 언급되어 있으나 결국 야훼께서 이스라엘의 하나님이심을 증명하는 것은 '악한 짐승'의 문제를 해결하는 데 있다. 이것이 '평화의 언약'이다.

평화는 언약의 당사자들의 적극적인 삶의 태도에서 비롯된다. 이에 '평화의 언약'은 더 이상 압제와 노예화되는 일도 없고, 굶주림도 두려움도 사라진다. 그 결과 자연은 풍요롭게 세상에 뿌리를 내리고 육식을 지향하는 동물은 사라지게 된다. 이처럼 화목을 지향하는 주제는 에스겔 37장 26절에서 다시 소개된다. 이 본문에서 죽었던 이스라엘은 다시 살아나고 낙원으로의 복귀와 함께 민족들 간의 폭력을 포기한다. 이렇게 전체적으로 자연의 총체적 조화에 관한 그림은 고대 근동의 문헌에서도 끊임없이 등장하며 성경에서도 이러한 관점을 지향하고 있다.

이런 관점에서 호세아 2장 18절은 다음과 같이 기록하고 있다: "그 날에는 내가 그들을 위하여 들짐승과 공중의 새와 땅의 곤충과 더불어 언약을 맺으며 또 이 땅에서 활과 칼을 꺾어 전쟁을 없이하고 그들로 평안히 눕게 하리라." 이 사고는 신약에서도 나타나고 있다. 마가복음 1장 13절에서 예수는 광야에서 40일간을 들짐승들과 함께 지낸다. 예수는 하나님 나라의 복음을 선포하시는데, 그 중심에는 이런 생태학적 이상을 지향하고 그 사고는 하나님 나라 주제와 관련되어 있음은 분명하다.[25]

땅의 생물과 인간의 대립 관계는 포로기 예언자에게 분명한 예로 나타난다. 에스겔 34장 24-26절의 "악한 짐승을 그 땅에서 그치게 하다"라는 표현은 야훼가 이스라엘 백성에게 주신 포로의 끝을 예언하는 말씀이다. 짐승과 땅과의 관계는 이스라엘 백성에게 축복의 메시지로 주어지며 그 내용은 이스라엘 땅에서 더 이상 짐승의 역할이 무의미해진다는 것이다. 이와 같은 사고는 생태학적 관점이 신학의 범주 안에서 어떻게 사용되고 있는지에 대한 모범적인 사례이다.

3) 성문서 안에서 인간과 자연의 경합

(1) 시편 안에서 인간과 자연의 관계

시편 안에서 우리는 야훼 하나님(또는 인간)으로부터 돌봄을 받는 동물들(50:10-11; 78:71; 104:10-30; 147:9)의 모습을 만날 수 있다. 이는 '동물의 주'로서 나타나는 고대 근동의 개념과 유사하다. 이 동물들은 기본적으로 하나님의 지으심을 받은 생명체들이다(8:7 등).

인간과 경쟁 관계에 있는 동물들 역시 하나님의 명령에 의해서 활동한다(68:30; 79:2; 91:13;). 시편 79편은 포로기 이스라엘의 상황을 노래하는데, 이 내용을 표현하기 위해서 시편 기자는 동물과의 경쟁 구도를 사용한다.

(2) 욥기 안에서 동물 이미지

욥기는 동물들의 이미지를 지혜적 요소로 언급한다. a) 하나님의 돌봄을 받는 동물 이미지(38장), b) 인간의 능력보다 뛰어난 동물 이미지(39:26-27), c) 인간이 본받아야 할 동물 이미지(12:7절 이하).[26)]

위 몇 가지 사례들은 동물과의 경쟁 구도가 동물의 주되시는 하나님의 통치와 관련이 있고 그 사건들이 인간의 역사에 미치는 영향력이 지대하다는 것을 보여준다. 욥기 39장과 시편 69편, 79편, 91편은 이러한 가능성을 표현하고 있는 본문이다. 성문서에서 표현하고 있는 동물들의 이미지는 모두 창조의 개념을 지혜적 요소로 보며 인간에게 지혜의 사고를 제공하려는 의도로 기록되어 있다. 이러한 예들을 통해서 창세기 1장의 세계관을 정리해 보자.

IV. 창세기 1장의 생태학적 세계관: 하나님과 인간과 자연

1. 제왕 이데올로기 안에서 인간과 자연

인간의 역사가 시작된 이래로 인간은 자연과 문화 속에서 양자택일의 모습으로 살아왔다. 그 결과 땅의 세계는 파괴되고 인간은 그 자연의 파괴와 함께 스스로 무너지기도 했다. 자연은 정복의 대상이 아니라는 것을 인식하기 시작한 것은 적어도 20세기 들어와서다. 신학자들은 창세기 1장의 세계가 인간 중심의 문화를 우수한 역사로 인식한다는 틀을 벗어나기 시작했다. 이에 '제왕 이데올로기'(Königsideologie) 관점으로 볼 때, 하나님이 인간을 '하나님의 형상'으로 만들었다는 것은 자연과 대립된 개념이 아니라 구별된 의미이라고 해석하게 된 것은 매우 자연스러운 사고의 발전으로 볼 수 있다.[27] 인간이 '제왕'이라는 개념 자체는 인간 세계 내에 어떠한 차별도 계급도 없음을 알려주는 사고이다. 또한 자연에 대한 사고도 인간이 무자비한 통제가 아니라 하나님의 권위를 위임받아 보존하고 가꾸어야 할 대상임을 자각하기 시작한 것이다.

2. 평화적인 공존을 위한 먹거리 문화

창세기 1장 29-30절은 인간(29절)과 땅과 하늘의 모든 생물(30절)에게 허락한 '먹거리'에 대한 주제로 소환된다. 인간과 모든 생물의 먹거리는 동일하게 '모든 채소와 나무 열매, 모든 풀'이다. 이 문제는 위에서 언급한 복의 대상이 하늘의 생물과 땅의 인간에게 적용된 것과 달리 이제 모든 생물에게 동일하게 적용되고 있음을 주목해야 한다. 세상 창조에서 내부적으로 매우 미묘한 기운은 땅의 생물과 인간이 대립되어 있음을 내포하면서, 동시에 외부적으로 평화의 세계를 지향하고 있다. 이러한 모습은 이사야 11장의 분위기와 매우 닮아 있다고 볼 수 있다.

이사야 11장 6-9절은 인간과 동물의 영원한 평화 해결을 위한 실마리를 제공한다.

> 그 때에 이리가 어린 양과 함께 살며 표범이 어린 염소와 함께 누우며 송아지와 어린 사자와 살진 짐승이 함께 있어 어린 아이에게 끌리며, 암소와 곰이 함께 먹으며 그것들의 새끼가 함께 엎드리며 사자가 소처럼 풀을 먹을 것이며, 젖 먹는 아이가 독사의 구멍에서 장난하며 젖 뗀 어린 아이가 독사의 굴에 손을 넣을 것이라, 내 거룩한 산 모든 곳에서 해 됨도 없고 상함도 없을 것이니 이는 물이 바다를 덮음 같이 여호와를 아는 지식이 세상에 충만할 것임이니라.

이사야는 함께 공존할 수 없는 대상들이 서로 공존할 수 있는 이상적인 세계를 예언하고 있다. 함께 살고 함께 눕고 함께 있고 함께 먹고 함께 엎드릴 수 있는 세계는 해됨도 없고 상함도 없는 땅(통치)의 영역이다. 이사야의 공존의 세계관을 창세기 1장도 동일하게 유지한다.

민수기 13장이나 레위기 26장과 신명기 28장에서 소개하는 땅과 그 땅의 생물들과의 불협화음은 깨어진 언약을 강조하면서, 동시에 하나님 앞에서 올바른 정의와 공의를 수행하며 살아가야 할 인간의 자세를 소개한다. 이에 창세기 1장은 생태학적인 위기를 통해 언약의 신앙을 근간으로 하여 적어도 '하나님의 백성'으로서 어떻게 살아가야 할지에 대한 해답을 선언적으로 제안하고 있다. 그 세계는 이사야 11장에서 구체적으로 역사 가운데 나타나고 있으며 이스라엘 역사 내부적으로 끊임없이 지향하고 있는 '영원한 평화의 언약'으로 강조된다.

창세기 1장의 여섯째 날의 사건은 인간과 동물의 경합이 종료되고, 나아가 땅을 기반으로 하는 그 둘의 관계는 '동일한 먹거리'(29, 30절)를 통하여 화해한다. 이러한 주제는 제사장적 신학 위에서 사고될 수 없다. 그 세계관을 벗어나 있으며 새로운 세계관을 지향한다. 특히 '먹거리' 문제는 예언자 신학의 사고를 강력하게 반영하고 있으며 그 예언자 세계는 제사장의 사고를 이어받아 언약과 평화의 세계로 나아가고자 한다.

V. 나가는 말: 평화와 공존의 하나님 나라

창세기 1장의 세계는 안식일 구조를 통하여 모든 세계가 제사장적인 세계관 속에서 움직이고 있음을 창조의 틀로 제시한다. 그 세계관 속에서 하나님은 인간을 '하나님의 형상'으로 남자와 여자로 창조하면서, 동시에 땅의 동물들을 만드셨다. 이 점에서 창세기 1장은 하늘의 생물과 땅의 인간은 축복의 구조로 나타나지만 땅의 생물은 소개되지 않는다. 여기서 제사장적 관점에서 바라본 세계관은 인간과 동물의 대립되는 경쟁 관계의 답을 제시하지 못한다.

이에 대한 성경의 언급은 하나의 실마리를 제공한다. 오경 안에서 인간과 동물의 경쟁구조는 계약 신학 안에서 제공되어 있고 포로기와 관련된 예언서 본문들은 인간과 땅의 생물들이 서로 동일한 공간을 차지하기 위한 경쟁의 대상으로 소개하고 있다. 성문서는 동물과 인간의 관계를 피조된 존재로서 제안하면서 인간을 지혜의 세계로 인도한다. 이 점에서 동물은 인간과 연합하기도 하며 경쟁의 구도 관계를 통하여 어리석은 인간을 지혜로 깨우치고 있다.

종합적으로 창세기 1장은 하늘과 땅의 모든 생물들이 식물을 먹거리의 대상으로 공유하므로 경쟁의 구조를 해결한다. 결국 창세기 1장은 인간과 자연의 공존을 중요시하며 생태학적 이상을 통하여 하나님의 피조 세계는 매우 보시기에 좋은 상태로 나아가고자 한다. 이런 사고가 이후 노아 이야기 속에서 영원한 언약의 개념으로 나타나며 노아의 방주는 땅의 생물들이 공존하는 이상적인 구원의 장소가 된다. 이 세계관은 이사야 11장의 내용과 매우 닮아 있다.

오늘날 우리는 유례없는 생태학적인 위기(코로나 19의 문제)와 재앙 속에서 무감각하게 살아가고 있다. 핵전쟁의 가능성과 급변하는 기후 변화가 인간의 생존을 끝없이 위협하고 있는 현실 앞에서 인간은 마냥 무기력하다. 그러나 하나님의 창조를 통하여 우리에게 부여하신 창조적 사명의 위임을 기억한다면, 마냥 이 심각한 문제를 회피해서는 안 될 것이다. 더 적극적으로 생태계의 위험을 체험하여 알리고 문제를 수정해야 한다. 우리는 창세기 1장의 세계를 다시 한 번 깊게 묵상하고 이사야 11장의 세계관을 오늘날 현대의 중심 문제로 인식하며 살아간다면 우리의 미래는 더 밝아지리라 생각한다.

미주

1) 레오나르도 보프, 『생태신학』, 김항섭 옮김 (서울: 카톨릭출판사, 2013), 23.

2) Julius Wellhausen, *Die Komposition des Hexateuchs* (Berlin: de Gruyter, 1963), 4

3) 참고. Rolf Rendtorff, "Traditio-Historical Method and the Documentary Hypothesis," in *Proceedings of the Fifth World Congress of Jewish Studies*, vol. I (Jerusalem: World Union of Jewish Studies, 1969), 5-11; ders., "The 'Yahwist' as Theologian? The Dilemma of Pentateuchal Criticism," *JSOT* 3 (1977): 2-9.

4) 참고. Jan Christian Gertz & Konrad Schmid & Markus Witte, eds., *Abschied vom Jahwisten* (Berlin & New York: Walter de Gruyter, 2002).

5) 고든 웬함, 『창세기 1』, WBC 1, 박영호 옮김 (서울: 솔로몬, 2006), 33-35.

6) 보충가설은 모세 오경이 형성된 과정 가운데 제시된 하나의 모델 이론이다. 이 가설은 기본적인 주요 내용, 즉 창조에서 모세의 죽음까지 하나의 작품으로 기록되었고, 이후 전승 과정에서 여러 겹이나 항목별로 확장되었다는 이론이다. 참조. 에리히 쳉어, 『구약성경개론』, 이종한 옮김 (서울: 분도출판사, 2012), 153.

7) 웬함, 『창세기 1』, 40.

8) '야휘스트'라는 용어는 오경 안에서 '여호와' 또는 '야훼'를 주어로 하여 기록된 본문들을 가리킨다. 이 자료는 소위 '문헌 가설'로 알려진 이론에서 창세기 2장 4b절로 시작하지만 그 끝은 불확실하다. 후기문헌가설 혹은 신(新)문헌가설에는 4가지 문헌자료가 있으며, 그것은 야휘스트 자료, 엘로힘 자료, 신명기 자료, 제사장 자료로 나눌 수 있다. 참고. 지크프리트 크로이처 외, 『구약성경 주석방법론』, 김정훈 옮김 (서울: CLC, 2011), 104.

9) Odil Hannes Steck, *Der Schöpfungsbericht der Priesterschrift* (FRLANT 115; Göttingen, 1981), 127-129.

10) Werner H. Schmidt, *Schöpfungsgeschichte der Priesterschrift* (WMANT 17; Neukirchener: Neukirchen-Vluyn, 1973), 147.

11) '동물 모티브'에 대한 주제는 다음을 참고하라. 구자용, "야웨, 동물의 주-신학적 동물학에 대한 소고," 「구약논단」 통권 56집 (2015): 205-235. '동물의 주'에 대한 고대 근동과 관련한 자료에 대해서는 다음을 참고하라. Ute Neumann-Gorsolke, *Wer ist der Herr der Tiere? Eine hermeneutische Problemanzeige* (BThSt 85; Neukirchen-Vluyn: Neukirchener Verlag, 2012), 9-95.

12) 창세기 1장의 dominium terrae에 대한 새로운 관점에 대하여는 다음을 참고하라. Udo Rüterswörden, *dominium terrae. Studien zur Genese einer alttestamentlichen Vorstellung* (BZAW 215; Walter de Gruyter, Berlin, New York: Walter de Gruyter, 1993).

13) Ibid., 9.

14) 최종원, "레위기 26장 14-33절에 나타난 숫자 칠의 의미에 대한 연구," 「구약논단」 통

권 47집 (2013): 12-42.

15) 최종원, "신명기의 '사랑과 계약'에 대한 새로운 연구," 「구약논단」 통권 52집 (2014): 42-72.

16) 계약 양식의 6가지 항목은 1931년 코로섹(V. Korošec)이 힛타이트 조약을 연구하여 발표한 것에 기인한다: 전문, 역사적 서언, 계약 조항(배타적 충성), 조약 문서의 보관, 조약 신들의 서명, 축복과 저주. 다음을 참고하라. Viktor Korošec, *Hethitische Staatsverträge. Ein Beitrag zu ihrer juristischen Wertung* (Leipzig: Weicher, 1931), 12-14.

17) 아모스의 계약신학적 관점에 대해서 다음을 참고하라. 최종원, "아모스 8-9장에 나타난 희망의 신탁에 대한 연구," 「구약논단」 통권 66집 (2017): 119-149.

18) Udo Rüterswörden, "Bundestheologie ohne berit," *ZAR* 4 (1998): 85-99.

19) 조셉 블랜킨숍. 『모세오경-성경의 첫 다섯 권 입문』, 박요한 옮김 (서울: 성서와 함께, 2006), 119-120.

20) I. Cardellini, "Hosea 4,1-3, Eine Strukturanalyse," in *Bausteine Biblischer Theologie, FS Botterweck*, ed. H.-J. Fabry (BBB 50; Köln, Bonn, 1977), 259-270.

21) 로날드 클레멘츠, 『현대성서주석: 예레미야』, 김회권 옮김 (서울: 한국장로교출판사, 2002), 390-391.

22) 크리스토퍼 사이쯔, 『현대성서주석: 이사야 1-39』, 이인세 옮김 (서울: 한국장로교출판사, 2003), 203-204.

23) 언약 공식 문구와 관련하여 다음을 참고하라. 레슬리 C. 알렌, 『에스겔 20-48』, WBC 29, 정일오 옮김 (서울: 솔로몬, 2008), 312-313.

24) 조셉 블랜킨숍, 『현대성서주석: 에스겔』, 박문재 옮김 (서울: 한국장로교출판사, 2002), 222.

25) 앞의 책, 222.

26) 다음의 글을 주로 참고하였다. 구자용, "야웨, 동물의 주," 222-227.

27) Jakob Wöhrle, "dominium terrae: Exegetische und religionsgeschichtliche Überlegun gen zum Herrschaftsauftrag in Gen 1,26-28," *ZAW* 121 (2009): 177-178.

제2장

욥에게 들려주는 하나님의 생태학 특강
(욥 38:1-41:34)

강철구

I. 들어가는 말

마스크를 입에 달고 산 지 벌써 1년 반이 훨씬 넘었다. 이러한 세상이 우리 앞에 전개될지 어느 누구도 예상하지 못했을 것이다. 물론 이 또한 시간이 흐르면 지나갈 것이다. 그러나 우리가 잊지 말아야 하는 것이 있다. 우리 인류가 지금까지 살아왔던 삶의 방식을 지금 그대로 유지한다면 이번 COVID-19와 같은, 혹은 더 심각한 문제는 계속해서 발생할 수 있다는 사실이다. COVID-19의 정확한 원인에 대해서 여전히 논쟁 중이다. 하지만 현재까지는 자연에 대한 무분별한 훼손으로 인해 야생 동물이 살아가야 하는 공간과 인간이 살아가는 공간의 경계가 허물어지게 되고, 그 결과 사람과 야생 동물의 접촉을 통해서 바이러스가 발생하고 전파된 것으로 추정된다.[1)]

사람들은 자신들이 지구의 주인이라고 생각한다. 특히 현대 문명은 인간이 발전시킨 과학과 기술을 통해서 자연을 통제하고 인간에게 이익이 되는 방향으로 활용되어 왔다. 인간은 자신들 이외의 존재는 모두 인간에게 종속되고 인간의 이익을 위해서 얼마든지 활용할 수 있는 대상으로 생각해왔다. 인간은 모든 경계를 넘어서 하늘과 땅, 그리고 바다를 비약적으로 정복해 나갔으며 그곳의 모든 생명체는 인간의 다스림과 처분의 대상이 되었다. 이들이 꿈꿔왔던 인간에 의한, 인간을 위한, 인간의 세상이 점점 실현되고 있다. 인간의 자본과 탐욕에 의해서 땅과 바다는 자신의 고유한 가치와 위상을 잃어갔으며 그 속에서 살아가는 생명체는 자율성과 존엄을 빼앗겼다.[2)]

인간이 하나님의 창조 세계의 주인이라는 의식은 피조 세계를 보존하고 그곳에서 살아가는 생명체를 보호하며 돌보는 책임감 있는 존재로 자리매김하지 못하게 하였다. 오히려 인간은 독재자로서 군림하면서 자연의 고유한 가치와 다양한 얼굴을 빼앗아 갔다. 생태계는 철저히 인간을 중심으로 이해되었으며 모든 가치는 인간에게 이익이 되느냐, 되지 않느냐에 따라서 결정되었다. 이러한 생각을 '인간중심주의'(anthropocentrism)라고 말할 수 있을 것이다.

그러나 인간은 창조주가 아니다. 인간도 피조물로서 지혜와 능력에 있어서 부족함과 한계를 지닌 존재다. 그는 피조 세계의 일원으로서 한 부분을 차지하고 있는 것이지, 모든 피조 세계 위에서 군림하며 자신의 힘을 마음대로 휘두를 수 있는 존재가 아니다. 그러기에 인간은 먼저 하나님의 창조세계에서 자신의 위치를 파악하고, 하나님과 자신, 그리고 다른 피조물과 자신의 관계를 정립해야 한다. 이러한 주제를 가장 치열하게 다루는 분야가 생태 신학이라는 것은 브라질의 해방신학자인 레오나르도 보프(Leonardo Boff)의 주장을 보면 알 수 있다. 보프에 따르면, 인간중심주의를 극복하는 길은 먼저 인간 이외의 모든 존재의 타자성을 인정하고 이들 역시 하나님의 창조 세계의 한 부분을 담당하고 있음을 인식하는 일이다.[3] 구약에서도 인간중심주의에 신랄한 비판을 가하며 새로운 관점을 제시하려는 다양한 시도가 있다. 대표적인 예가 욥기이다. 특히 욥기에서 두 번에 걸쳐 서술되는 하나님의 말씀(욥 38:1-41:34)은 인간 중심성에 의문을 제기함으로 기존의 전통적인 신학을 비판적으로 고찰한다.

필자는 이러한 기본적인 판단 위에서 욥기의 하나님 말씀에 언급된 인간의 위치와 다른 피조 세계와의 관계를 보프의 '사회 생태적 민주주의'의 관점에서 살펴보고자 한다. 구약 본문을 생태학적으로 접근하는 것은 그리 녹록하지 않다. 그럼에도 이러한 접근을 통해서 생태학에 대한 관심을 고취시키고 하나님의 창조세계에 대한 다양한 이해에 도움을 줄 수 있다면 의미있는 시도라고 할 수 있을 것이다.

II. 보프의 '사회 생태적 민주주의'에 대한 이해

생태학에 대한 다양한 이론들이 존재한다. 보프의 정의에 따르면 "생태학은 (생물이든 무생물이든) 존재하는 모든 것이 자신과, 그리고 (실재하는 것이든 잠재하는 것이든) 존재하는 다른 모든 것과 갖는 관계이자 상호 작용이며 대화다."[4] 어떤 존재도 이러한 관계의 그물망 밖에서 존재하지 않는다.[5] 생태학은 강자들의 권리를 거부하고, 모든 존재 사이의 수평적인 상호 의존성을 긍정한다.[6] 이러한 생태학을 전제로 보프는 하나의 대안적 정치형태로 사회 생태적 민주주의를 강조한다. 보프는 사회 생태적 민주주의를 "인간뿐만 아니라 자연의 모든 존재, 특히 살아있는 모든 존재를 시민으로 받아들이는 민주주의를 의미한다"[7]고 하였다. 이러한 보프의 주장은 우리로 하여금 다시 한번 사회 생태적 민주주의 관점에서 성경을 살펴보도록 요청한다. 보프는 사회 생태적 민주주의가 제대로 작동하기 위해서 아래 4가지 사항이 반드시 고려되어야 한다고 주장한다.

첫째, 생태학은 인간중심주의의 극복을 요구한다. 보프에 따르면 인간중심주의는 서구 문화에 아주 깊이 뿌리를 내리고 있다. 이러한 이유로 유대교-그리스도교 전통 안에서 인간을 창조의 주인이자 우주의 왕으로 보는 견해가 인간중심주의를 강화시켜 왔다. 이러한 사고 체계에서 인간은 모든 것의 중심이라고 여겨지며, 인간은 자신의 용도를 위해 인간 이외의 모든 존재를 처분할 수 있다고 생각한다. 그러기에 인간, 즉 남자와 여자는 모든 피조물을 자신의 필요에 따라 사용하고, 지배할 수 있으며, 경우에 따라서 착취할 수 있다고 생각한다.[8]

둘째, 각 피조물 간의 존재의 타자성을 인정해야 한다. 각 존재들은 자신만의 고유한 가치를 가지며, 그가 속한 생태계 안에서 잠재력과 한계를 지니고 있음을 잊어서는 안 된다. 그러기에 인간은 각 존재의 타자성을 인정함으로 하나님에 의해서 창조된 각 존재를 보존하고 옹호할 의무를 갖는다.

셋째, 존재들 사이의 상호성과 보완성을 강조해야 한다. 생태적 균형은 존재들이 서로 간에 상호적이고 전체 안에서 보완적임을 전제한다. 어떤 존재도 자기 자신만으로 충분하지 않고 인간은 더더욱 자기충족적이 아니다. 우리는 서로가 서로를 필요로 한다.

넷째, 사회 생태학이 실제의 삶의 현장에 적용되기 위해서는 사회 생태학적 요청을 이해하는 일이 매우 중요하다.

보프가 주장하는 사회 생태적 민주주의를 위한 네 가지 주장에는 사실 인간중심주의를 해체하고, 생태계 모든 구성원의 타자성을 인정하며, 모두가 동등한 권리를 지닌 존재로서, 서로가 서로의 필요를 보완해주는 관계 속에 있음을 인식케하는 목표설정과 실천이 담겨 있다고 말할 수 있다. 그러기에 보프의 가장 핵심적인 주장은 '인간중심주의의 해체'이고, 나머지 둘째와 셋째의 주장은 이러한 주장을 보충 설명하는 것이며, 넷째는 이러한 요청에 대한 이해를 강조하는 것으로 보인다.

사회 생태적 민주주의에 대해서 정의하면서 보프는 자연의 모든 존재가 이러한 민주주의 체제에서의 주체라고 말하고 있지만, 실은 살아있는 존재에 좀 더 많은 비중을 두고 있음을 알 수 있다. 하지만 본 글에서는 보프가 정의하는 좀 더 넓은 개념인 피조 세계의 모든 존재들(생명체와 비생명체 모두를 포함)을 주체로 보고 글을 진행하고자 한다.

III. 욥기의 하나님의 말씀 속에 언급된 세상에 대한 이해

구약에는 인간과 피조 세계에 대한 다양한 관점이 언급된다. 사람을 창조의 중심에 놓는 본문에서부터 인간을 피조 세계의 한 부분으로 보는 본문에 이르기까지 범위가 상당히 넓다. 창세기 1장과 9장은 인간을 창조 세계의 중심에 위치시키고, 다른 모든 존재는 인간에 종속되는 것으로 본다. 물론 최근의 창세기 1장에 대한 다양한 해석이 시도되고 있는 것은 사실이다. 전통적으로 창조 기사를 하나님의 형상으로 창조된 인간의 피조 세계에 대한 특권과 권리에 방점을 두고 해석했다면, 최근에는 창조 세계에 대한 인간의 책임과 역할을 더 강조하는 방향으로 연구가 진행되고 있다.[9] 인간은 하나님의 형상으로 왕과 목자로서 피조 세계의 모든 생명체들을 보호하고, 다스리며, 이들의 생존에 필요한 것들을 제공해야 한다.[10] 이러한 일들을 수행하기 위해서 남자와 여자, 출신과 신분의 높고, 낮음을 막론하고 모든 인간은 하나님의 형상을 지닌 존재로 고귀하며, 동등한 권리와 책임을 지니고 있다. 고대 세계에 인간에 대한 이러한 인식이 문서로 기록되었다는 것만으로도 창세기의 인간 창조 기사는 매우 가치 있다고 할 수 있다. 하지만 다른 피조물과의 관계에 있어서 인간이 창조의 중심이라는 기본전제에는 변함이 없다. 게다가 노아 홍수 이후의 세상에 대한 이해를 언급하고 있는 **창세기 9장에서** 이러한 인간 중심성이 더욱 강화되었다는 사실을 부인할 수 없다.

반면에 욥기 38-41장은 이러한 인간 중심적 창조 서술을 해체하고, 새로운 시각으로 하나님께서 만드신 창조 세상을 보게 한다. 욥기에서 인간 중심성이 어떻게 해체되고, 사회 생태적 민주주의가 어떻게 나타나고 있는지를 파악하기 위해서는 창세기 1장과 9장과의 비교를 통해서 살펴보는 것이 좀 더 유익할 것이다.

1. 창세기 1장과 9장: 하나님의 대리자로서의 인간

창세기 1장은 우리가 살아가는 세상이 하나님에 의해서 어떻게 창조되었는지에 대해서 자세히 설명하고 있다. 먼저 세상을 구성하는 하늘과 땅, 그리고 바다와 그 속에서 살아가는 생명체들의 기원에 대해서 다루고 있다. 또한 세상의 중요한 구성요소인 하늘과 땅, 그리고 바다는 땅을 중심으로 묘사된다. 하나님의 창조 세계에서 살아가는 생명체들은 폭력이 배제된 공간에서 서로 조화를 이루고 있지만, 하나님의 형상으로 창조된 인간이 창조의 중심에 있는 존재로 그려지고 있다. 생명체가 살아가는 세 개의 공간 중에서 땅에 대해서 강조하는 이유는 무엇보다도 땅은 인간이 살아가는 삶의 공간이기 때문이다. 그러기에 창세기 1장은 인간중심주의가 가장 잘 반영된 본문이라고 할 수 있다.

<창세기 1:26-30>

26 하나님이 이르시되 우리의 형상을 따라 우리의 모양대로 우리가 사람을 만들고 그들로 바다의 물고기와 하늘의 새와 가축과 온 땅과 땅에 기는 모든 것을 다스리게 하자 하시고

27 하나님이 자기 형상 곧 하나님의 형상대로 사람을 창조하시되 남자와 여자를 창조하시고

28 하나님이 그들에게 복을 주시며 하나님이 그들에게 이르시되 생육하고 번성하여 땅에 충만하라, 땅을 정복하라, 바다의 물고기와 하늘의 새와 땅에 움직이는 모든 생물을 다스리라 하시니라

29 하나님이 이르시되 내가 온 지면의 씨 맺는 모든 채소와 씨 가진 열매 맺는 모든 나무를 너희에게 주노니 너희의 먹을거리가 되리라

30 또 땅의 모든 짐승과 하늘의 모든 새와 생명이 있어 땅에 기는 모든 것에게는 내가 모든 푸른 풀을 먹을거리로 주노라 하시니 그대로 되니라

위 본문은 창세기 1장에서 사람의 창조와 가장 관계있는 본문이다. 사람은 하나님의 형상을 지닌 존재로서 자신의 삶의 터전인 땅을 중심으로 하늘과 땅, 그리고 바다의 생물들을 다스리도록 지음을 받았다. 사람에게 주시는 하나님의 복은 생육하고 번성하여 땅에 충만하고, 땅을 정복해서 하늘과 땅과 바다의 모든 생물을 다스리는 것이다. 이것은 곧 하나님의 형상을 지닌 인간이 창조 세계에서 '하나님의 대리자'라는 것을 의미한다.[11]

공간	주체	하나님의 복	먹거리
땅	사람	생육하고 번성하여 땅에 충만하라, 땅을 정복하라, 바다의 물고기와 하늘의 새와 땅에 움직이는 모든 생물을 다스리라(1:28)	채소와 열매
	동물	(언급 없음)	푸른 풀
하늘	새	땅에 번성하라(1:22)	푸른 풀
바다	물고기	생육하고 번성하여 여러 바닷물에 충만하라(1:22)	(언급 없음)

위의 표에서 보듯이 하나님께서 창조하신 생명체들에 대한 복은 그들의 거주 공간에 따라서 차별적으로 선포되고 있다.[12] 그러나 땅을 기반으로 살아가는 사람을 중심으로 복이 선포되고 있음을 어렵지 않게 짐작할 수 있다. 하나님의 대리자로서 사람은 땅을 정복하고, 다스리기 위해서 생육하고 번성해야 한다. 그러기에 사람의 생육과 번성에 조금이라도 방해가 될 것 같은 존재들에게는 복이 제한된다. 사람과 함께 땅을 공유하며, 사람과 가장 밀접하게 살아가야 할 땅의 동물들에게는 생육하고 번성하라는 복을 언급하지 않음으로 땅의 주도권이 사람에게 주어졌음을 암시한다.

바다의 물고기는 살아가는 공간이 다르기에 사람과 경쟁할 필요가 없다. 그러기에 사람을 제외하고는 하나님께서 가장 많은 복을 주셨다고 볼 수 있다. 바다의 물고기들을 향한 하나님의 선언은 "생육하고, 번성하여, 바다에 충만하라"는 것이다. 반면에 땅과 하늘을 동시에 살아가는 새들에게는 "땅에 번성하라"는 제한적인 복만을 허용하셨다. 이렇듯 인간을 중심으로 복이 선포되고 있기에 인간의 복이 손상되지 않는다는 전제하에서만 다른 피조물들은 제한적으로 복을 받게 된다.[13)]

인간에 대한 하나님의 관심은 동물들의 먹거리 분배에서도 엿볼 수 있다. 사람들에게는 '씨 맺는 모든 채소와 열매 맺는 모든 나무'를 주신 반면, 동물들과 새들에게는 '푸른 풀'만을 먹거리로 주셨다. 사람과 동물 사이의 먹거리에 대한 경쟁에서 서로 다툼이 일어나지 않도록 하시는 하나님의 배려로 보인다. 하지만 이러한 먹거리에 대한 분배에서도 동물보다는 인간을 좀 더 고려해서 주도권을 주신듯하다.[14)]

창세기 1장은 철저하게 인간을 중심으로 세상이 창조되고 **자리매김되고 있음을 보여준다.** 사람에게 부여된 땅의 정복과 동물들의 다스림을 어떻게 이해하든지 주체는 인간이라는 사실을 부인하기 어렵다. 창세기 1장과 같은 자료에 속하는 9장을 살펴보면 이러한 인간중심주의는 노아 홍수 이후에 더욱 강화되고 있음을 알 수 있다.

<창세기 9:1-3>

1 하나님이 노아와 그 아들들에게 복을 주시며 그들에게 이르시되 생육하고 번성하여 땅에 충만하라

2 땅의 모든 짐승과 공중의 모든 새와 땅에 기는 모든 것과 바다의 모든 물고기가 너희를 두려워하며 너희를 무서워하리니 이것들은 너희의 손에 붙였음이니라

3 모든 산 동물은 너희의 먹을 것이 될지라 채소 같이 내가 이것을 다 너희에게 주노라

노아 홍수 이후에 창조 세계에서 인간의 위상에 다소 변화가 생겼다. 다른 생명체들과의 관계에서 인간이 동물에 대한 지배권과 처분권이 더욱 강화되고 있다. 이것은 창세기 9장 1-3절 속 하늘과 땅, 그리고 바다의 생물들이 인간의 다스림의 대상을 넘어서 인간을 위한 음식으로도 제공될 수 있다는 사실을 통해서 알 수 있다. 동물들은 사람들 앞에서 두려움과 공포를 느낀다. 제한적이기는 하지만 **인간이 동물들에 대한** 생사여탈권을 가짐으로 동물과 인간의 관계가 지배와 종속의 관계로 더욱 악화되었다. 하나님의 창조 세계에서 각각의 개체가 지니고 있는 타자성과 존엄이 부인되는 것처럼 보인다. 한때 인간을 돕는 존재로서 창조된 동물들은 이제 인간이 필요한 경우에 마음대로 처분되고 심지어는 먹을 수 있는 음식으로도 제공된다. 이렇듯 노아 홍수 이후의 세상에서 모든 살아있는 생명체는 인간에게 더욱 종속됨으로 인간 중심적인 개념이 더욱 강화되고 있다.

2. 욥기 38-41장: 인간중심주의를 넘어서

욥기처럼 다차원적인 얼굴을 하고, 다양한 목소리를 내는 성경도 없을 것이다. 독자가 욥기를 어떻게 접근하고, 읽느냐에 따라서 욥기에 대한 해석도 매우 다층적인 차원이 된다. 무엇보다도 욥기는 기존의 전통을 그대로 수용하지 않고, 비판적으로 접근하고, 재해석해 낸다. 이것은 인간에 대해서도 마찬가지다. 욥기는 인간 중심주의적인 기존의 전통에 대해서 문제를 제기함으로 새로운 관점을 제

공하고자 한다. 무엇보다는 욥기는 욥과 친구들의 논쟁을 통해서 기존의 세계 이해에 대해서 문제를 제기하고 하나님의 말씀을 통해서 세상에 대한 새로운 이해를 제공한다.

욥은 자신의 고난의 문제를 통해서 하나님의 창조 세계를 이해하고 그에 대해서 불만을 표출한다. 세상은 무질서하며, 하나님께서 세상을 통제하고, 다스림에 있어서 올바르지 않음을 탄원한다. 이러한 욥의 주장은 철저하게 자신의 고난과 인간을 중심으로 펼쳐지고 있다. 세상과 세상의 질서가 욥, 개인의 고난의 관점으로 축소된다.[15]

그러기에 욥이 바라보는 세상은 이분법적이다. 욥은 세상을 선과 악, 어둠과 빛, 공의와 불의, 정의와 폭력의 관점에서만 보고자 했다. 욥은 철저히 인간에게 도움이 되느냐, 되지 않느냐에 따라서 그 대상의 가치를 평가하는 것 같다. 그 외의 문제는 **욥에게는** 있어서 관심 밖의 영역이다. 그러기에 하나님께서 창조하신 피조 세계에서 인간과 직접적으로 관계가 없는 곳은 욥에게 의미 없는 공간이며, 그 속에서 살아가는 생명체는 부정하며, 심지어는 혐오의 대상이 된다. 그러나 하나님께서 만드신 세상은 이러한 인간의 관점을 넘어서는 수많은 여백과 공간이 존재한다.[16] 이러한 여백을 보여주고 욥에게 피조 세계의 다양성을 말하고자 하는 것이 하나님의 말씀에 잘 표현되어 있다. 게다가 창세기 1장처럼 체계적으로 조직화되어 있지는 않지만 하나님의 말씀 속에 세상의 구성요소로서 땅과 바다 그리고 하늘에 대해서 언급되고 있음도 보게 된다. 이 지점에서 욥기는 보프의 사회생태적 민주주의의 정의를 넘어서고 있다. 보프는 사회생태적 민주주의의 주체로 자연의 모든 존재를 이야기하기는 하지만, 살아있는 생명체에 좀 더 집중한다. 하지만 욥기는 살아있는 생명체

뿐만 아니라 존재하는 모든 것들을 대상으로 삼기에 보프의 정의를 넘어선다. 우리는 욥기에서 인간중심주의가 어떻게 극복되고, 피조물들의 타자성이 어떻게 인정되며, 모든 피조물들 간에 상호성과 보완성이 어떻게 드러나게 되는지를 살펴볼 것이다.

1) 땅과 동물의 주

창세기 1장에서와 마찬가지로 욥기에도 땅은 가장 중요한 삶의 터전이다. 땅은 바다와의 전투 속에서 탄생했으며 창조 세계의 중심이 되는 장소다. 하지만 욥기에 언급된 동물들은 주로 땅을 삶의 터전으로 살아가는 동물들이지만, 사람의 관점에서는 친근하거나, 우호적인 동물들이 아니다.

욥기 38장 1절에서 40장 2절의 첫 번째 하나님의 말씀에 언급된 새와 동물은 5쌍, 10마리의 짐승으로 사자와 까마귀, 산염소와 암사슴, 들나귀와 들소, 타조와 군마 그리고 매와 독수리이다. 이들은 고대 근동의 왕의 사냥 동물들이며, 부정적인 동물들이다.[17] 군마를 제외하고는 사람들이 살아가는 세상으로부터 멀리 떨어진 곳에서 살아가는 존재들이다. 비록 말은 사람들이 살아가는 공간에서 함께 생활하지만 전쟁과 관련되기에 부정적인 이미지를 지니고 있다.[18] 이러한 새와 동물에 대한 묘사를 좀 더 살펴보면 다음과 같다.

첫째, 사자와 까마귀(38:39-41): 사자는 동물 중에서 가장 위협적인 동물이며, 다른 동물을 먹이로 삼는다. 까마귀도 육식성 동물이지만 직접 사냥하기보다는 죽은 동물의 사체로 배를 채운다. 이 두 동물은 육식성 동물들로 부정한 짐승들이지만 하나님께서 이들을 돌보시고 먹이신다.

둘째, 산염소와 암사슴(39:1-4): 사람들이 접근하기 쉽지 않은 곳에 사는 동물들로서 매우 민첩하게 움직인다. 이들의 거주지는 사람들이 사는 곳과 거리가 있기에 이들에 대해서 알려진 것이 별로 없다. 특히 이들이 어디서 새끼를 낳고, 기르고, 살아가는지에 대한 정보는 더욱 빈약하다. 하지만 하나님께서는 이들에 대해서 잘 알고 계시며 이들의 자유로움과 삶의 방식을 인정하신다.

셋째, 들나귀와 들소(39:5-12): 들나귀는 자기 맘대로 살아가는 자유로운 동물로서 사람들에 의해서 길들여지지 않는다. 들나귀는 인적이 없는 곳에서 살아가며, 인간의 문명을 비웃고, 자기를 통제하려는 자의 소리를 무시하고, 자유롭게 살아간다. 들소 역시 사람들에 의해서 통제되지 않는 동물로 힘이 매우 강하다. 또한 사람들의 필요에 의해 사용되기를 거절하고 자유롭게 살아간다.

넷째, 타조와 군마(39:13-25): 타조는 날개가 있지만 날지 못한다. 하지만 빨리 달릴 수 있다. 그러나 타조는 자기 알을 땅에 낳고, 그냥 방치하는 무자비하고 어리석은 동물이다. 군마는 야생 동물에 속하지는 않지만 전투를 위해서 훈련된 매우 빠르고 용맹한 동물이다. 하지만 결국엔 자신의 용맹과 힘을 믿고 사람의 통제를 거부하는 교만한 동물이다.

다섯째, 매와 독수리(39:26-30): 사람이 접근할 수 없는 곳에 살아가는 동물들이며, 시각이 매우 뛰어나고, 우수한 비행 능력을 지니고 있다. 독수리는 짐승의 썩은 고기와 사람의 사체를 먹고 살아가는 동물들로서 인간에게 부정하고 혐오스러운 동물이다.

여기에 언급된 동물들은 사람의 관심과 통제에서 멀리 떨어져 있으며, 인간의 삶에 어떠한 도움도 줄 수 없는 존재들이다(군마는 제외). 이렇게 부정하며, 혐오스럽게 보이는 고산과 광야의 거주자들을 하나님께서는 친히 먹이시고, 돌보시며, 심지어는 어리석고, 모성애조차 없는 잔인하며, 쓸모없어 보이는 **동물들에게까지도** 살아가는데 필요한 능력과 지식을 주셨다. 인간 문명을 **비웃기까지 하며, 사람의 다스림을 거부하는 동물들을** 위해서 친히 '동물의 주'[19]가 되시기도 하신다. 이 동물들은 이렇게 인간의 삶과는 무관하게 각자 그들의 고유한 삶의 공간에서 자신들만의 질서를 가지고 살아간다.[20] 그러기에 땅은 인간만을 위해서 존재하는 영역이 아니다. 땅은 하나님의 모든 피조물들을 위한 공동의 처소이며 창조 세계의 신비를 간직한 십이다.[21]

하나님은 욥과 욥의 친구들의 인간중심주의에 문제를 제기하고, 세상에는 인간의 삶과는 관련이 없어 보이는 다양한 생명체와 삶의 공간이 있음을 알려주신다.[22] 이들도 인간의 삶의 방식과는 다르지만 무질서한 것이 아니라, 나름의 질서와 규칙을 가지고, 그들 각자의 고유한 삶의 양식 속에서 살아간다.

2) 바다와 혼돈의 존재들

세상을 구성하는 하늘과 땅 그리고 바다 중에서 인간의 삶에 가장 위협적이고 적대적인 공간은 바다다. 창세기 1장을 제외하고, 대부분의 구약성경에서 바다는 신학적으로 부정적인 의미로 사용된다. 바다는 하나님의 질서를 위협하는 적대적인 세력을 상징하는 존재가 된다. 구약의 라합, 탄닌, 리워야단, 뱀 등의 부정적인 존재들은 대부분 혼돈을 야기시키는 바다가 인격화된 것으로 볼 수 있다.[23] 욥도 7장 12절에서 하나님께서 그를 이러한 혼돈의 존재로 대하고 있음을 탄원한다.

<욥기 7:12>
12 내가 바다니이까 바다 괴물이니이까 주께서 어찌하여 나를 지키시나이까

욥에게 있어서 바다나 탄닌 등은 하나님의 피조 세계에 존재해서는 안 되는 요소들이다. 그러나 이러한 바다도 욥기에서는 하나님의 통치영역으로 들어온다. 심지어 바다는 하나님과 적대적인 관계가 아니라 하나님의 보호와 돌봄의 대상이 되기도 한다.

<욥기 38:8-11>
8 바다가 그 모태에서 터져 나올 때에 문으로 그것을 가둔 자가 누구냐
9 그 때에 내가 구름으로 그 옷을 만들고 흑암으로 그 강보를 만들고
10 한계를 정하여 문빗장을 지르고
11 이르기를 네가 여기까지 오고 더 넘어가지 못하리니 네 높은 파도가 여기서 그칠지니라 하였노라

고대 근동에서 바다는 땅을 위협하고 하나님의 질서를 전복시키려는 엄청난 파괴적인 힘을 가진 무서운 대적자이다. 하지만 여기서 바다는 하나님께 대항하는 독자적인 세력이 아니라 하나님의 통치 속으로 편입된다. 하나님은 아기 엄마가 울음을 터뜨리는 갓난아이에게 기저귀를 채우고 강보에 싸서 달래는 것처럼 울부짖는 바다를 달래는 어머니로 묘사되고 있다.[24] 무섭게 땅을 향해서 질주하는 파

도가 하나님 앞에서 힘을 잃고 부서지고 만다.

바다는 위협적인 존재이며, 하나님의 질서를 파괴하는 무질서의 화신임에도, 하나님은 바다를 당신의 피조 세계의 한 요소로 받아들이며, 이들의 존재를 인정하신다. 하나님은 혼돈을 야기하고, 때로는 땅 위에서 살아가는 생명체들을 위협하는 바다를 없애지 않으시고, 하나님의 창조 세계의 구성요소로 만드신다. 그러기에 바다도 하나님 앞에서 자신의 위치를 알고, 하나님의 피조 세계에서 자신의 한계를 인정하며, 땅과의 경계를 지켜야 한다. 바다가 땅을 향해서 질주하더라도 땅과 바다의 경계를 넘어서는 안 된다.

이것은 두 번째 하나님의 말씀(욥 40:6-41:34)에 언급된 베헤못과 리워야단에게도 해당된다. 이 두 괴수는 혼돈의 존재로 신화-실제적인 동물들로, 바다나 물 주변에 거주하는 존재로 인식된다.[25] 첫 번째 하나님의 말씀(욥 38:1-40:2)에 등장하는 10마리의 동물들과는 비교도 되지 않을 정도로 베헤못과 리워야단은 강력한 혼돈의 존재로 하나님이 질서를 위협하는 전설과 신화 속의 동물들이다. 이들은 피조 세계의 강자들로서 두려움을 모르며 사람을 포함해서 모든 생명체들을 능가하는 초월적인 힘과 능력을 소유한 존재들이다.[26] 하지만 이러한 혼돈의 괴수들도 하나님의 통치범위 안으로 들어온다.[27]

<욥기 40:15: 베헤못>
15 이제 소같이 풀을 먹는 베헤못을 볼지어다 내가 너를 지은 것 같이 그것도 지었느니라

<욥기 41:33: 리워야단>
33 세상에는 그것과 비할 것이 없으니 그것은 두려움이 없는 것으로 지음 받았구나

베헤못과 리워야단이 비록 혼돈의 존재로 알려져 있지만 여기서는 하나님과 적대적인 관계에 있지 않다. 전통적으로 이러한 혼돈의 존재들은 하나님의 창조 세계를 위협하는 존재로 인식되어 왔기에 하나님에 의해서 제거되어야 할 적대자들이다. 그러나 하나님의 말씀 속에서 이들은 모두 하나님의 피조물이고, 하나님에 의해서 통제되며, 하나님과 밀접한 관계를 유지하고 있다.

<욥기 40:19: 베헤못>
그것은 하나님이 만드신 것 중에 으뜸이라 그것을 지으신 이가 자기의 칼을 가져오기를 바라노라

<욥기 41:3-5: 리워야단>
3 그것이 어찌 네게 계속하여 간청하겠느냐 부드럽게 네게 말하겠느냐
4 어찌 그것이 너와 계약을 맺고 너는 그를 영원히 종으로 삼겠느냐
5 네가 어찌 그것을 새를 가지고 놀 듯 하겠으며 네 여종들을 위하여 그것을 매어두겠느냐

비록 베헤못이 세상의 질서를 위협하는 존재이지만 하나님에 의해서 창조된 피조물이다. 하나님은 그에게 칼을 주심으로 그를 자신의 사역을 위해서 사용하신다. 이러한 묘사를 통해서 하나님의 창조 세계에는 베헤못을 위한 공간과 역할이 있음을 알 수 있다. 리워야단의 경우에는 직접 언급되지 않았지만, 수사 의문문을 통해서 하나님만이 리워야단을 제어할 수 있으며 사람들이 새를 가지고 노는 것처럼 하나님과 친밀한 관계를 유지할 수 있다는 사실이 강조된다.

이러한 하나님의 말씀은 욥과 욥기의 독자들에게 인간중심주의를 극복할 것을 강력하게 요구하고 있다. 세상이 인간을 중심으로 창조

되었다는 생각은 전체로서의 피조 세계의 다양한 모습을 보지 못하게 하기 때문이다. 하나님은 인간만을 위해서 세상을 창조하신 것이 아니다. 때때로 하나님은 인간의 이해 범위를 초월하셔서 세상을 다스리신다. 하나님은 창조세계를 향한 자신의 고유한 목적을 위해서 혼돈의 존재들조차도 창조하시고, 이들과 지속적으로 관계를 맺으시며, 이들을 사용하신다.

욥기에서 세상의 모든 존재는 하나님께 속하며 하나님의 통치와 주권이 미치지 않는 공간은 존재하지 않는다. 혼돈의 존재들까지도 하나님의 영역으로 들어온다.[28] 물론 하나님은 이들의 한계와 경계를 정해주시지만, 그럼에도 철저하게 그들의 존재와 공간을 인정해주신다.

3) 하늘과 기후 현상

해와 달과 별들이 움직이는 공간으로서 창세기 1장의 하늘은 땅을 밝히고, 시간을 알려주며, 새들의 삶의 공간이 된다. 동시에 이러한 모든 천체는 인간의 삶을 위한 도구로 비신화화(Entmythologisierung)되었으며, 인간의 복지를 위해서 사용된다. 반면에 욥기의 하나님 말씀에서 이러한 하늘과 기후 현상들은 사람들만을 위해서 존재하는 것이 아니라, 창조 세계 전체를 위해서 활용된다. 심지어 사람들에게 위협을 가하는 우박과 홍수, 번개 등도 하나님의 피조 세계의 구성요소로 등장하고 있다. 하나님께서는 사람이 살지 않는 곳에도 비를 내리게 하신다.

<욥기 38:22-35>

22 네가 눈 곳간에 들어갔었느냐 우박 창고를 보았느냐
23 내가 환난 때와 교전과 전쟁의 날을 위하여 이것을 남겨 두었노라
25 누가 홍수를 위하여 물길을 터주었으며 우레과 번개 길을 내어 주었느냐
26 누가 사람 없는 땅에, 사람 없는 광야에 비를 내리며
27 황무하고 황폐한 토지를 흡족하게 하여 연한 풀이 돋아나게 하였느냐

34 네가 목소리를 구름에까지 높여 넘치는 물이 네게 덮이게 하겠느냐
35 네가 번개를 보내어 가게 하되 번개가 네게 우리가 여기 있나이다 하게 하겠느냐

여기에 언급된 하늘의 기후 현상은 인간의 삶에 예속되지 않으며, 심지어는 인간의 삶에 적대적이고 위협적인 존재들이다. 우박과 번개, 그리고 홍수는 많은 농작물을 파괴하고 사람들의 재산과 생명에 위협을 가하기도 한다.[29] 하지만 이러한 부정적인 자연현상마저도 창조 세계의 한 부분으로 인정된다. 땅을 적시는 비도 사람들의 생각과 달리 인간만을 위해서 내리는 자연현상이 아니다. 하나님은 사람들이 살지 않는 광야에 비를 주심으로 광야의 동물들의 생명을 돌보시고 유지시키는 분이시다. 이 땅에서 생명체가 살아가기 위해서는 동물들의 먹거리로 식물이 제공되어야 한다. 이 식물은 물을 먹고 자라기에 하나님께서는 동물들이 살 수 있도록 광야에도 비를 내리시는 것이다. 하나님의 사랑과 관심은 사람을 넘어서, 창조 세계의 구석구석에까지 미치고 있다. 하나님께서는 욥의 인간 중심적인 사고에 대해서 제동을 거시고, 사람들뿐만 아니라, 이 땅의 다른 생명체들을 위해서도 비를 내리시고, 세상을 운행하고 계심을 보여주

신다.

구약에서 하나님은 우기 때 비를 내리실 뿐만 아니라 이른 비와 늦은 비를 주심으로 이스라엘 백성들의 삶에 복을 주시는 분으로 이해되어 왔다(신 11:14). 그러나 욥기의 하나님께서 일으키시는 기후 현상은 사람들만을 위한 것이 아니며 사람들이 부정적으로 보는 현상마저도 피조 세계의 구성요소임을 보여준다. 이렇게 하나님은 욥에게 자신의 틀에 갇혀서 세상을 볼 것이 아니라 피조세계 전체의 관점에서 세상을 볼 것을 요청하고 있음을 알 수 있다.

IV. 인간중심주의를 넘어 공존을 향한 시도

구약에서 욥기의 하나님 말씀처럼 인간 중심성에 문제를 제기하는 성경을 찾기는 쉽지 않다. 창세기 1장의 창조 기사는 인간과 인간이 살아가는 땅을 중심으로 전개되고 있다. 구약성경에서 인간 중심성을 대표하는 전형적인 본문으로 보인다. 하지만 욥기의 하나님 말씀은 이러한 인간 중심성에 문제를 제기함으로 세상을 인간의 시각만이 아니라 창조 세계 전체의 관점으로 보게 하고 모든 피조물을 단순히 수동적인 객체를 넘어서 주체로 인정한다.

창조 세계는 인간을 위해서만 존재하는 것이 아니다. 하나님의 말씀에 언급된 세상은 인간이 살아가는 삶의 공간을 넘어서 창조 세계의 모든 공간으로 확대된다. 욥기 이전엔 인간의 통제범위를 넘어서는 이러한 세상은 인간에게 가치 없고 무의미한 세상으로 인식되었다. 하지만 그러한 곳도 하나님의 주권이 미치는 공간이고 하나님의 질서가 작동된다. 인간의 손이 미치지 못하고 인간의 도덕적 기준과 질서에 부합하지 않는다고 하더라도 이러한 공간과 이곳에서 살아가는 생명체도 하나님께서 창조하신 존재임을 인정해야 한다. 각각의 존재는 그 자체로 가치 있으며 창조 세계 전체의 일원으로 공동체에 참여하고 있다. 이러한 세상은 인간의 평가와는 다른 고유한 가치를 지니고 있다.[30] 보프가 주장하는 것처럼 하나님의 전체 피조 세계에서 모든 구성요소들은 그 존재 자체의 타자성을 인정받는다. 그러기에 하나님의 말씀은 확실히 인간중심주의를 초월하고 있다. 하나님의 창조 세계는 어떤 특정 집단의 이익을 대변하는 공간이 아니라 모든 피조물의 구성원 전체에게 이익이 되는 방향으로 조성되었다. 인간도 예외 없이 이러한 생태 구조 속에서 자신의 자리를 찾아야 한다.[31]

하나님의 창조 세계의 일원으로서 인간을 포함해서 세상의 모든 존재는 서로가 서로를 필요로 한다. 하나님 이외에 고정된 단 하나의 중심이란 존재하지 않는다. 세상을 구성하는 다양한 존재들이 서로 관계를 가지며 상응할 때 비로소 온전한 창조 세계가 되는 것이다. 욥기에서 이렇게 보프가 꿈꿨던 상호성과 보완성은 빛을 발한다.

데일 패트릭(Dale Patrick)에 따르면 질서는 폭력과 재앙까지도 포함한다. 물론 이것은 서로에 대한 전쟁이나 다툼을 의미하는 것이 아니다. 이것은 창조 세계의 모든 구성요소가 생명의 공동체 안에서 각각 자리를 잡고 번창하기 위함이다.[32] 그렇기에 욥기의 하나님이 그려내시는 세상에서는 하나님의 통치가 미치지 않는 공간은 존재하지 않는다. 사람이 살지 않는 높은 산이나, 광야의 부정한 동물도, 혼돈의 상징인 베헤못과 리워야단도 하나님의 창조 세계의 일원으로 인정받으며, 심지어 욥기 1장과 2장의 사탄도 하나님의 아들들 속으로 편입된다. 존재하는 모두가 하나님의 통치영역, 즉 창조 세계 안으로 들어온다. 삶의 영역과 마찬가지로 심지어 죽음의 영역도 하나님의 창조 세계의 영역으로 통합된다.[33]

그럼에도 창조 세계를 구성하는 모든 존재들은 일정한 한계와 경계를 지니고 있음을 부정해서는 안 된다. 각각의 타자성은 인정되지만, 삶과 죽음의 경계, 바다와 땅의 경계, 어둠과 빛의 경계 또한 인정되어야 한다. 자연의 모든 것들은 자신의 자리를 알아야 한다. 이것을 다른 말로 '경계의 설정'이라고 할 수 있다. 이렇게 세상의 모든 구성요소들이 자신의 경계를 인정하고, 더불어 살아갈 때 하나님께서 창조하신 전체 세상은 조화를 이루어 낼 수 있다. 세상은 분리된 채 존재하지 않으며, 특정한 피조물만을 위한 공간이 아니다. 하나님의 창조 세상은 모두를 위한 공간이다.

V. 나오는 말

욥은 철저하게 하나님의 창조 세상을 자신의 고난을 중심으로 관찰해왔다. 그렇기에 인간에게 고난을 야기하거나 불필요하게 보이는 존재들은 그의 관심의 대상이 되지 못했다. 하지만 하나님은 욥에게 세상에 대해서 새로운 관점으로 접근할 것을 요구하신다. 창조 세계를 제대로 이해하기 위해서는, 하나님께서 특정한 대상만을 위해서 세상을 다스리시는 분이 아니라, 창조 세계 전체를 기준으로 통치하시고, 운행하시고 있음을 깨달아야 한다. 그렇기에 사람의 눈에 가치 없어 보이거나 심지어 적대적으로 보이는 존재까지도 하나님의 피조 세계의 일원으로 인정되는 것이다. 이런 점에서 욥기는 우리에게 인간중심주의를 넘어서, 타자를 인정해야 하며, 창조 세계의 모든 구성원들이 서로를 보완해주는 관계임을 깨달을 것을 재촉하고 있다. 창조 세계 전체의 관점에서 각각의 존재들은 자기 자신의 자리를 찾아야 한다.

세상을 사람의 관점에서만 보려 한다면 인간 이외의 대상은 평가절하되며 인간에게 종속될 수밖에 없다. 욥기의 하나님은 욥에게 욥 자신을 가두어 둔 틀을 깨고, 더 넓고, 더 높고, 더 깊게 하나님께서 창조하신 세상을 볼 것을 요청하고 있다. 피조 세계는 인간의 관점과 기준을 넘어서는 수많은 공간과 여백들이 존재한다. 이러한 공간과 여백을 창조자의 관점에서 볼 때, 이 세상은 흑과 백으로만 나누어진 세상이 아니라 다양한 색으로 조성된 세상임을 알게 된다. 그렇기에 욥기는 끊임없이 우리에게 사람이 자신의 기준으로 나눈 빛과 어둠, 선과 악을 넘어서 피조 세계 전체를 균형 있게 볼 것을 요청한다.

보프에 따르면, 지구를 전체로 보지 않을 때 지구의 대다수 구성원들은 고통을 당하게 된다. "지구는 피를 흘린다. 특히 지상의 특이한 존재들인 억눌린 이들, 소외된 이들, 배제된 이들 안에서 지구는 피를 흘린다. 이들이 지구의 대다수를 이루기 때문이다. 이들에게서 출발해 우주적 균형과 새로운 세계 생태 질서를 생각해야 한다."[34) 인간은 하나님과 동등하지 않다. 인간은 하나님처럼 온 세상을 지배하는 존재가 아니라 하나님의 창조 세계, 하나님의 생태계 안에서 적응하도록 창조되었음을 잊어서는 안 된다.[35)

현재 벌어지고 있는 환경오염과 파괴는 결국 인간에게까지 피해가 돌아오게 하는 자기 파괴적인 성격을 지니고 있다. 사람들이 살아가는 생태환경에 대한 고려 없이 당장 눈에 보이는 이해관계에 따라서만 세상을 바라본다면 우리는 이러한 악순환의 고리를 벗어날 수 없다. 이제는 창조주의 시각에서, 혹은 전 지구적 시각에서 세상을 세심하게 살피고, 돌아봐야 한다. 이러한 시도가 자연 속에서 살아가는 생명체들뿐만 아니라 궁극적으로 사람들에게도 유익을 줄 것이다.

각각의 개별단위들에 대한 환경 운동도 중요하다. 그러나 무엇보다도 중요한 것은 세상을 바라보는 관점의 변화가 있어야 한다. 나무만을 바라보고 숲은 보지 못하는 어리석음을 범해서는 안 될 것이다. 숲과 나무를 모두 볼 수 있는 지혜가 필요하다. 그렇기에 먼저 해야 할 것은 보프의 주장처럼 생태학적 요청을 이해하는 일이다. 서로에게 그물망처럼 연결되어 있는 생태환경을 바르게 이해함으로 하나님의 창조 세계에서 살아가는 모든 존재들이 갈등과 적대적인 관계를 넘어서 새로운 관계로 들어가야 한다. 그럴 때 이 세상의 모든 존재들이 타자화를 넘어서 '너와 나의 관계'로 나아갈 수 있다. 타자성을 인정하되, 하나님과 창조 세계 속에서 하나님의 피조물이라는 연대 의식이 있어야 한다. 그럴 때 인간중심주의를 넘어서 창조 세계의 조화를 향해 조금 더 나아갈 수 있을 것이다.

미주

1) 이혜경, "환경 파괴로 늘어나는 전염병 현황 및 대응 방안," 국회입법조사처 편, 「이슈와 논점」, 제1699호, 2020년 4월 7일.
2) 박성철은 21세기 판데믹은 자연을 개발함으로써 축적되는 부와 물질적 풍요를 통해 형성되는 근대적 유토피아를 추구하였던 인간이 만들어낸 재해라고 본다. 박성철, "생태 위기와 근대 개발 이데올로기," 『생태 위기와 기독교』, 박성철 책임편집 (파주: 한국학술정보, 2021), 15.
3) 레오나르도 보프, 『생태신학』, 김항섭 옮김 (서울: 카톨릭출판사, 2013), 129.
4) 앞의 책, 21.
5) 앞의 책, 21.
6) 앞의 책, 21.
7) 앞의 책, 128.
8) 앞의 책, 123.
9) 베른드 야노브스키(Bernd Janowski)에 의하면, 이러한 경향은 1970년대 이후로 본격화되고 있다. 특히, '정복하다, 다스리다'는 개념이 고대 근동의 자료에 의해서 새롭게 평가되고 있다. Bernd Janowski, "Die lebendige Statue Gottes. Zur Ahthropologie der priesterlichen Urgeschichte," in *Gott und Mensch im Dialog*, ed. M. Witte (Berlin/New York: Walter de Gruyter, 2004), 197.
10) 배희숙, "하나님의 형상과 땅의 통치(창 1:26-28)-인간의 본질과 과제에 대한 새 관점," 「장신논단」 49호 (2017), 76-78.
11) 앞의 책, 67.
12) Konrad Schmid, "Schöpfung im Alten Testament," in *Schöpfung*, ed. K. Schmid (Tübingen: Mohr Siebeck, 2012), 83-84.
13) 이와 관련된 주장에 대해서는 다음을 보시오. 배희숙, "하나님의 형상과 땅의 통치," 75.
14) 히브리어 본문에 좀 더 가깝게 해석하자면, 사람에게는 '온 땅의 씨를 맺는 푸른 풀과 씨를 맺는 모든 나무'를 먹거리로 주셨지만, 땅의 짐승과 하늘의 새, 그리고 땅에 기어 다니는 모든 생명체에게는 '푸른 풀'을 먹거리로 주셨다. 사람에게는 두 종류의 먹거리나 주신 반면에, 숫자가 더 많은 땅과 하늘, 그리고 땅에서 기어 다니는 모든 동물들에게는 단지 한 종류의 먹거리만을 주심으로 하나님께서 사람의 먹거리에 더 많은 관심을 갖고 계심을 간접적으로나마 인식할 수 있다.
15) Bernd Janowski, "Die Erde ist in die Hand eines Frevlers gegeben: Zur Frage nach der Gerechtigkeit Gottes im Hiobbuch," in *Wo ist Gott? Die Theodizee-Frage und die Theologie im Pfarramt*, ed. H. Lichtenberg & H. Zweigle (Neukirchen-Vluyn: Neukirchener Verlag, 2009), 10-11.

16) R. Lux, "Narratio-Disputatio-Acclamatio. Sprachformen des Leidens und seiner Überwindung im Hiobbuch," in *Dogmatik erzählen? Die Bedeutung des Erzählens für eine biblisch orientierte Dogmatik*, ed. G. Schneider-Flume & D. Hiller (Neukirchen-Vluyn: Neukirchener Verlag, 2005), 235.

17) 하경택, 『욥기』 (서울: 한국장로교출판사, 2018), 436.

18) Felix Gradl, *Das Buch Ijob* (NSK.AT 12; Stuttgart: Verlag Katholisches Bibelwerk, 2001), 321.

19) 구약의 '동물의 주'에 대해서는 다음을 참고하시오. 구자용, "야웨, 동물의 주 - 신학적 동물학에 대한 소고," 「구약논단」 56집 (2015), 205-235.

20) N. C. Habel, "Earth First: Inverse Cosmology in Job," in *The Earth Story in Wisdom Traditions*, ed. N. C. Habel & Shirley Wurst (Sheffield: Sheffield Academic Press, 2001), 77.

21) Ibid.

22) 하경택, 『욥기』, 443.

23) Otmar Keel & Silvia Schroer, *Schöpfung. Biblische Theologien im Kontext altorientalischer Religion* (Göttingen: Vandenhoeck & Ruprecht, 2008), 44-45.

24) 안근조, 『지혜의 말씀으로 읽는 욥기』 (서울: 한들출판사, 2007), 185-186.

25) Jürgen Ebach, *Streiten mit Gott*, Teil 2 (Neukirchen-Vluyn: Neukirchener Verlag, 2005), 147.

26) 하경택, 『욥기』, 457.

27) 강철구, "하나님의 두 번째 말씀(욥 60:6-41:34[41:26])의 배경과 의미," 「구약논집」 18집 (2020), 24.

28) 에리히 쳉어, 『구약성경개론』, 이종한 옮김 (칠곡: 분도출판사, 2012), 599.

29) J. 제럴드 젠슨, 『욥기』, 한진희 옮김 (서울: 한국장로교출판사, 2007), 312.

30) Dale Patrick, "Divine Creative Power and the Decentering of Creation: The Subtext of the Lord's Addresses to Job," in *The Earth Story in Wisdom Traditions*, ed. N. C. Habel & S. Wurst (Sheffield: Sheffield Academic Press, 2001), 111.

31) Ibid., 113. 패트릭은 첫 번째 하나님의 말씀에 국한해서 말하고 있지만 전체 하나님의 말씀을 종합해봐도 이러한 주장을 할 수 있다.

32) Ibid.

33) Habel, "Earth First: Inverse Cosmology in Job," 76.

34) 보프, 『생태신학』, 22.

35) Patrick, "Divine Creative Power and the Decentering of Creation," 115.

제3장

불평등 사회의 생태적 전환을 위한 잠언의 지혜*

김순영

I. 들어가는 말

점점 더 뜨거워지는 지구와 생태계 파괴의 위협 속에서 기후 위기의 심각성은 날로 고조되고 있다. 사회학자 울리히 벡(Ulrich Beck)은 기후 위기를 사회적 관계의 변화로 인식했다. 기후 변화와 사회적 불평등에 미치는 영향을 심각하게 고려하면서 기후 위기가 가난한 자와 부자, 중심과 변두리라는 불평등을 심화시킨다고 보았다.[1] 이러한 경제적 불균형의 대표적 사례가 플랫폼 노동이다. 이것은 COVID-19 대유행으로 인해 급격한 증가추세에 있다. 플랫폼 노동은 기존의 경제활동 방식을 바꿔놓았고 우리 곁의 '투명 노동자'를 더 많이 양산하는 중이다. '투명 노동'이라는 신조어는 20세기 급진적 사상가 이반 일리치(Ivan Illich)의 '그림자 노동'[2]을 연상시킨다. 물론 둘은 의미상 정확하게 일치하지 않으나 억압적 차별이 핵심이

* 이 글은 「구약논단」 81집(2021년)에 게재된 필자의 글을 재정리한 것이다.

라는 측면에서 같다. 비대면의 투명 노동 방식은 생명을 위협하는 현장이 되었고 기업과 노동 생태계의 불공정 분배는 경제적 양극화라는 사회 위기를 초래했다. 처참한 노동 현실 곁에서 사람들은 생태 위기 문제와 함께 새로운 표준을 말하지만, 정확한 실체는 보이지 않는다. 이러한 경제적 불균형으로 인한 불평등 사회를 향해 성서는 무엇으로 응답할 수 있는가? 이른바 '위험사회'의 현실을 직시하고 모두가 서로서로 연결된 존재로서 공존하는 생태적 지혜의 삶의 방식을 구약 잠언의 옛 지혜에서 탐색하고자 한다.

이 논제는 생태학이 자연 생태계만이 아니라 사회와 문화 그리고 모든 존재 사이의 상호 연결성 속에서 생태적인 총체를 구성한다는 생태 신학자 레오나르도 보프(Leonardo Boff)의 제언에 대한 공감에서 시작되었다. 보프는 1993년 『생태 신학』에서 모든 인간적 실천과 지식을 생태학적인 관점에서 재조명했다. 이를 위해 개별 학문 이름 앞에 '생태'(eco)를 붙여 생태적 불균형을 가져오는 지식 자체를 재구성하는 방식과 그 필요성을 제기했다.[3] 인간은 노동과 돌봄의 형태로 세상에 자리할 때만 인간일 수 있고, 노동을 통해 창조의 균형을 유지해야 한다. 이것이 보프의 생태학적 시각이다.[4] 이와 비슷하게 샐리 맥페이그(Sallie McFague)는 생태학적 지식을 경제 법칙에 관한 지식으로서 지구의 모든 거주자들이 함께 정의롭고 지속가능한 삶을 배우는 것으로 정의했다. 한마디로 생태학은 삶과 죽음에 관한 것이고, 생존을 위한 기초지식이다.[5] 왜냐하면 인류에게 생존 자체보다 더 긴급하고 중요한 문제는 없기 때문이다.

기후난민까지 발생하는 오늘의 지구 현실에서 기독교는 올바른 생태 관계 정립과 "생태 정의"[6]를 위한 사회적 책임에서 도피할 수 없다. 그러므로 기독교 신학은 위험사회에 응답하고 생태 정의 실현을 위해 함께 고군분투하면서 생태적 전환의 길을 모색해야 하는 상황이다. 이를 위해 구약 지혜문학을 대표하는 잠언에서 불공정한 경제활동에 기인한 가난의 현실성을 진단하고 선별한 개별 잠언들을 생태적 전환을 위한 각성과 대안으로 제시하려고 한다. 물론 구약의 잠언은 생태적 경제와 사회에 대한 구체적 적용을 조직적이고 직접적으로 제공하지 않는다. 그러나 군더더기 없는 간결한 문장은 자연질서 심층에 흐르는 원칙과 인간 삶의 현실을 꿰뚫는 지혜의 보고다. "구약의 지혜는 자연과 경쟁하며 정복하거나 초월하려는 자세가 아니라 자연계 질서에 맞추어 살아가는 삶의 원리로서 현실에 관한 특정한 태도를 반영한다."[7] 이처럼 잠언 지혜는 보프의 사회 생태학과 통한다. 이것은 노동과 공생, 친교, 형제애, 정의, 연대성으로 연합하는 지구 공동체의 균형을 목표하며, 생태적 윤리는 "우주적 연민의 윤리"이다.[8] 또한 사회 생태학의 관점은 맥페이그가 제시한 생태적 경제학의 관점과 지구 정의를 위한 지구성서프로젝트(The Earth Bible Project)의 관점과 상통한다. 특히 1998년 미국성서학회(SBL)에서 검토된 여섯 가지 생태 정의 원칙들 중 "상호연결"(inter connectedness)[9] 원칙과 호응한다.

잠언의 목적 중 하나는 정의, 공의, 공평을 꽃피우기 위함이다(잠 1:3). 구약의 지혜는 창조 질서, 곧 자연의 순리에 따라 도덕적인 올바름으로 채워가는 삶을 하나님 백성의 임무로 제시한다. 이 맥락에서 논제를 위해 선별한 잠언 교훈들은 경제적 허약함에서 비롯된 사회적 무능력의 당혹스러움과 가난의 실상을 외면하지 않고 만연된 불의를 꼬집는가 하면(잠 13:23), 성장과 번영을 하나님의 선물로 받아들인다(잠 3:9-10; 10:22). 그러나 동시에 과도하게 집중된 부와 극단적 가난의 위험성을 함께 다룬다(잠 30:8-9). 이 잠언들은 우리 시대의 공정과 정의 없는 자본 확장과 '노동 가격'을 낮추는 노동 생태계의 불평등과 이로 인한 소득 양극화로 인한 격차와 "노동의 배신"이라는 역설을 되새기게 한다. 따라서 이 논문은 생태 위기로 가속화되고 있는 경제적 불평등을 창조 질서를 배반하는 생태 정의 파괴와 역행으로 인식하고 잠언의 지혜를 생태적 전환을 위한 대안적인 응답으로 제안한다.

II. 생태 정의를 파괴하는 삶의 맥락들

1. 공정한 경제활동과 참여 문제

구약 잠언에는 상거래 정의와 경제활동 관련한 금언들이 있다.[10] 그중 몇 가지는 공정한 경제활동을 촉구하면서 소비자의 윤리적 태도까지 문제 삼는다. 이와 관련된 경구들 중에는 무차별적인 시장경제와 자본가의 횡포, 그리고 금융자본의 장난질과 불공정을 질타하는 현실 각성을 위한 지혜 교훈이 된다. 첫째, 잠언 지혜는 공정하지 않고 속이는 행위와 공평함을 비교하여 공정한 경제활동을 촉구한다.

> 속이는 저울은 야웨의 역겨움이지만,
> 공평한 추는 그의 기쁨이다(11:1)[11]

고대 사회에서 저울은 공동체가 수립한 기준으로서 상호 신뢰를 유지하는 척도다. 공정한 거래는 공정한 저울에 의해 입증된다. 1절의 ‘저울’(모즈나임)은 단어 자체에 ‘균형’과 ‘평균’을 함축하고 있다(사 40:12 참조). 그리고 ‘속이는 저울’[12]은 속임 그 자체로서 타인에게 해를 입히기 때문에 ‘야웨의 역겨움’(“여호와가 미워하시나”, 개역개정)이 된다. 상대방을 속여 해를 입히는 행위는 공동체의 균형을 깨뜨린다. 따라서 속이는 저울은 사회적인 문제이면서 신학적인 문제다. 그러면 ‘야웨의 역겨움’(토에받 야웨; 참고. 잠 20:23)[13]이 함축하는 바는 무엇인가? 공정한 저울이 야웨께 속한 것이듯(잠 16:11), 속이는 저울은 삶의 거룩함을 훼손하고 경제 정의를 무너뜨리는 반역 행위로서 비난받는다. 이와 마찬가지로 “한결같지 않은 추와 한결같지 않은 되”(개역개정), 문자적으로 ‘돌 하나에는 돌 하나, 한 에파에는 한 에파’[14] 역시 야웨의 역겨움이다(잠 20:10). 저울의 “추”(에벤)와 “되”(에파)를 속이고 바꿔치기하는 것은 신뢰를 무너뜨리고 공정한 상거래를 짓밟는 행위다. 이것은 하나님에 의해 발의된 레위기 법에 명시되었고, 일상의 거룩함을 저버리는 정의롭지 못한 행위로서 비난받는다(레 19:35-36).

무엇보다 ‘야웨의 역겨움’은 구약 전체를 통틀어 잠언에서 가장 많이 사용된 표현이다(잠 3:32; 6:16; 11:1, 20; 12:22; 15:8, 9, 26; 16:5; 17:15; 20:10, 23). 잠언 다음으로 빈도수가 높은 신명기 본문에서는 우상숭배와 경제적인 불의를 문제 삼을 때 사용된다(신 7:25; 12:31; 17:1; 18:12; 22:5; 23:18; 25:16; 27:15). 이것은 공정하지 못한 경제활동이 우상숭배만큼 심각한 문제임을 반증한다. 이 때문에 예언자도 악한 의도를 품고 상대방을 속여 희생자 만드는 행위를 심각하게 다뤘다. 대표적으로 기원전 8세기 미가 예언자는 불의한 재물을 고발하며 부정한 저울과 거짓된 추를 맹비난했다(미 6:10-11).

반대로 '공평한 추'는 야웨의 기쁨이다(잠 11:1b). '공평한 추'(에벤 쉘레마)는 문자적으로 '완전한 돌'을 뜻한다. 이것은 부족하지 않은 '정확한 무게' 단위를 일컫는다. 당시 상거래에서 크고 작은 돌은 무게를 계량하는 도구였다. 그런데 상인들 가운데 두 종류(큰 것과 작은 것)의 저울추를 주머니에 넣고 다니며 무게를 속였던 것 같다.[15)]이 때문에 신명기 가르침은 계량 단위를 속이는 행위를 엄격히 금지할 뿐 아니라 중대한 죄로 간주한다(신 25:13-16; 참고. 암 8:5). 따라서 야웨의 역겨움과 반의적 평행관계를 이루는 야웨의 '기쁨'(라촌), 곧 야웨의 '바람'이며 '소원'은 공평하고 공정한 거래에 있다. 공정한 거래가 야웨의 뜻이지만, 명령형으로 표현되지 않았다. 이는 독자가 자발적으로 경제적인 올바름을 선택하도록 유도하기 위함이다. 이처럼 고대 지혜 교훈은 "생태학과 경제학은 분명한 파트너"[16)]라는 생태학의 관점과 공명하며, 공정한 교환 가치라는 생태 정의를 구현하는 삶이 된다.

둘째, 야웨는 공정성을 유지하는 도덕적 질서의 옹호자다. 잠언은 공평한 저울 제작과 저울추로 사용되는 모든 돌을 여호와가 만드신 것으로 제시하여 경제적인 공정성을 신학적인 문제로 접근한다.

> 접시저울과 공평한 저울은 야웨께 속한 것이요
> 주머니의 모든 돌들도 그가 만드신 것이다(잠 16:11)

"접시저울"로 알려진 눈금을 지시하는 바늘 있는 저울(펠레스, 참조. 사 40:12)과 "막대 저울"(문자적으로, 공평한 저울)은 둘 다 야웨에게 속한 영역이다. 그리고 '주머니의 모든 돌들', 곧 "주머니 속의 저울추"(개역개정)는 야웨가 만드신 것으로서 계량 단위의 공평을 뜻하며, 신적인 공정성으로 다뤄졌다. 곧 야웨는 정의롭고 합법적인 저울 배후에 계시며, 그것을 만드시고 소유하신 분으로 제시되었다. 이 교훈도 11장 1절처럼 길이, 무게, 양을 잴 때 불의를 행하지 않도록 명시한 레위기 가르침을 반영한다(레 19:35-36). 이 때문에 브루스 왈키(Bruce Waltke)는 야웨가 영원하고 질서정연한 그의 왕국에서 정의의 수단을 창설하셨고 유지하신다고 보았다.[17] 이처럼 '주머니의 모든 돌들'도 제작자가 야웨시니 저울추를 속이는 것은 돌을 제작하신 창조자를 속이는 것이나 다름없다.[18] 따라서 정확한 무게 측정은 신적 정의와 관련된 엄중한 문제다. 즉, 정확한 계량은 공정한 거래를 고무시킬 뿐만 아니라, 경제 정의가 야웨께 속한 신적 정의의 영역임을 명시한다.

셋째, 잠언 지혜는 상거래에서 판매자만이 아니라 소비자의 정직성을 문제 삼는다. 이는 올바른 상거래 활성화를 교훈하고 구매자의 정직하지 않은 마음을 비난한다.

> 구매자가 "나쁘다, 나쁘다" 말하지만,
> 떠나서는 자기를 위해 자랑한다(20:14)

판매자의 정의롭지 못한 속이는 저울처럼, 구매자의 정직하지 못한 속마음도 문제다. 이 금언은 소비자의 이중적인 마음과 공정하지 못한 정신을 꾸짖으면서 물건과 노동의 가치에 대한 공정한 평가를 암묵적으로 강조한다. 이는 현대사회에서 소비자의 양심을 각성시켜 교환경제 그 이상의 가치를 실현하지 않는 정신에 균열을 일으킨다. 이를테면, 백화점 진열대의 고가의 물건값을 깎지 않으면서 길거리 좌판을 펼쳐놓은 상인에게 덤을 요구하거나 물건값을 깎는 경우다.

이처럼 정당한 가격을 지불받지 못한 상인과 불공정한 구매자의 무뎌진 양심을 찌르는 잠언처럼, 우리 시대 시인의 목소리도 지혜 교훈이 된다.

> 나는 이제 너에게도 슬픔을 주겠다/사랑보다 소중한 슬픔을 주겠다/
> 겨울 밤 거리에서 귤 몇 개 놓고/살아온 추위와 떨고 있는 할머니에게
> 귤 값을 깎으면서 기뻐하던 너를 위하여/나는 슬픔의 평등한 얼굴을 보여 주겠다//
> ...추워 떠는 사람들의 슬픔에게 다녀와서/눈 그친 눈길을 너와 함께 걷겠다/
> 슬픔의 힘에 대한 이야기를 하며/기다림의 슬픔까지 걸어가겠다.[19]

이 시는 이기적인 소비자의 행동을 꾸짖은 옛 지혜 정신과 만난다. 마찬가지로 잠언 20장 14절의 지혜는 공정하지 않은 구매자의 무뎌진 양심을 꾸짖는다. 또한 제값을 치르지 않고 생산자를 가난으로 몰아가는 경제활동에 제동을 걸어 적절한 노동의 대가를 지불하는 공정성을 옹호한다. 이것을 좀 더 확대 적용하면, 거대자본의 경쟁에서 떠밀려 생계 안정을 확보하지 못한 소자본 생산자들과 노동자들(특히 저개발국가들)을 위한 공정무역은 "경제정의"[20] 일환으로서 생태 정의와 구약의 지혜 정신에 부합한다. 무엇보다 현대 사회의 불공정성은 고대와 비교도 안 될 만큼 무제한적인 탐욕과 소비주의로 특징 지워진다. 이것은 자원 고갈 문제로 끝나지 않고, 불공정 거래를 조장하며 생태 정의 문제로 귀착될 수밖에 없다. 제한받지 않는 생산과 소비는 더 많은 이산화탄소를 발생시켜 기후 위기를 초

래할 뿐만 아니라 경제적인 약자를 더 큰 고통 속으로 밀어 넣는다. 보프가 말하는 사회 생태학의 과제가 생태계와 상호 작용하는 사회 체계를 연구하는 것인 만큼 정의는 지구 전체를 포함한다.[21] 그러니 "이제 모든 정의는 생태적이다."[22]

2. 성실한 노동은 부유함을 약속하는가?

'열심히 일하면 경제적인 풍요를 보장받는가?' 현대인에게 성실한 노동과 경제적인 부유함의 인과관계는 회의적이다. 왜냐하면, 산업 경제구조에서 약탈적이고 착취적인 노동에 시달리면서 적절한 임금을 노동의 대가로 지불받지 못하는 사례들이 많기 때문이다. "열심히 일하셨나요? 더 가난해지셨습니다."[23] 이 말은 저임금의 노동을 따끔하게 질타한다. 정의(justice)는 억울함과 불평등을 문제 삼는다. 정의는 하나님과 인간관계 측면에서 신학적 문제이고 동시에 건강하고 바람직한 사회를 위한 사회학적 문제다. 앞서 언급한 것처럼, 21세기 디지털 기술의 급격한 성장과 COVID-19 대유행이 낳은 '플렛폼 노동'은 적확한 예다. 이것은 코로나 대유행과 함께 폭발적으로 성장하여 우리 곁의 일상이 되었지만 노동현장은 생명을 위협하는 곳이 되었다.[24] 국가인권위원회의에서 제공한 <인권상황 실태조사 연구보고서>에 따르면, 플렛폼 기업 중심의 노동은 자동화된 알고리즘 이면에 숨겨진 노동으로 은폐된다. 플렛폼에서 일하는 노동 종사자들은(가사 돌봄, 플렛폼 택배, 대리운전, 음식배달, 택시운전, 웹툰 웹소설 등) 평균 주 5일, 하루 8시간을 넘게 일한다. 이 업종의 종사자들에게 가장 큰 위험은 노동과정이 통제당하고 경쟁을 유도당하는 방식이지만, 기술과 자본을 가진 플랫폼 기업의 책임은 없다.[25] 이들의 저임금과 노동의 위험성은 이미 공론화되었다.

> 그렇기에 디지털 자본주의 시대의 노동자는 생존을 위해 새로운 착취구조와 노동과정에서의 통제와 감시 및 규율화를 경험하고 있으며, 이는 또 다른 형태로 노동자를 속박하는 굴레가 되고 있다. 즉 디지털 시대의 대표적 노동형태인 플랫폼 노동자들은 자신들의 힘과 의지로 노동으로부터의 해방을 쟁취한 것이 아니라, 독립계약자 혹은 개인사업자라는 미명 하에 노동자성이 제거되는 '탈노동자화'의 벼랑에 내몰린 것이다.[26]

이처럼 플랫폼 노동은 '장시간 저임금'이라는 문제와 성별 임금 격차 등의 전통적인 노동문제를 안고 있다. 한국비정규직노동센터의 기준에 따르면, 비정규직 비율이 870만 명(44.3%)에 이른다.[27] 노동자 개인이 자본가나 사용자를 상대로 투쟁하는 것이 쉽지 않고 노동단결권조차 불평등한 상황에서 가난한 개인은 점점 위태로워진다. 이러한 불공정한 노동 현실과 생명을 경시하는 사회에 대해 구약의 지혜는 무엇으로 응답할 수 있는가? 가난과 빈곤 반대편에는 부유함이 있다. 그러면 잠언에서 노동은 가난을 해소하고 부유하게 하는 자연적인 원천으로 제시하는가? 잠언 지혜는 이에 대해 분명히 직언한다.

> 가난한 자들의 경작지가 많은 양식을 생산하지만,
> 불의할 때 자산이 강탈당한다(13:23).
> 가난한 자는 밭을 경작함으로 양식이 많아지거니와
> 불의로 말미암아 가산을 탕진하는 자가 있느니라(13:23, 개역개정)
> 가난한 사람이 경작한 밭에서는 많은 소출이 날 수도 있으나,
> 불의가 판을 치면 그에게 돌아갈 몫이 없다(13:23, 새번역).

<개역개정> 본문의 둘째 소절은 모호하다.[28] "몫"(새번역)이나 "가산"(개역개정)으로 번역된 히브리어 '예쉬'(물질, 실체)는 첫 소절의 '많은 양식'과 평행하여 경작지의 풍부한 소출이 '자산'이 됨을 뜻한다. 이 경구는 두 가지 해석이 가능하다. 첫째, 가난한 자가 충분한 양식으로 풍요로워도 정의가 실행되지 않으면, 불의로 인해 자산을 빼앗기는 경우다. 이것은 정의가 제대로 작동하지 않는 현실 직시로서 불공정한 현실 고발인 셈이다. 둘째, 가난한 자들도 '불법적이거나 정의롭지 않으면' 순식간에 자산이 사라질 수 있다는 경고로 해석된다. 그러나 문자적 의미와 시적 평행관계를 고려하면, 가난한 자들이 '불의에 의해'(벨로 미쉬파트), 곧 공평의 부재로 인해 강탈당하기 쉬운 존재라는 현실을 일깨운다. 이는 불법적이고 탈법적인 행위가 발생할 때, 희생을 치르는 이들이 가난한 자들이라는 뜻이다. 이것은 또한 성실한 노동과 경제적 부유함이 예외 없는 법칙으로 달성되는 것이 아니라 시대나 지리적 한계를 넘어 일반적으로 공유되는 보편적인 현상이다. 이러한 현실은 경제 불의를 조상하고 앞서 밝힌 생태 정의 원칙 중에서 상호 연결성을 배제시킨다. 이는 곧 생태 정의를 파괴하는 것이며 공동선 추구의 열정까지 좌절시킨다.

3. 게으름과 가난의 관계

가난은 게으름의 결과인가? 잠언은 게으름을 가난의 원인으로 꼽는다. 잠언은 '게으름뱅이'에 대한 교훈을 여러 차례 반복하고 꾸짖는다(잠 10:4, 26; 15:19; 19:24; 20:4; 21:25; 22:13; 24:30-34; 26:13-16; 30:24-28). 이러한 반복은 고대 이스라엘 사회에서 대중화된 지혜였음을 반증하는 좋은 예다. 제임스 크렌쇼(James Crenshaw)

에 따르면, 고대 이스라엘 지혜자들은 우주에 근본적인 질서가 감추어져 있다고 믿었고, 이 질서의 원리는 자연과 인간 모두에게 적용된다고 생각했다. 우주 질서는 하나님 은총의 표지로서 하나님 뜻에 종속된 것이며, 우주의 주인이신 하나님이 항상 최종적 판단을 내린다고 믿었다. 이것을 교훈하기 위해 이스라엘 현자들은 동식물들의 자연계를 섬세하게 관찰하여 세계가 조화로운 우주라고 확신했다.[29] 실례로서 감독관이 필요 없는 개미들의 근면성은 보편적 지혜 교훈의 자료가 되었다.

> 개미에게 가라, 게으른 자여! 그녀의 길과 지혜를 보라(6:6)
> 그녀에게는 두령이나 감독자나 통치자도 없다(6:7)
> 그녀는 여름 동안 양식을 준비하며 추수 때에 양식을 거둔다(6:8).
> 게으른 자여 너는 어느 때까지 누워 있겠느냐 너는 언제 잠에서 일어나겠느냐(6:9)
> 좀 더 자자, 좀 더 졸자, 좀 더 눕기 위해 손을 포개면(6:10)[30]
> 네 가난이 걷는 자처럼 들어오며 네 궁핍이 군사처럼 온다(6:11).

고대 지혜자에게 개미는 부지런함과 지혜의 대명사다. 롤란드 머피(Roland E. Murphy)의 말대로 동물들은 지혜 교훈의 일부였고, 사람은 동물에게서 배움을 얻었다(욥 12:7; 잠 30:24-31).[31] 지혜자는 자연 생태계 질서를 반영하는 동물의 독특한 유형들을 관찰하고 인간 삶에 적용했다. 동물의 살아가는 방식이나 특성과 습관을 관찰한 지혜자는 지구상에서 아주 작은 생명체인 개미의 부지런함을 묘사했다. 히브리어 '개미'는 여성명사인데, 지혜자는 '그녀의 길'(데라케하)을 보라고 한다. 곧 개미의 삶의 방식을 보라는 말이다(잠 6:6). 개미에게는 두령, 감독자, 통치자가 없다고 한다(잠 6:7). 여름 동안 먹거리를 준비하고 추수 때에 양식을 모아들이는 개미는(잠 6:8) 땅에 사는 아주 작은 동물이지만, 그 비범함이 남다르게 묘사되었다. 자연 세계의 작은 동물이 인간보다 뛰어난 존재처럼 보인다. 이러한 묘사는 부지런함을 자극하면서 동시에 게으른 사람을 책망한다.

지혜자는 몰아붙이기도 한다. 거기에 언제까지 누워있을 것인가, 언제 네 잠자리에서 일어날 것인가?(잠 6:9) 이후 희극적이고 풍자적인 맛까지 가미된다. "좀 더 자자, 좀 더 졸자, 손을 모으고 좀 더 누워있자"(잠 6:10)는 말은 어리석은 자의 마음을 꿰뚫어 본 것처럼 재미와 조롱을 섞은 예리한 경고다. 게으른 자의 '조금 더' 원하는 잠이 만만치 않은 위협으로 치닫는다. 급기야 지혜자는 극단적 가난의 공포를 자극한다. 게으른 자에게 '가난'이 '걷는 자처럼'(키메할레흐; 개역개정, "강도같이") 들어오고, 네 궁핍이 '군사처럼'(케이쉬 마겐) 온다(잠 6:11)[32]는 말은 마치 가난을 방랑자("a vagabond", NAS)나 무장한 사람처럼 인격화시켜 희화한 표현이다. 더군다나 많은 잠이 아니라 '조금 더' 원하는 잠의 결과를 저항할 수 없는 힘처럼 과장하여 씁쓸함과 재미를 동시에 전달한다.

이 밖에도 잠을 좋아하는 것은 미련한 사람의 게으름으로 취급된다(잠 11:29). 그런가 하면 잠자는 것을 좋아하지 말고, 가난하지 않도록 눈을 뜨면 양식이 충분할 것이라는(20:13) 약속도 더해진다. 비슷한 맥락에서 자기 땅을 경작하는 자는 먹거리가 풍성하지만 공허한 것들을 추구하는 자는 지혜 없는 자로 규정된다(잠 12:11).[33] 이런 교훈들의 공통점은 성실한 노동을 격려하기 위함이다. 또한 어떤 종류든 고된 노동이나 온갖 고통에는 유익이 따르지만 노동하지 않으면서 말만 하는 것은 궁핍하게 될 뿐이라고 경고한다(잠 14:23).

왜냐하면, 재물은 부지런함의 결과이기 때문이다(잠 12:27). 이처럼 부지런한 수고를 격려하고 나태한 삶을 멀리하는 것은 고대 사회의 보편적인 지혜였다.

그러나 게으름과 가난, 부지런함과 부에 대한 고대의 관점은 현대 사회에서 비판적인 적용이 요구된다. 현대 사회 시장경제의 불안감에서 발생하는 약탈적인 경쟁과 체제에서 부지런함이 부유함을 약속하는가? 게걸스럽게 큰 것이 작은 것을 먹어 치우는 탐욕이 멈추지 않고서 큰 자본을 가진 자가 작은 자본을 잠식하는 불의한 구도에서 성실한 노동에 대한 공정한 대가는 가능한가? 열심히 일해도 가난해지는 노동의 배신과 비극의 현장은 우리 곁에 있다. 반면에 주식과 부동산, 암호화 화폐 등은 투자자산의 하나로 자리매김하면서 건전한 노동의 가치를 하락시켜 마음을 허탈하게 하는 요인이 되기도 한다. 이러한 분위기에서 직접 노동이 아닌 '불노'(不勞)의 이득을 추구하는 정신이 사회 깊숙이 자리 잡은 것처럼 보이는 것은 지나친 기우일까? 그러면 오래된 옛 지혜 잠언은 성실한 노동에도 불구하고 여전히 가난한 삶의 문제를 다루는가? 이 문제를 어떻게 접근하고, 해답을 제시하는가?

III. 불평등한 사회와 생태적 전환을 위한 제언

1. 가난한 자에게 더 혹독한 현실

현대 사회는 자연과 인간 착취를 통해 부를 창출하는 경제를 축으로 구조화되어 있다.[34] 우리는 불평등을 야기하는 권력 수단과 부당하게 분배하는 계급 사회 안에 살고, 이로 인해 고통받는다. 리처드 클리포드(Richard J. Clifford)의 말처럼, 구약의 잠언은 개인을 안내하는 일이지 사회를 개혁하는 일은 아니다. 세상을 있는 그대로 받아들이되 삶의 리듬에 맞춰 세상에 적응하도록 돕는다.[35] 그럼에도 구약의 지혜는 비정한 현실 문제를 직시하여 삶의 대응능력을 준비시킨다. 예컨대, 재물은 많은 친구를 더하게 하나 가난한즉 친구가 끊어지는 현실에 침묵하지 않는다(잠 19:4). 이는 재물에 대한 현실적인 관점과 삶의 냉혹성에 대한 가감 없는 표현이다. 또한 비정한 사회를 살아가는 가난한 자의 곤경을 실재적으로 적시한다(잠 14:20). 이처럼 의지할 곳 없는 가난의 비참함을 적나라하게 표현하는 현실 직시도 지혜의 한 축이다.

> 가난한 자의 모든 형제들도 그를 미워하는데
> 그의 친구도 그를 멀리한다.
> 따라가며 말하려 해도
> 그들이 없다(19:7).

이것은 가족, 친척, 친구들까지 돌봄과 사회적 연대의 책임과 상호 의존성을 외면하는 냉혹한 현실의 비애다. 또한 경제적인 소유의 많고 적음에 따라 친구 관계가 결정되는 불행한 사회의 한 단면이다. 고대 지혜자들은 가난한 자에 대한 동정심 없는 현실의 냉혹함을 거침없이 솔직하게 표현하곤 했다(전 4:1; 5:8). 이러한 현실 담론의 생산자들, 곧 지혜 선생들이 관찰한 혹독한 세계는 예나 지금이나 마찬가지다.

> 부자의 재산은 그의 견고한 성이요

가난한 자들의 궁핍은 멸망이다(10:15)

이 경구 역시 세상 물정과 가혹한 현실을 반영한다. 이것은 재산의 절대적 가치를 말한 것은 아니지만(잠 11:28; 27:24), 학대받는 자들에게 위로 없는 현실 묘사이며 진실이다(참조. 전 4:1). 이것은 또한 부자의 안전과 극단적 가난의 비참함을 대조한 것이다. 잠언에서 말하는 부자에 대한 관점은 별도의 논의가 필요하기에 논외로 하겠다.[36] 한마디로 '가난한 자들의 궁핍'은 파멸 그 자체이며 공포다. 어니스트 루카스(Ernest C. Lucas)의 말처럼, 부자는 식량 가격이 상승해도 별 어려움 없이 대처할 능력이 있지만 가난한 사람은 굶주림에 내몰리거나 어려움을 피하려다 사소한 범죄에 휘말릴 수 있다.[37] 이처럼 부자의 재물은 견고한 요새다. 예컨대, 부자들은 법적 소송을 제기해도 전문성을 갖춘 변호사를 고용하거나 궁지에 몰렸을 때 돈으로 해결하니 아무런 문제가 없다. 이것은 부자 엘리트들이 주도하는 사회의 일그러진 단면이다.

모든 신학에는 그 맥락이 있다. 신학은 우리가 누군지, 어떤 장소, 어떤 맥락을 전제한다. 이것은 기후변화를 비롯해 식량, 에너지, 소비주의 생활방식, 경제, 숲 관리 등에 이르기까지 신학적인 문제라는 뜻이다.[38] 이에 걸맞게 1997년 세계개혁교회연맹(World Alliance of Reformed Churches)이 헝가리 데브레첸에서 발표한 "아크라 신앙고백"(Accra Confession)은 경제와 생태 위기에 대한 진일보한 발걸음을 보여주었다. 이 고백은 "경제 불의와 생태계 파괴에 대한 신앙 고백적 대응을 개시하는 신앙고백 과정"이라고 선언했으며, 하나님의 정의가 모든 삶의 영역에 나타나야 하며 향후 세계 갈등은 경제 불의를 통해 일어날 것을 예상했다.[39] 맥페이그는 경제적 문제 가운데 가장 중요한 문제를 기후변화와 지속가능성을 질문하는 것이라고 밝혔다.[40] 그러니 경제적 불균형과 불평등은 생태 문제다.

그러면 무엇이 지구 공동체 구성원들에게 좋은 것인가? 고대 사회에서도 과중한 이자로 재산 증식하는 것은 가난한 자들을 외면하는 무자비함으로 간주되었다(잠 28:8). 예컨대, 부와 가난 문제에 집중한 잠언 28장은 부의 축적을 인간의 비정함과 불의로 연결한다(3, 6, 8, 11, 19, 20, 22, 25, 27절). 구약의 가르침이 자기 동족에게 이자 받는 것을 원칙적으로 금지한 것처럼(출 22:25; 레 25:36-37; 신 23:19-20; 겔 18:8; 22:12), 높은 이자는 부당한 소득이다. 이것은 남의 것을 자기 것으로 긁어모으는 것이며, 긍휼을 저버린 잔혹 행위다. 그러나 잠언은 비정한 현실에서 윤리적 올바름을 굳건히 붙드는 것을 지혜로 여긴다. 이 때문에 '온전함'으로 걷는 가난한 자가 부자면서 비뚤어진 길들을 걷는 것보다 좋다고 말한다(잠 28:6). 즉 가난한 사람의 흠 없는 삶이 불의한 소득으로 자기도취에 빠진 비정한 부자보다 낫다.

이처럼 잠언의 지혜는 부유함과 온전함이 짝이 될 수 없는 현실을 분명히 적시한다. 이와 같은 가난과 부의 대비는 과도한 물질적 탐욕이 투사된 현실 세계에 저항을 촉구한다. 그러나 지금 우리 사회는 무한 이윤 원리를 추구하고 과잉 생산과 소비를 조장하면서 인간과 자연의 생명력을 무시하고 착취하는 반(反)생태적 늪에 빠져 있다. 이러한 삶의 현실에서 옛 지혜 잠언은 어떤 대안을 제시하는가? 그리고 우리는 어떤 형태의 사회를 원하는가?

2. 가난한 자의 존엄성과 인권 보호

잠언 지혜는 생명의 창조자이며 보존자이신 하나님과 인류의 동반자적 관계성을 명시하여 이를 창조자의 영화로움과 연결 짓는다. 말하자면, 잠언은 누구도 인간의 존엄성과 인권이 침해당하지 않도록 가난 문제를 인간 존엄성 문제로 인식하고 비판적으로 다룬다.

> 가난한 사람을 학대하는 자는 그를 지으신 이를 멸시하는 자다
> 궁핍한 사람에게 호의적인 자는 그를 영화롭게 하는 자다(14:31).

이 경구는 보프가 말한 '우주적 연민의 윤리'와 호응하는 지혜다. 가난한 사람을 학대(억압, 착취)하는 자는 그를 지으신 자를 멸시하고 조롱하는 자로 간주 된다. 보프의 말처럼, "오늘날 지구 심장에서 올라오는 억눌린 이들의 울부짖음을 누가 들어주는가?"[41] 다른 이의 목소리를 듣고, 존중하며, 차이를 수용하는 것은 생태적인 윤리의 길을 선택하는 것이다. 잠언 14장 31절은 궁핍한 사람에게 호의적으로 친절 베푸는 것을 창조자의 '영광'과 결합시킨다. 그리고 루카스의 말처럼, 가난한 사람을 학대하는 것과 '그를 지으신 분'을 멸시하는 것을 같은 수준으로 다루는 파격성은 구약 어디서도 발견되지 않는다. 루카스는 우리가 가난한 자들을 대우하는 방식이 창조자를 향한 우리 태도를 반영한다고 보았다.[42] 마찬가지로 가난한 사람에게 호의적인 자, 곧 '은혜를 베푸는 자'는 '그분을 영광스럽게 하는 자'로서 더 높은 단계의 투신으로 나아간다. 하나님이 '은혜를 베푸시는' 것처럼(창 33:5) 가난한 자를 대우하는 지혜는 신앙 지침이면서 생태적인 삶의 길이다. 이처럼 하나님을 영화롭게 하는 것과 이웃을

향한 연민이 같은 무게로 다뤄지는 파격성은 생태 위기로 가속화되는 불평등한 경제 상황을 돌파할 수 있는 길 아닌가?

또한 가난한 자를 조롱하는 자는 그를 지으신 분을 멸시하는 것으로(잠 17:5a) 간주되었다. 이는 가난을 이유로 누구도 우습게 여기거나 비웃지 말라는 우회적인 경고다. 사람은 하나님 형상대로 창조되었고 누구도 예외일 수 없다(창 1:27-28). 따라서 (타인의) 곤경을 기뻐하는 자도 하나님을 멸시하는 행위로서 형벌을 피할 수 없다(잠 17:5b). 이것은 특정 행동이 특정 결과로 직결되는 '행위-결과' 원칙에 따라 작동하는 보응 원리처럼 제시되었다. 말하자면 언약, 예언, 지혜가 가르쳐 온 균형 관계, 곧 보상 원리로서 고대 근동 세계의 이른바 '공통신학'처럼[43] 우리가 선택한 방침과 행위가 미래를 결정한다는 뜻이다. 그 밖의 가난한 자를 불쌍히 여기는 것은 야웨에게 꾸어 드리는 것이니 그의 선행을 갚아 주신다(잠 19:17)는 교훈이나 가난한 자를 학대하는 자는 곡식을 남기지 않는 폭우 같다(잠 28:3)[44]는 경고도 마찬가지다. 땅의 곡식을 초토화하는 폭우에 빗대어 가난한 자 학대 행위를 비난하는 것도 고대 세계의 공통신학을 반영한다.

학대의 주체는 주로 부와 권력을 거머쥔 자들에 의해 발생한다. 하지만 가난한 자가 가난한 자들을 억압하는 현실도 엄연히 존재한다. 이 때문에 지혜자들은 가난한 이들의 존엄성과 인권 유린이 없도록 조언했다.

> 가난한 자를 그가 가난하다고 탈취하지 말라
> 궁핍한 자를 성문에서 짓밟지 말라.
> 왜냐하면 야웨께서 그들을 신원하시기 때문이며
> 그들을 강탈한 자들의 생명을 강탈하실 것이다(22:22-23).

위의 금언이 십계명처럼 절대 금지명령은 아니지만, 사회적 약자 보호를 위해 탈취와 압제를 금지한다. 시대를 막론하고 '가난한 자들'(달림)은 힘없고, 무력하고, 하찮고 귀찮은 존재로 여겨져 차별당하기 쉽다. 따라서 힘이나 우격다짐으로 가난한 자를 괴롭히고 억울하게 해서는 안 된다. 가난한 자와 평행하는 '궁핍한 자'(아니)를 성문에서 압제하지 말라(22b절)는 권고도 마찬가지다. 성문은 법정이 서는 공개적이고 공적인 장소다. 궁핍한 자는 삶의 필요를 채우지 못해 비참해진 사람이다. 이들은 도움을 구해도 변호해줄 사람이 없기 일쑤다.

사회적인 약자는 부자와 권력자들의 야만적인 부당 행위에 피해자로 전락하기 쉽다(암 2:6; 4:1; 5:12; 미 3:11). 따라서 그들의 희망을 썪지 말아야 할 이유는 명확하다. '왜냐하면'(키) 야웨가 신원해주실 것이기 때문이다(23a절). '그가 신원해주신다'(야리브 리밤)는 것은 야웨가 법정 소송을 위해 싸워주신다는 뜻이다. 아무도 변호해줄 사람 없는 약자들을 위해 야웨가 변호인처럼 억울함을 해결하신다는 희망적인 교훈이다. 그리고 가난한 자의 것을 강탈하는 것은 그의 전부를 빼앗는 것이나 다름없다. 이 때문에 야웨는 '그들을 강탈한 자들'(코브에헴)의 생명을 똑같이 '강탈하는'(카바)는 방식으로 대갚아 주신다(23b절). 이때 '강탈하다' 동사를 완료형과 분사 형태로 반복한다. 즉 '그가 그들을 강탈한 자들을 강탈하신다'(붸카바 에트-코베에헴)는 엄격한 처벌과 함께 약자의 원한을 풀어주시는 야웨의 행동을 강조한다(참조. 잠 23:11; 시 146:7-9). 이는 야웨의 정의 실현에 대한 믿음의 표시다. 이처럼 믿음과 희망이 결속된 금언은 왈키의 해석처럼, 이 땅의 법정이 성문에서 실패할 때, 하늘 법정에서 가난한 자들을 위한 복수가 있을 것을 예고하는 하나님의 법과 신탁의 외침을 반영한다(출 22:22-24; 사 1:23-24; 10:2; 렘 5:28-29; 암 2:6; 4:1; 5:12; 미 3:11 등).[45]

누구도 최종적인 복수가 실행되는 그 날을 알 수 없지만, 야웨는 가난한 자의 보호자이며 변호인으로서 모든 사람의 생명과 죽음의 권세를 가진 분이다. 옛 지혜 교훈은 '강탈당한' 자에게 야웨만을 최고의 인권 변호사처럼 제시하여 가난하고 착취당하는 자의 존엄성과 권리를 적극 옹호한다. 이처럼 고대 사회의 지혜 정신은 보프가 제시한 사회 생태학 측면에서 꺾이고 상처 입은 이들과 함께하는 연대와 자비를 세계화하는 희망이다.[46] 이것은 또한 현대 사회의 시장, 생산, 소비, 축적, 재화의 분배 과정에서 지구 공동체의 상호연결을 옹호하는 우주적 연민의 토대이자 원리로서 생태 정의 회복을 위한 동력이 된다.

3. 생태적 전환을 위한 급진적 대안의 삶

그러면 생태 위기 가속화로 인한 사회적 불평등의 해소는 어떻게 가능한가? 잠언 30장의 아구르의 기도는 생태 위기를 불러온 인류의 탐욕을 급진적으로 재고하라는 목소리로 들린다. "세계 종교들 가운데 '탐욕스러운 자는 복이 있다'고 가르치는 종교는 하나도 없다."[47] 생태학적인 맥락에서 아구르의 기도는 지구의 모든 식구들의 지속가능한 삶의 방식에 대한 각성과 비판적 성찰로 안내한다. 이 기도는 별도의 표제를 붙인 '야케의 아들 아구르의 말'[48]로서 동기를 덧붙인 간구다. 아구르는 신비에 쌓인 존재다.[49] 특히 '아구르'라는 이름은 '나는 체류자' 또는 '나는 나그네'라는 뜻일 수 있는데,[50] 나그네의 심상은 이 땅에 잠깐 머물다 떠나는 덧없는 인간 존재 또는 여행자의 삶을 사는 인류의 본질 곁으로 초대한다. 그렇게 인류의 본질을 품은 아구르의 기도는 매우 독특하다.

> 두 가지를 내가 당신께 구했습니다.
> 내가 죽기 전에 내게서 거절하지 마소서(30:7).
> 헛된 것과 거짓말을 내게서 멀리 하게 해주소서.
> 나를 가난하지도 부하지도 않게 하소서.
> 오직 필요한 양식으로 나를 먹이소서(30:8).
> 그렇지 않으면 내가 배불러서
> '야웨가 누구인가', 말할까 합니다.
> 그렇지 않으면 내가 가난하여 도둑질하고
> 내가 내 하나님의 이름을 모독할까 합니다(30:9).

아구르는 가장 먼저, 공허하고 거짓된 말을 멀리할 수 있기를 간구한다. 둘째, 부하지도 가난하지도 않고 꼭 필요한 양식으로 만족하게 해달라고 청한다(8절). "오직 필요한 양식"(레헴 훅키)은 문자적으로, '나의 제한된 빵'을 뜻한다. 이렇게 요청하는 이유는 만족스러울 정도로 충분한 부와 도둑질할 정도의 극단적 가난이 가져올 위험성 때문이다. 8c절, "오직 필요한 양식으로 나를 먹이소서"는 문자적으로 '제한된 음식을 나로 즐기게 하소서'이다. 이것은 구약 어디서도 발견되지 않는 표현이다.[51] 제한된 양식 안에서 즐기는 매우 역설적인 방식은 절제하는 삶을 아름다움으로 승화시킨다.

이것은 옛적 이스라엘의 광야 여정 중에서 하루에 꼭 필요한 양식만 허락되었던 때를 떠올리게 한다. 각 사람이 먹을 만큼만 거둘 때 누구도 부족함이 없었다(출 16:17-18). 월터 브루그만(Walter Brueggemann)의 말처럼, 이집트에서는 불가능했지만 광야에서는 가능했던 광경이다. 이것이 풍요로운 세계로 행진하는 도정이었던 것처럼,[52] 아구르의 기도 역시 마찬가지다. 지금도 실험 가능한 도전적인 삶을 위한 기도다. 이와 같은 삶이 하나님의 언약 동반자로서 살아가는 길이다.

구약의 잠언이 말의 절제와 합당한 말의 아름다움을 자주 강조하듯, 가난과 부에 대한 관점도 마찬가지다. 마지막으로 아구르는 과도한 부유함이나 극단적인 가난 때문에 하나님과 무관한 사람이 되거나 하나님 이름을 욕되게 할까 염려했다(9절). 이것은 극단적 상황이 가져올 신앙적이고 도덕적인 흠집을 경계한 말이다. 채소밖에 먹지 못해도 사랑하며 사는 것이 살진 소를 먹으면서 증오하며 사는 것보다 낫다(잠 15:17)는 교훈도 마찬가지다. 이와 비슷한 맥락에서 고대 지혜자 코헬렛(전 12:9)도 이득 또는 잉여를 문제 삼으며 넘침을 경계하는 질문을 제기하고(3:9; 참고. 1:3; 2:13), 돈과 풍요를 쫓으며 만족하지 못하는 마음을 꼬집어 부자의 풍요로움에 의문을 제기했을 뿐만 아니라 더 많이 소유하려는 과잉의 덧없음을 논했다(전 5:10-16).

더욱이 이스라엘 왕정 역사에서 정치적 욕망의 상징인 솔로몬의 권력과 어마어마한 부의 축적은 압제하는 왕의 표상이다. 그의 이름 '쉘로모'답지 않게 복지와 평화, 곧 '샬롬'은 위태로웠다. 솔로몬을 연상하도록 솔로몬 전통을 패러디한 막대한 부의 허구성과 부조리를 이웃하는 전도서가 똑똑히 제시했다(전 2:7-11).[53] 적게 가졌어도 여호와를 경외하는 것이 엄청난 보물을 가졌으나 번뇌가 많은 것보다 좋다(잠 15:16)는 교훈도 과도한 부를 경계한다. 이 금언에 대해 뤼디거 룩스(Rüdiger Lux)는 열병처럼 번지는 부가가치 창출과 성장에 집착하는 욕심을 꼬집으며 적절한 수준의 절제 능력이 사라질 때, 삶이 위험해진다고 해석했다.[54] 실제로 우리 사회는 '부가 빈곤을 낳는' 근현대 사회의 역설처럼 위험에 처해있다. 또한 이반 일리치(Ivan Illich)의 말처럼, 현대사회는 오로지 상품과 화폐로 필요를 채우기 때문에 여기에 접근할 수 없는 사람은 원천적으로 필요를 충족하지 못한다.[55]

제왕적 권력이나 현대 사회의 집중된 부는 타인의 불행위에 구축되곤 한다. 어떤 형태든 타인의 가난과 고통을 담보한 부유함은 상호연결을 끊고 지구 공동체의 파트너 관계를 무너뜨리는 행위로서 창조 질서를 위반하는 일이며, 생태 정의에 어긋난다. 특히 지금 우리가 직면한 기후변화와 생태 위기는 지금까지의 삶의 방식을 바꾸고 다른 삶을 선택하도록 일깨우고 있다. 이러한 사회 맥락에서 지혜와 의로움의 기계적인 보상의 파열음처럼 들리는 아구르의 기도는 가난을 얕보고 과잉의 부를 추구하는 사회와 신앙인에게 공동체성을 살려내라는 도전이다. 지금 우리 사회는 자연의 혜택이나 긴밀한 상호관계에 따른 상호부조를 통해 가난을 견딜만한 세상이 아니다. 더군다나 기후 위기로 인한 생태계 파괴와 자연재해 급증은 가난한 사람을 더 궁핍하게 만든다. 그럼에도 "우리는 종종 자연환경과 사회뿐 아니라 우리 자신, 즉 인간의 내적 생태계까지 얼마나 변질시켰는지 전혀 깨닫지 못한다."[56] 이 일침을 수용하면서, 다른 동료 인간을 착취하지 않고 욕망을 제한하는 절제의 삶은 시대를 향한 거룩한 저항이다.

지금의 기후 위기와 생태 위기는 지구 공동체의 경제적 사회적 불평등 문제를 심각하게 다루도록 옆구리를 찌르고 어떻게 살 것인지 질문한다. 생태 정의를 위한 노동과 공생, 형제애로 구현되는 '상호 연결' 원칙과 아구르의 기도는 무한 욕망을 절제하도록 각성시키고 해독시키는 지혜다. 우리는 더 많이 가지려는 탐욕과 필요 사이에서 무엇을 선택할 것인가 묻게 된다. 무엇보다 제한된 양식을 구하며 절제와 과잉 추구를 피하는 삶은 무차별적인 무한 경쟁 사회에 제동을 거는 생태적 전환을 위한 지혜가 된다. 이것은 또한 '오직 하루 양식을 구하라'(마 6:11)는 메시아 예수의 급진적 가르침과 만난다.

IV. 나가는 말

생태 위기와 코로나 대유행은 인간, 자연, 물질을 대하는 생각과 행동의 총체적인 변화, 곧 우리 삶의 '대전환'을 요구한다. 이 거대한 재설정의 시점에서 누구도 고립된 채 살 수 없고, 모두 연결되었다는 생태적으로 각성된 주체들의 정의로운 활동이 요구된다. 무엇보다 생태 정의를 가로막는 것은 자족하지 못하는 마음과 탐욕이다. 이것은 경제 성장에 대한 병적인 집착을 낳는다. 남보다 더 많이 소유하고 축적하려는 탐욕은 사회 갈등의 원인이다. 이것은 능력주의를 숭배하는 무한 경쟁으로 이어지고, 필연적으로 불공정한 분배와 사회적 불평등을 낳는다. 그러나 옛 지혜 정신은 경제적 불공정에 침묵하지 않는다. 따라서 생태 위기 현실에서 급격히 증가한 이 시대 플랫폼 노동자들의 열악한 현실과 구약 잠언에 소개된 불공정한 경제활동에 대한 경고성 교훈들을 살펴보았듯(잠 11:1; 16:11; 20:14 등), 우리 삶은 생태 정의에 입각한 경제정의 실천을 요구받는다.

구약 잠언의 옛 지혜가 창조 질서 흐름에 따라 일상을 아름답게 도덕적인 질서로 채우는 것에 가치를 둔 것처럼, 정의는 인간의 존엄성 보호와 행복한 공존을 위한 윤리적 올바름을 넘어 하나님이 기획하신 인간 구원의 원천이다(사 45:21). 모든 정의가 생태적이며 경제가 생태와 분리될 수 없는 시대적 요청이라는 측면 그리고 창조 질서에 순응하는 지혜의 만남을 통해 전환의 길을 모색했다. 잠언의 지혜는 생명의 창조자이며 보존자이신 하나님과 인류의 동반자적 관계성을 중시한다. 때문에 잠언은 누구도 인권이 침해당하지 않도록 창조자의 영화로움과 가난을 연결하여 인간 존엄성 문제로 인식하고 비판적으로 다뤘다(잠 14:31; 22:22-23). 무엇보다 극단적인 부의 쏠림과 불평등이 심화된 사회의 현실적인 구원 맥락에서 아구르의 기도(잠 30:7-9)는 공생공락을 위한 지혜이며 생태적 전환을 위한 급진적인 대안이다. 아구르의 기도가 누군가에게는 낭만적인 이상주의처럼 보일 수 있지만, 부를 향한 과도한 열망과 경제적 불평등의 굴레 사이에서 적절한 처방이 될 수 있다. 아니, 그 이상이다. 왜냐하면 아구르의 기도는 현대 사회의 과잉 생산과 소비, 탐욕적인 축적을 옹호하지 않으며, 오늘 '필요한'('제한된') 양식과 자산에 만족하는 삶을 지혜로 제시했기 때문이다.

무엇보다 폭우, 폭염, 산불 같은 생태 재난이 지구 곳곳에서 일어나는 현시점에서 경제적 불평등은 전 지구적 차원의 문제다. 연대의 힘이 제대로 발휘되지 않는 각자도생의 살벌한 현실에서 가난한 자를 탈취하지 않는 지혜 정신(잠 22:22-23)과 아구르의 기도(잠 30:7-9)는 너무 사소해 보이지만 탐욕을 제어하는 저항이며 창조 질서에 융합하는 생태적 삶을 위한 전환의 길이다. 가난한 자를 구제하는 자는 궁핍하지 않는다(잠 28:27)는 소유와 나눔의 역설처럼, 과도히 아껴도 가난하게 되고 자유롭게 나누는 자가 더 많이 얻는다(11:24)는 삶의 역설처럼, 아구르 기도를 비롯한 지혜 잠언들은 지구 공동체에게 약자를 착취하거나 억압하지 않고 우주적 연민을 촉구하는 매우 소박하지만 혁신적인 대안이다. 그러므로 선별한 잠언의 교훈은 생태 정의로 향하는 '우주적 연민'과 '상호연결'을 실천하는 근거로서 생태적 전환을 향한 또 하나의 길이다.

미주

1) 조영호, “기후 위기, 윤리 그리고 교회,” 『생태 위기와 기독교』, 비블로스성경인문학 시리즈 2, 박성철 편 (파주: 한국학술정보, 2021), 50에서 재인용.

2) 이반 일리치, 『그림자 노동』, 노승영 옮김 (서울: 사월의 책, 2015)을 참고하라. 이반 일리치는 산업 경제의 가려진 측면 ‘무급 노동’, 곧 가사노동, 장보기, 직장 통근, 강요된 일을 위한 준비, 어쩔 수 없는 소비로 인한 스트레스 등 수많은 활동에 이르기까지 저임금이나 실업을 의미하지 않는 특이한 형태의 예속을 논했다.

3) 레오나르도 보프, 『생태신학』, 김항섭 옮김 (서울: 카톨릭출판사, 2013), 23-27.

4) 보프, 『생태신학』, 73.

5) 샐리 맥페이그, 『기후변화와 신학의 재구성』, 김준우 옮김 (서울: 한국기독교연구소, 2008), 83. 맥페이그는 집을 뜻하는 그리스어 ‘오이코스’가 경제학(economics), 생태학(ecology), 일체성(ecumenicity)의 어원임을 제시하며 경제학과 생태학 사이의 본질적인 연결을 설명했다. 이와 함께 지구의 모든 식구들의 정의롭고 지속가능한 분배를 강조한다.

6) “생태정의”(eco-justice)는 지구 공동체에서 동료와 피해자등 다른 사람들과의 연대 및 다양한 창조에 대한 깊은 존중을 반영한다는 의미다. 이것은 미국 윤리학자 디터 헤셀(Dieter Hessel)의 정의를 수용한 것이며, 한마디로 생태 정의는 생태계 전체와 사회 정의를 의미한다. 이와 관련된 충분한 논의는 Christopher Lind, “Ecojustice: What is it and Why Does It Matter?,” in *Synod of the Diocese of Niagara* (2007), 1-18을 보라.

7) 김순영, 『일상의 신학, 전도서』 (서울: 새물결플러스, 2019), 23.

8) 보프, 『생태신학』, 43-53.

9) 지구성서프로젝트는 1996년에 시작되었고 당시 노만 하벨(Norman Habel)은 이것을 생태 위기에 대한 공헌의 요소로서 프로젝트를 위한 추진력이 점차 증가하고 있음을 밝혔다. Norman Habel, “Guiding Ecojustice Principles,” *Spiritan Horizons 11* (2016): 92-109; Norman Habel, “The earth Bible Project,” *Journal of Religion, Nature & the Environment 99* (1998): 123; 생태 신학의 출발과 지구성서프로젝트와 생태학적인 해석학에 관한 자세한 논의는 Ernst Conradie, “Toward an Eccological Biblical Hermeneutics: A Review Essay on the Earth Bible Project,” *Scriptura 85* (2004): 123-135을 참고하라. 여기서 “지구”라는 용어는 우리가 지구공동체의 다른 구성원들과 함께 상호 의존적인 관계에서 우리 인간이 살아가는 생명 시스템이다. 나머지 다섯 가지는 내재적 가치, 목소리, 목적, 상호 관리자, 저항의 원칙에 따라 불의에 저항하고 다양한 지구공동체와 파트너로서 균형을 유지하는 것을 목표한다.

10) 한동구는 경제활동에 관한 구절들을 잠언에서 찾아 분류하고(전체에서 157절), 부의 분배 및 공정성 문제를 다뤘다. 한동구, “잠언의 지혜신학에 반영된 ‘공정한 사회의 이념’,” 「구약논단」 41 (2011), 12-33.

11) 이 잠언을 비롯하여 글에서 직접 인용한 잠언들은 필자의 번역이다.

12) 속이는 저울(모즈네 미르마)에서 ‘미르마’는 사기, 속임, 거짓말, 책략이라는 뜻을 포함하는 명사다. 이 때문인지 왈키는 이것을 설명하면서 해를 입히기 위해 희생자를 속이려는 악한 밑그림이 이 단어에 포함된 것으로 해석한다. Bruce Waltke, *The Book of*

Proverbs: Chapters 1-15 (NICOT; Grand Rapids: Eerdmans, 2004), 482.

13) 어떤 사물이나 행위에 대해 혐오, 증오, 싫음을 뜻하는 '토에바'는 구약 전체에서 112회 사용되는데, 에스겔서에서 가장 많이 발견된다.

14) "되"로 번역된 '한 에파'는 21-22리터의 양이다.

15) 주머니(키스)는 상인들이 도량형 기구를 담는 주머니 또는 가방이다(*HALOT* 3759). 이때 판매자의 이득을 위한 저울 조작이 가능했고, 구매자를 속일 수 있었다. 이와 관련한 설명은 Tremper Longman III, *Proverbs* (BCOT; Grand Rapids: Baker Academic, 2006), 332을 보라.

16) 맥페이그, 『기후변화와 신학의 재구성』, 83.

17) Waltke, *The Book of Proverbs: Chapters 15-31*, 19.

18) 고대 왕정 사회에서 저울추는 왕이 정한 규격인 '왕의 돌로'(베에벤 함멜렉) 무게를 측정했던 것 같다(삼하14:26). 당시 표준화된 무게와 측정의 권위를 강화하기 위한 합법적인 인가가 필요했으며, 사무엘기 저자는 압살롬의 외모를 언급하면서 압살롬의 머리털의 무게를 달아볼 때 왕의 저울을 사용했다고 기록한다(삼하 14:26).

19) 정호승, 『슬픔이 기쁨에게』, 창비시선 19 (서울: 창비, 2014)

20) 이 경제 정의에 대한 설명은 세계개혁교회연맹이 발간한 총회준비자료 중 하나인 "열 개의 바다를 건너면서"(Crossing Ten Seas)에서 다룬 간략한 해설이다. 이 밖에도 창조, 성, 정의, 평화, 다양성의 존중, 포괄적 참여, 치유에 대한 항목을 다룬다. 박성원, "경제와 생태 정의를 위한 계약-세계개혁교회연맹(WARC)의 경제정의를 위한 신앙고백을 중심으로," 236-237을 참고.

21) 보프, 『생태신학』, 46.

22) Walter Wink, "Ecobible: The Bible and Ecojustice," *Theology Today* 49 (1993): 465-477.

23) 이 말은 바버라 에런라이크, 『노동의 배신』, 최희봉 옮김 (서울: 부키, 2012)에 실린 문장이다. 원제는 Babara Ehrenreich, *Nickel and Dimed* (New York: Picador, 2001). 이것은 에런라이크가 1997년 <하퍼스 매거진>에 '빈곤'을 주제로 썼던 글의 제목이다.

24) 코로나19 확산으로 수요가 증폭된 배달 플랫폼 종사자, 즉 '배달 노동자' 혹은 '호출 노동자'라 불리는 이들이 있다. '일하고 싶을 때 자유롭게 일하고, 일한 만큼 수입을 보장'받는다고 선전되는 배달 플랫폼 노동자들은 오늘도 일감(call)을 얻기 위해 죽음의 질주를 한다. 이들은 임금이 아닌 건당 수수료(평균 2960.6원)를 받기 때문에 말 그대로 목숨 걸고 일한다.
[관련 웹사이트] https://www.pressian.com/pages/articles/2020121108564659544

25) 국가인권위원회, 「플랫폼노동 종사자 인권상황 실태조사」 2019년 11월 발간된 인구용역보고서 참고. 이들은 무상의 추가 노동을 하거나 폭언이나 폭행, 인격적인 무시를 당하는 등 인권을 침해당하는 일들이 많았다. 플랫폼 노동인구가 50만 명(10명 중 1명) 정도이고, 40대 이상의 가장들이 80% 이상 플랫폼 노동 소득으로 가족을 부양하고 생계를 유지하고 있다.

26) [관련 웹사이트] https://www.pressian.com/pages/articles/2020121108564659544

27) 2016년 8월 기준 한국비정규직 센터 분석에서 정규직은 1089만 명(55.5%)이다. 정부 분석은 정규직 1318만 명(67.25%) 비정규직은 644만명(32.8%), 한노사연은 비정규직

을 874만명(44.5%)로 제시했다.

[관련 웹사이트] http://www.hani.co.kr/arti/economy/economy_general/778609

28) "불의로 말미암아 가산을 탕진하는 자가 있느니라"(개역개정, 13:23b)는 문자적으로 '정의롭지 않음으로 인해 자산이 강탈당한다'는 말이다. '강탈당한다'(니스페)는 '빼앗다', '탈취하다', '사라지다', '낚아채다'라는 '사파' 동사의 수동형태다. 적군에게 순식간에 패하거나 휩쓸려 털리는 이미지를 반영한다(참고. 대상21:12; 삼하 24:13). 그러나 시행의 모호한 측면 때문에 고대역본이나 현대어역본들이 다양하게 번역한다. 롤란드 머피(Roland Murphy)는 시행의 연관성을 의심하면서 본문이 손상되었을 것이라고 추측한다. 롤란드 머피, 『잠언』, WBC 22, 박문재 옮김 (서울: 솔로몬, 2001), 173.

29) 제임스 L. 크렌쇼, 『구약지혜문학의 이해』, 강성열 옮김 (서울: 한국장로교출판사, 2002), 89-90.

30) 매우 간결한 명사절 시행이다. 문자적으로, '약간의 잠, 약간의 졸음, 눕기 위해 약간 포갠 두 손'이다. 단어를 최소화하는 시행의 간결성과 '약간'을 세 번 반복한 것에서 수사학적인 의도성이 강하게 느껴진다.

31) 머피, 『잠언』, 88.

32) "강도"(개역개정)로 번역된 말은 문자적으로 '걷는 자'를 뜻하지만, "군사"(이쉬 마겐)는 문자적으로 '방패의 남자'로서 시적 평행관계에 따라 동의적인 의미로 활용되었다.

33) "방탕한 것"(개역개정)으로 번역된 '레킴'은 공허한 것들, '헛된 것들', '가치 없는 것들'이다. 공허한 것들을 열렬히 쫓는 자의 이리석음을 비웃은 표현이다. 구약에서 가치 없는 것은 방탕하고 경박한 자들, 협잡꾼들을 일컫는다(참고. 삿 9:4; 11:3; 신 32:47). '공허한', '헛되다'를 뜻하는 형용사의 명사적 용례다(*BDB*, 938). 한마디로 수단을 가리지 않고 부와 권력을 추구하는 협잡꾼이나 투기꾼이다. 이들과 동급으로 취급받는 "지혜 없는 자"(문자적으로 '마음이 결핍된 자')는 성실하게 자기 땅을 경작하면서 양식을 얻는 사람과 정반대 부류의 사람이다.

34) 보프, 『생태신학』, 43-44.

35) 리처드 클리포드, 『지혜서』, 안근조 옮김 (서울: 대한기독교서회, 2015), 43.

36) 잠언에서 말하는 부자에 대한 논의는 조용현, "도덕적 행위자로 기능하는 잠언의 아쉬르(부자)", 「구약논단」 74 (2019), 108-135를 보라. 조용현은 잠언의 부자를 지혜보다 재물을 신뢰하고, 자신들의 이득만을 추구하며, 가난한 자를 억압하며, 도덕적인 교만을 드러내는 자들로 해설했다.

37) Ernest C. Lucas, *Proverbs* (Grand Rapids: Eerdmands, 2015), 93.

38) 맥페이그, 『기후변화와 신학의 재구성』, 90.

39) 세계개혁교회연맹(WARC)는 세계 110여개국의 세계연합기구다. WARC는 이후 세계교회협의회(WCC), 세계루터교연맹(LWF)과 함께 "경제와 창조세계의 정의를 위한 계약"을 발표했다. 이후 2010년 6월 미국 그랜드 래피즈 캘빈 신학교에서 모임을 갖고 세계개혁교회연맹(WARC)과 개혁교회연합회(REC) 합병으로 세계개혁교회협의회(World Communion of Reformed Churches)가 구성되었다. 더 자세한 내용은 박성원, "경제와 생태정의를 위한 계약-세계개혁교회연맹(WARC)의 경제정의를 위한 신앙고백을 중심으로," 「신학과 목회」 24 (2005), 231, 238을 보라.

40) 맥페이그, 『기후변화와 신한의 재구성』, 141.

41) 보프, 『생태신학』, 156.

42) Lucas, *Proverbs*, 116.

43) 공통신학은 1952년 유대인 학자 모튼 스미스(Morton Smith)의 논문, "The Common Theology of the Ancient near East", *JBL* 71 (1952): 135-147에서 처음 다룬 것으로서 노만 고트발트(Norman Cottwald)가 이것을 이어받아 더 심층적으로 광범위하게 탐구했다. 스미스와 고트발트에 따르면 이 용어는 고대 근동에서 오랫동안 반복되어 온 신학주제다. 여기서 '공통'(common)이라는 표현은 이 신학이 고대 이스라엘과 구약성경에도 널리 공유되었음을 암시한다. 공통신학(또는 통속신학)을 규범적으로 표현한 책은 단연 신명기다. 신명기는 시내산 언약의 해설서로서 십계명을 중심에 두고 확장된 형태인데, 복과 저주에 대한 조건부 순종, '만일 ...하면 ...될 것이다'는 당대 공유한 공통신학의 전형이라는 것이다. 이것은 예언서에서 죄를 기소하고 소송하고 선고하는 심판 담화에서 잘 드러난다(예컨대, 호4:1-3). 지혜서에서는 잠언의 격언들이 대표적이다. 이처럼 공통신학은 언약, 예언, 지혜에서 다양하게 변주되어 새로운 시대와 환경에 열려있다. 이것과 관련하여 월터 브루그만, 『하나님, 이웃, 제국: 하나님의 신실하심과 공동선 창조』, 윤상필 옮김 (서울: 성서유니온, 2016), 155-228; 월터 브루그만, "구약신학의 틀 II: 고통의 포옹," 곽건용 옮김, 「기독교사상」 37 (1993): 114-130을 참고하라.

44) "가난한 자를 학대하는 가난한 자는 곡식을 남기지 않는 폭우같으니라(잠 28:3, 개역개정)"에서 첫 번째 "가난한 자"는 '달림'(가난한 자들)이고, 두 번째 "가난한 자"는 '게베르 라쉬'(어떤 가난한 사람)이다. 가난한 자가 가난한 사람들을 억압하는 것이 이상하다. 이 때문에 '가난한 자'를 '통치자'(ruler)로 수정 번역하기도 한다. 이처럼 본문을 수정하려는 시도들이 있지만, 가난한 사람이 졸부 되어 부와 권력을 얻게 된 상황을 상상하면 가능하다.

45) Waltke, *The Book of Proverbs: Chapters 15-31*, 232.

46) 보프, 『생태신학』, 153.

47) 맥페이그, 『기후 변화와 신학의 재구성』, 127. 맥페이그는 그의 책, 5장에서 어떻게 살 것인가를 질문하며 "그리스도교와 지구별의 경제"를 별도 항목으로 다뤘다(127-154쪽).

48) "아굴의 잠언"(개역개정)에 이어 예언서의 전문용어 '신탁의 말씀'에 해당하는 '함맛사 네움'이 뒤따른다. 보통 황홀경 상태의 예언자를 묘사할 때 '네움'이 사용된다(삼하 23:1; 시36:1; 민24:3). 이는 지혜 역시 신적 계시로부터 비롯된 것임을 밝힌 셈이다. Duane A. Garrett, *Proverbs Ecclesiastes Song of Songs* (NAC; Nashville: Broadman, 1993), 236.

49) 칠십인역(LXX)에서 아굴의 잠언이 24:22 이후에 등장하는데, 신적 영감을 받은 저자가 독자의 이름, 이디엘과 우갈을 언급한다. 아구르는 누구인지 알려지지 않는다. 해석자들은 아구르를 역사적 인물이기보다는 신탁을 위해 꾸며낸 허구적인 인물일 가능성도 배제하지 않는다. 다후드는 본문 배후에 있는 고유한 이름을 순차적으로 이렇게 번역했다. '사람의 말, 리디엘과 우칼' 또 다른 대안으로, "오 하나님, 나는 지쳐서 고갈되었습니다." 이와 관련한 자세한 내용은 Garrett, *Proverbs*, 236을 보라.

50) 다른 나라에 거주하거나 이민자로서 살아가는 사람을 뜻할 수 있다(룻 1:1; 왕하 8:2; 시 105:23).

51) "두려워함이니이다"는 6b절처럼 '...하지 않도록' 또는 '그렇지 않으면'을 뜻하는 접속사다. 9절은 문자적으로 »그렇지 않으면 내가...내가...내가 말할 것입니다. "누가 여호와시냐?" 그렇지 않으면 내가 가난하게 되어...내가...나의 하나님의 이름을 더럽힐지 모릅니다.«이다. 유달리 1인칭 서술방식이 반복되는 고백적인 시행이 진실성을 돋보이게 한다.

52) 브루그만, 『하나님, 이웃, 제국』, 261.

53) 솔로몬을 연상시키는 전도서 본문 해설은 김순영, 『일상의 신학, 전도서』, 166-167을 참고하라.

54) 뤼디거 룩스, 『이스라엘의 지혜』, 구자용 옮김 (파주: 한국학술정보, 2012), 238.

55) 이반 일리치 외, 『전문가들의 사회』, 신수열 옮김 (서울: 사월의 책, 2017), 16.

56) 룩스, 『이스라엘의 지혜』, 238.

제4장

그녀가 운다

생태비평으로 예레미야 12장을 읽다*

유연희

I. 들어가는 말

> 의사가 물었다. "애가 몇 살이지요?" 내가 대답했다. "세 살이요." 의사가 말했다. "음, 벌써부터 이러면 오래 살지 못할 수 있는데…" 그 말이 너무 속상했다. 나는 꾹 참았다가 집에 와서 아이를 안고 울며 말해주었다. "엄마가 살려줄게, 엄마랑 오래오래 살 수 있게 해줄게." 아이를 안고 간절히 기도하지 않을 수 없었다.

우리 고양이 이야기이다. 방광 문제가 있어서 가끔씩 동물병원에 간다. 이전 고양이를 먼저 보내고 우울과 애도를 겪으며 당황한 적이 있다. 신문 기사 속 정신과전문의의 설명으로 그 현상을 이해할 수 있었다. 반려동물을 상실하면 사람 가족을 상실할 때와 똑같은 아픔을 겪게 된다는 것이다. 분명 고양이와 함께 살아온 경험은 이 글이 사용할 생태비평에서 말하는 '동일시'(아래 참조)가 무언지 잘

---

* 본 논문은 "'그녀가 운다' - 생태비평으로 읽는 예레미야 12장"이라는 제목으로 「성경원문연구」 49 (2021), 50-74에 실린 것을 성경원문연구소의 사용 허락을 받아 재출판한다. 도입부의 고양이 일화는 여기서 추가되었다.

알게 해주었다.

COVID-19는 인류가 산업사회 이래 영위해온 생활양식을 그 어느 때보다도 더 반성하게 했다. 한국인의 1인당 온실가스 배출량은 세계 4위이고, 한국의 1인당 플라스틱 사용은 세계 1위(연 132.7kg 폐기)이다.[1] 기후 위기로 인류와 지구공동체의 생존 자체가 위협을 받는 상황에서 앞으로 COVID-19와 같은 질병이 더 많을 것이라는 사실은 새로운 경각심을 갖게 한다. 각 분야는 생태 회복을 키워드 삼아 연구하고 삶의 변화를 꾀하는 중이다. 이 글 또한 그러한 노력의 일부로서 생태 관점으로 성서를 읽으려고 한다.

필자는 '지구성서'(The Earth Bible) 프로젝트의 학자들이 개발한 생태비평으로 예레미야 12장을 읽어보려고 한다.[2] 이 프로젝트는 1990년대 후반에 호주 학자들이 시작하여 2000년 어간에 다섯 권의 단행본을 냈다.[3] 그 후 생태비평은 미국성서학회(The Society of Biblical Literature, SBL)의 생태 해석학(Eeological Hermeneutics) 정규 분과가 되었다. 지구성서 프로젝트는 이전의 연구들이 생태에 관해 좋은 의도로 수행했을지라도 대체로 인간 중심적(anthropocentric)이었다고 지적한다.[4] 지구성서 학자들은 처음에 생태비평을 위한 여섯 가지 해석 원칙을 제시했고, SBL 분과를 통해 세 가지 초점(의심, 동일시, 회복)을 개발하였다(아래 참조).

성서에는 지구공동체의 비-인간 구성원들이 많이 등장한다. 현대 도시인들의 저술이라면 같은 주제를 다루는 경우에도 지구구성원들을 비유조차 그렇게 많이 언급하지 않았을 것이다. 그러나 고대 이스라엘은 농경이 생산양식이었고 산업화 이전의 사회였으니 자연스런 일이다. 그러면서도 성서 화자들이 하나님과 인간 및 이스라엘의 관계를 다루려는 저술 목적이나 자연과 동물을 사용한 방식은 기본적으로 인간 중심적이었다. 그럼에도 이 판단을 성서의 모든 본문에 획일적으로 적용해서는 안 되고, 각 본문을 개별적으로 다룰 필요가 있다.

우리의 목적은 예레미야 12장 11절의 "그녀가 운다"(아블라)를 핵심 구절로 삼아 생태비평의 여섯 가지 원칙을 배경에 두고 세 가지 초점을 중심으로 본문을 해석하는 것이다. 12장을 택한 이유는 예레미야와 주님 외에 다양한 지구공동체 구성원이 등장하므로 생태비평의 초점을 적용하기에 적합하다고 생각해서이다. 본문에는 동물, 식물, 땅, 강, 사람들 등 다양한 지구구성원이 등장한다. 특히 땅은 '땅(에레츠)'이라는 단어 외에도 여러 단어(들, 평지, 유산, 포도밭, 몫, 밭, 광야, 황무지, 이방땅)로 가장 많이 언급되고 목소리도 내므로 지구구성원들을 대표한다고 볼 수 있다.

예레미야 12장을 생태 관점에서 관찰할 때 특이한 것은, 본문의 핵심 부분인 야웨의 시적인 말씀(7-13절; 야웨의 산문 말씀은 14-17절)에서 유다 백성을 포함한다고 볼 수 있는 말이 '땅,, '유산'(나할라, 소유), '몫'(헬카), '내가 사랑하는 그녀', '매', '포도밭' 등이 나오고 인간을 가리키는 말로는 나오지 않는다는 점이다. 즉, 인간이 탈중심화된다. 이런 면에서 『성경전서 새번역』이 '내가 진정으로 사랑하는 것'(여성형, 7절)을 '내가 진정으로 사랑하는 백성'으로 번역하고, 나할라를 '내 소유로 택한 내 백성'이라고 번역하여(12:7, 8, 9) 모두 사람을 가리키는 말로 바꾼 것은 번역자들의 인간 중심적 경향 때문이라고 지적할 수 있겠다.[5] 이 글은 땅이 백성에 대한 은유가 아니라 땅 자체이고, 야웨가 소유권과 긴밀한 관계성을 강조하는 대상이라고 본다. 그리고 땅이 단순히 역사의 배경이나 예언 메시지의 도구가 아니라, 역사의 주요 참여자요, 이해당사자라고 볼 것이다.

먼저 방법론 및 관점으로서 지구성서 생태비평이 무엇인지 소개하고 나서 본문의 내용과 연구사의 주요 논의를 다룰 것이다. 그런 후 생태비평을 본문에 적용할 것이다.

II. 방법론과 관점: 생태비평

이 글에 주로 적용할 생태비평 방법론은 노만 하벨(Norman C. Habel)을 중심으로 호주 남부(Adelaide) 신학자 그룹이 수행한 지구성서 프로젝트에서 나왔다. 지구성서 팀은 성서학계에서 진행되는 또 다른 생태해석학 연구 그룹인 영국(Univ. of Exeter)의 '환경윤리에서 성서의 사용'(The Uses of the Bible in Environmental Ethics) 프로젝트에도 영향을 미쳤다.[6] 이 영국 프로젝트의 대표 학자인 데이비드 호렐(David Horrell)은 '지구성서' 팀의 연구에 획기적인 인식 전환이 들어 있다고 평가한다. 지구성서 팀의 공헌은 이전 연구들이 몇 가지 인기 있는 '녹색' 본문(예를 들면, 창 1장; 6-9장; 사 11:6)을 주로 다룬 것을 넘어서 다양한 성서 본문을 다루고, 비평적이고 자기 의식적인 해석학 전략을 요하는 생태 해석을 강조한다는 것이다.[7] 이 외에도 지구성서팀은 에코페미니즘의 전제와 연구 결과를 따른다.[8] 로즈마리 류터(Rosemary R. Ruether)가 남성학자들이 성서 본문을 대한 방식은 인간이 자연을 대한 방식과 유사하다고 지적한 이래 에코 페미니즘 연구가 많이 나왔다.[9] 성서와 에코 페미니즘과 생태비평의 결합은 또 다른 풍성한 연구 결과를 낳을 것이다.

지구성서팀의 생태비평(ecocriticism, ecological criticism)은 정교하게 절차를 따르는 방법론이라기보다는 관점이라고 하는 것이 더 정확할 것이다. '생태비평'이라는 용어는 '생태 해석학' 보다 작은 개념이면서 번갈아 써도 무방할 것이다. 생태비평은 급진적인 태도 변화를 요구하며, 인간 해석자가 지구공동체의 구성원으로서 본문 안에서 지구를 주체로 여기고 지구와 연대하며 읽을 것을 요청한다. 지구성서 프로젝트는 아래와 같이 6가지 원칙을 전제로 한다.[10)]

① 내적 가치의 원칙: 우주, 지구, 모든 구성 요소(components)는 내적 가치를 갖는다.

② 상호연결의 원칙: 지구는 살아있는 것들이 서로 생존에 의존하고 상호연결된 공동체이다.

③ 목소리의 원칙: 지구는 축하나 불의에 목소리를 낼 수 있는 주체이다.

④ 목적의 원칙: 우주, 지구, 모든 구성 요소는 역동적 우주 디자인의 일부이고 각자 그 디자인의 목적 속에서 자리를 갖는다.

⑤ 상호 관리직의 원칙: 지구는 균형 있고 다양한 지구공동체로서 책임 있는 관리자들(custodians)이 지배자가 아니라 파트너로서 공동체를 유지하는 기능을 한다.

⑥ 저항의 원칙: 지구와 그 구성 요소들은 인간의 손에 고통을 겪지만 불의에 저항한다.

이 중 ③ '목소리의 원칙'과 ⑥ '저항의 원칙'은 지구의 주체성을 나타내는 시적인 표현이다. 비(非)-인간 지구구성원은 본문 속에서 인간의 언어로 재현되어 있으므로 생태비평가는 실재와 경험을 매개하는 깊은 상징 언어를 요한다.[11] 생태비평의 과제는 본문이 이들 원칙과 일관성이 있는지, 아니면 갈등하는지를 식별하는 것이다.[12]

지구성서 프로젝트의 생태비평은 2000년대 초반에 SBL의 정규 분과가 되면서 세 가지 초점인 의심(suspicion), 동일시(identification), 회복(retrieval)의 해석학으로 재공식화되었다.[13] 이 초점에 대해 하벨은 다음과 같이 정리한다.[14]

① 의심: 의심이란 성서 본문 자체가 인간 중심적(anthropocentric)으로 기록되었고, 인간 중심적 관점에서 해석되어왔다는 해석학적 의문점을 가지고 본문을 읽는 것이다. 인간 중심성의 첫째 측면은, 특히 서구의 가정과 조건으로서 인간이 자연의 피조물과는 다른 존재이며, 위계 상 하나님, 인간, 그리고 나머지 피조물의 순서라는 것이다. 둘째 측면은 자연, 특히 무생물계를 대상화하고 타자화하는 것이다. 인간 중심적 관점에서 자연은 권리와 가치를 지닌 주체가 아니라, 하나님과 인류의 관계를 위한 무대나 배경으로 여겨진다.

② 동일시: 동일시란 지구를 경청하기 위해서 독자가 본문 속 지구 존재, 지구 등장인물, 지구 목소리와 동일시하는 것이다. 독자들은 성서 속 등장인물들과 종종 무의식적으로 동일시하는 경향이 있고 어느 정도 자신의 생태적 연관성을 따른다. 생태비평은 생태 주제를 다루는 것을 넘어서 인간이 다른 지구공동체 구성원들과 친족이라는 기존의 생태학적 사실을 인지하고 그들이 나오는 본문에 민감하게 반응하며, 지구와 연대하고 공감하며 읽는다.

③ 회복: 회복이란 지구와 지구공동체 구성원들의 목소리를 회복하는

것이다. 인간 외의 표상들이 애도나 찬양과 같은 방식으로 의사소통을 할 때 과거 연구들은 인간 중심적인 편견에서 시적 자유, 상징적인 언어, 의인화라고 일축하는 경향이 있었다. 회복이라는 초점은 지구와 지구공동체 구성원들이 본문의 관점과 해석사의 관점으로부터 고통당하고 저항하고 또는 배제당한 곳을 식별하기 위해서 본문을 다시 읽는다.

이 글은 주로 생태비평의 세 초점을 본문에 적용하는 한편, 이 글이 12장의 핵심 부분이라고 여기는 10-12절을 수사비평으로 분석하며 야웨와 땅의 상호작용을 관찰할 것이고, 땅에 목소리를 주기 위해 생태 미드라쉬를 간단히 시도할 것이다.

III. 예레미야 12장의 내용 및 연구사의 주요 논의

예레미야 12장은 1-29장의 큰 틀 안에 있고, 이 큰 틀의 중심 주제는 깨어진 계약과 유다에 대한 임박한 심판이다.[15] 예레미야 12장도 이 중심 주제를 반영하고 있으며, 예레미야서의 다른 부분에도 종종 나오는 예언자의 원망과 슬픔, 유다에 대한 심판, 희망의 실마리 등을 포함한다. 예레미야 12장은 전반부에 예레미야의 고백(1-6절), 하반부에 야웨의 말씀(7-17절)이 있다. 아래는 12장의 구조인데, 예레미야와 주님이 언급하는 지구 및 지구구성원들을 보여준다.

가. 전반부: 예레미야의 고백(12:1-6)
- 예레미야의 말(12:1-4) - 악인들, 속이는 자들, 심기고 열매 맺는 나무, 양, 땅, 거주민들, 식물, 짐승, 새

· 야웨의 대답(12:5-6) - 보병, 평지, 말, 강물, 예레미야의 가족, 친지
나. 하반부: 야웨의 말씀(12:7-17)
· 시에 담긴 야웨의 말씀(12:7-13) - '내가 사랑하는 그녀,' 유산(땅), 적, 숲, 사자, 매, 들짐승, 목자들, 포도밭, 몫(헬카, 땅), 황무지, 약탈자들, 언덕, 광야, 땅(에레츠), 밀, 가시
· 산문에 담긴 야웨의 말씀(12:14-17) - 땅, 유다 백성, 이방 백성

예레미야는 12장을 시작하며 어떤 '악인들'과 '속이는 자들'을 언급하며 그들을 도살할 양처럼 따로 끌어내 두라고 주님께 요청한다(12:1-4). 12장 1-6절은 내용상 11장의 연속이라 볼 수 있다. 학자들은 대체로 이 부분(12:1-6)을 예레미야의 '고백'(렘 11:18-23; 12:1-6; 15:10-21; 17:14-18; 18:18-23; 20:7-13) 중 하나로 여긴다.[16] 윌리엄 할러데이(William L. Holladay)와 존 브라이트(John Bright)와 같은 이전 세대 학자들은 현 위치보다는 11장 18절 앞이 더 적절하다고 판단해 이동시켜 다룬 바 있다.[17] 그러나 잭 런드밤(Jack Lundbom)처럼 문학적 관심을 가진 후대의 학자들은 1-6절이 나머지 부분과 연속성이 있다고 보았다.[18] 예레미야의 대사(1-6절)에서 땅이 우는 것이 야웨의 대사(7-17절)에서 땅이 우는 것과 어울려 두 부분을 연결하기 때문이다.[19] 캐슬린 오코너(Kathleen O'Connor)에 의하면, '고백' 부분은 예레미야서의 지배적인 수사학이 나라의 멸망을 두고 백성을 탓하는 것에 대한 공동체의 저항과 생존을 상징한다.[20]

5-6절을 누가 말하는지는 밝혀져 있지 않다. 이 글은 대부분의 현대 역본을 따라 1-4절은 예레미야의 말, 5-6절은 야웨의 대답이라고 본다.[21] 야웨는 앞 11장 끝에서는 예레미야의 원수를 갚아주시겠다고 답하셨지만 여기서는 예레미야를 다잡으며 "네가 보병과 달려서 지치면 어떻게 말과 달리기를 하겠느냐?"고 하신다. 야웨는 다시 대구법으로 평

지의 평안과 요단의 높은 물결을 대조하며 지금까지는 평지 같은 상황이었다고 한다.[22] 즉 앞으로 시련이 더 많을 거라는 의미이다.[23] 그러면서 친척과 주변 사람들이 배신하는 상황에서 그들의 말을 믿지 말라고 한다(12:5-6).[24]

12장의 나머지 부분(7-17절)은 야웨의 대사이다. 야웨는 황폐 상황에 대해 먼저 시 형식으로 유다와 땅에 대한 애증의 감정, 심판, 폭력을 표현하고(12:7-13), 그 다음에 산문 형식으로 회개에 따른 자비와 희망을 약속한다.[25] 그런데 놀랍게도 바빌로니아와 이웃 나라들의 구원 가능성까지 들어 있다(12:15-16).

야웨는 시 부분에서 지구 및 지구구성원들과의 긴밀한 관계를 강조한다. “나는 내 집을 버렸다. 내 유산(나할라, 기업, heritage)을 포기했다. 내가 진정으로 사랑하는 그녀(문자적으로, ‘내 영혼의 사랑하는 것,’ 예디두트 나프쉬)를 그녀의 원수들의 손에 주었다”(7절). 런드밤은 ‘내 집,’ ‘내 유산,’ ‘내가 진정으로 사랑하는 그녀’가 성전, 땅, 유다 백성을 가리키고, 한 단어가 백성과 땅 등 두 가지 뜻을 중첩하고 있고, 세 단어가 누적되어 총체성을 나타낸다고 본다.[26] 학자들은 ‘내가 진정으로 사랑하는 그녀’가 백성을 가리키고 야웨의 아내를 의인화했다고 보는 경향이 있다(11:15 참조).[27] 그러나 필자는 야웨의 시적 말씀에 ‘유다’ 또는 ‘백성’이라는 말이 등장하지 않고, 대신에 지구/땅 및 지구구성원들만 등장한다는 것에 주목한다. ‘집,’ ‘유산,’ ‘내가 진정으로 사랑하는 그녀’- 이 세 가지는 모두 가나안 땅을 가리킨다고 볼 수 있다.[28] 물론 유다와 백성은 야웨의 특별한 땅과 불가분하게 포함된 일부이다. 하벨은 예레미야의 메시지가 신, 백성, 땅의 밀접한 삼각관계를 중심으로 펼쳐진다고 관찰한 바 있다.[29] 땅은 이스라엘의 유산(나할라, 기업)이자(17:4) 야웨의 유산이다(2:7). 야웨의 백성 이스라엘은 야웨의 유산이고, 야웨는 이스라엘의 몫(10:16)이다. 그래서 야웨, 이스라엘, 가나안은 운명적으로 하나님-백성-땅의 공생(symbiosis) 관계에 있다. 이 삼각관계의 고리가 하나라도 풀리면 각 존재는 의미가 없을 것이다. 예레미야 12장에서 야웨의 시적 말씀은 야웨와 땅의 관계를 중심으로 역사 상황과 메시지를 서술한다.

야웨는 '내가 진정으로 사랑하는 그녀'를 바빌로니아와 그에 가담한 이웃 나라들에게 준다(나탄, 7절). 다음 절에서 숲의 사자(남성 명사)처럼 된 그녀는(하예타), '그녀의 목소리를 주님께 준다(나탄),' 즉 반항하고 배교한다(8절). 야웨는 계속해서 다양한 비(非)-인간 지구구성원을 '내 유산(소유, 기업)'으로 거명한다. 그들은 매(9절), 포도밭(10절), 몫(헬카, 땅, 10절), 황무지(9-12절)이다. 생태비평에서 볼 때 이들은 유다 백성에 대한 비유가 아니다. 왜냐하면 전치사 '~처럼'이 붙어 있지 않기 때문이다. 이들은 그냥 야웨의 유산이다. 야웨는 분노하여 이들이 차례로 다양한 동물(매들, 들짐승, 약탈자들)에게 잡아먹히고, 짓밟히고, 황폐하게 되게 한다. 인간 지구구성원은 주로 부정적 역할을 하는 등장인물이다. 이들은 '적들'(7절), '목자들'(10절)과 '약탈자들'(12절)이다. '목자들'은 예레미야서에서 유다 왕들(10:21; 23:1-2)이나 이방 침략자들(6:3; 25:34-36)을 가리키는데 여기서는 이방 침략자들로 보는 것이 적합하다.[30]

12장에서 번역하기 가장 어려운 말은 9절의 '짜부아'이다. 이 말은 성서에 한번 나오는 말(hapax legomenon)로서 BDB는 '색깔 있는, 얼룩덜룩한'(colored, variegated)으로 번역하고, 칠십인역 성서(LXX)는 '하이에나'로 번역했다(= NRSV, ESV, HCSB).[31] '아이트 짜부아'는 전통적으로 '얼룩덜룩한 맹금(a speckled bird of prey)'으로 번역되었다(= NIV, NLT[vultures]). 이 글은 BDB 사전을 따라 육식 조류를 뜻하는 '아이트'가 본문에서 집합명사로 단수와 복수 둘 다를 나타내고, 단수로는 야웨의 소유인 '매'이고, 복수로는 이 매를 공격하는 '매들'이라고 본다.[32] 9절에는 '하아이트(매)... 하아이트(매들)... 하야트(짐승들)... 헤타유(데려오다)' 등의 단어가 어우러져 소리의 유희(paronomasia)가 있다.

야웨는 계속해서 목자들과 약탈자들이 '내 포도밭', '내 몫'을 짓밟거나 마른 언덕을 넘어서 몰려왔다고 비통해한다(12:10, 12). 결국 '야웨의 칼'은 땅 이 끝에서 땅 저 끝까지 휩쓸어서 "모든 육체(콜 바싸르)에게 샬롬(웰빙)이 없다"(12:12). 일부 학자들은 '모든 육체'가 사람만 포함한다고 생각하지만 필자는 문맥상 동물도 포함한다고 본다.[33] 이제 땅은 처참한 황무지가 되어 밀을 심어도 가시만 나오고 아무리 수고해도 수확이 없다(12:13).

산문으로 된 야웨의 말씀(14-17절)은 자료의 저자성과 연대가 예레미야와 그 시대가 아니고 포로기 및 포로기 이후라고 가장 의심받은 부분이다.[34] 왜냐하면 앞에서 시로 된 야웨의 말씀과 형식이 다르고, 내용도 이스라엘과 유다가 땅을 회복하고, 이웃 나라들에게 심판, 포로, 회복이 있다고 말하기 때문이다. 최근 학자들은 야웨의 시와 산문 말씀이 공유하는 문학적, 언어적 연속성을 더 강조하고 이 자료가 예레미야 시대에 속한다고 본다.[35] 즉, 예레미야의 다른 부분에 나오는 표현들이 14-17절에도 나오기에 통일성이 있다. 뽑고 세운다는 말이 함께 쓰이는 것도 여러 번 나오지만(1:10; 18:7, 9; 24:6; 31:28; 45:4), 특히 '유산'(2:7; 3:19 등)이 바로 위 단락(12:7-9)에 나온다(3회).[36] 또한 예레미야의 다른 부분에도 유다의 회복(24:6; 29:10, 14; 30-33장; 50:19)과 이방 나라들의 포로와 회복(46:26; 48:47; 49:6, 39)이라는 주제가 나온다.

앞에서 살펴본 바와 같이 야웨의 시적인 말씀(7-13절)에서 우리의 생태 해석과 관련하여 가장 주목할 부분은, 야웨가 애증을 표현하는 대상이 유산, 새, 땅, 몫, 포도밭, 황무지 등 비(非)-인간 지구구성원으로만 나오고 인간으로는 나오지 않는다는 점이다. 7절의 '내가 사랑하는 그녀'는 문법적으로 여성형이지만 사람으로 명시되지 않는다. 이와는 대조적으로 산문에 담긴 야웨의 말씀(14-17절)에서는 '내 백성'이 4회, '이스라엘'이 1회, '사람'(이쉬)이 2회 나와서 자연보다는 인간을 가리키는 말이 지배적으로 등장한다. 그럼에도 12장의 두 부분, 즉 예레미야의 '고백'과 야웨의 시 및 산문 말씀은 서로 생태 주제로 연결된다. 땅이 우는 것과 야웨의 유산, 즉 땅에 대한 강조가 12장에 통일성을 준다. 이제 예레미야 12장을 생태비평의 세 초점에 맞추어 해석하도록 한다.

IV. 예레미야 12장에 대한 생태비평

1. 생태비평의 초점 1: 의심(Suspicion)

생태비평의 첫째 초점인 '의심' 부분에서는 성서의 화자(narrator), 등장인물, 해석자와 독자들이 지구구성원을 도구화 및 대상화하거나 무시하는지, 즉 인간 중심적으로 본문을 쓰고 해석하는지 의심하며 아래와 같은 질문을 할 수 있다.[37] 화자는 예레미야 12장 속 지구 및 지구구성원들을 순전히 인간 중심적 관점에서 대상화하는가? 화자는 주님이 인간을 벌하기 위해 지구 및 지구구성원들을 그저 '사용'하시는 것으로 묘사하는가? 해석자들은 이들 구성원을 어떻게 다루었는가? 성서 화자나 해석자들은 지구를 수동적인 희생자로 재현하는가? 해석자들은 지구가 인간의 잘못 때문에 고통을 겪는 것을 정당하거나 자연스럽게 여기는가?

먼저 성서 화자의 관심사는 전반적으로 인간 중심적이라고 판단할 수 있다. 예레미야와 야웨의 대사 속에 등장하는 지구구성원들은 주체적 인물이라기보다는 본문의 신학적인 메시지를 강조하기 위한 수사학적 도구들로 보인다. 화자는 예레미야의 '고백' 부분에서 주님이 악인들과 배신자들을 나무 심듯 심으셨다고 할 때 나무를 등장시킨다. 이 배신자들의 성공은 나무가 뿌리를 내리고 열매를 맺는 것에 비유되고, 이들의 파멸 요청은 도살하려고 따로 구별해두는 양에 빗대어진다(12:3). 화자에게 있어서 중심적인 내용은, 악인들이 말로만 주님과 가깝고 속은 먼 자들인데 어째서 그들이 잘 나가는지 묻는(12:1-2) 신정론이지, 나무가 아닌 것이다. 또 중심이 되는 것은 악인들이 겪을 파멸을 묘사하는 것이지 양이 아닌 것이다. 저자가 이들 지구구성원을 친족이라고 여겼다면 좀 더 민감성을 가지고 다른 비유를 썼을지도 모른다. 이를테면, 악인들을 비(非)-인간 구성원에 빗대기보다는 다른 악한 인간들의 선례에 빗대어 저주했을지도 모른다.

그런가 하면, 화자의 묘사 속 예레미야는 지구 및 지구구성원들의 고통에 큰 관심을 갖고서 인간의 죄가 원인이라고 판단한다. "이 땅(에레츠)이 언제까지 슬퍼하며(아발), 들의 모든 풀이 말라야 합니까? 이 땅에 사는 사람들의 악(라아) 때문에, 짐승과 새도 사라집니다"(12:4). 테렌스 프레다임(Terence Fretheim)은 예레미야의 이 말이 12장 해석의 핵심이고 절정이라고 본다.[38] 이와 달리 필자는 땅이 주님을 보고 울고 주님이 그에 영향 받아 강한 감정을 드러내는 장면(12:11)이 절정이라고 생각한다(아래 '회복' 참조). 예레미야의 말처럼 인간의 죄로 지구 및 지구구성원들이 고난을 겪는다는 주제는 창세기(창 3:17-18; 4:12; 6:11-13) 및 다른 예언서에도 종종 나온다(겔 15:3; 15:7 등). 반대로 인간이 주님의 계명을 따르면 지구 및 지구구성원들이 회복된다는 생각도 나온다(레 26:3-4; 시 104:30 참조). 분명 예레미야는 현재의 가뭄 상황 또는 임박한 전쟁으로 인한 지구구성원들의 고통에 대해 슬픔과 속상함을 표현한다.

다음으로 야웨의 시적 말씀을 살펴보면, 지구구성원들은 많이 등장하지만 배교한 백성을 벌한다는 메시지를 위해 문학적 도구로 사용되고 대상화되는 듯하다. 야웨는 한 지구구성원 무리(백성)를 벌하기 위해 다른 무리(매들, 들짐승들, 목자들, 약탈자들)를 불러 공격하는 수단으로 삼는 분, 피조물들을 서로 싸움 붙이는 분으로 묘사된다. 땅을 이 끝에서부터 저 끝까지 칼로 휩쓰는 존재로 주님을 묘사하는 것이 타당한가? '진정으로 사랑하는 그녀'가 자신의 뜻대로 따르지 않자 폭력으로 통제하려는 남편이나 애인으로 주님을 묘사하는 것이 정당한가? 지구 및 지구구성원들은 성서 화자가 전하려는 인간중심의 신학적 메시지 속에서 대체로 수동적인 도구와 희생자로 재현된다. 그렇지만 이 상황이 정당하거나 자연스럽다고 여겨지지는 않는다. 왜냐하면 예레미야가 사람의 악 때문에 땅이 슬퍼하고 들의 풀이 마르고 짐승과 새가 멸절된다고 지적하며 감정을 이입하기 때문이다. 주님이 예레미야보다 지구의 안위를 더 염려한다는 관찰은 아래에서 다룰 것이다.

이제 현대 해석자들이 예레미야 12장을 인간 중심적 관점에서 해석했는지 의심해보도록 한다. 이것은 몇 가지 주석서를 살펴볼 때 분명해진다. 해석자들은 성서 화자보다도 훨씬 더 지구구성원들의 존재를 무시하는 경향이 있었다. 예를 들어 대니얼 헤이스(J. Daniel Hays)가 12장의 '신학적 통찰' 부분에서 다루는 내용은 매우 인간 중심적이고 지구구성원들을 다루지 않는다. 8절을 설명하며 본문 속 사자를 언급하는 정도이다. 헤이스에게는 다른 신학적 논의가 더 중요한데, 예를 들면 하나님에게 사랑과 동시에 미움이 가능한지와 같은 질문을 다룬다.[39] 월터 브루그만(Walter Brueggemann)의 경우도 비슷하다. 브루그만은 예레미야와 야웨의 대화에서 몇 가지 흥미로운 관찰과 야웨의 비애에 주의를 기울이는 데 집중한다. 브루그만은 예레미야가 신정론에 대해 여쭸지만(12:1-3) 주님이 동문서답을 한 것(12:5-6), 시 부분(12:7-13)이 신학적 상상과 정치적 현실주의라는 두 차원에서 임박한 미래 장면을 상연한다는 것, 그리고 산문 부분(12:14-17)에서 유다를 회복시키고, 나아가 열방을 계약관계로 들어오게 할 특이한 가능성에 대해 지적한다.[40] 이러한 해석에는 지구구성원들이 주체로 낄 틈이 없다. 2019년에 나온 제임스 스미스(James E. Smith)의 주석도 인간 중심적 주석 전통에 굳건히 서 있다.[41] 이 주석은 한 절씩 설명하는 전통적인 주석인데 본문 속 지구구성원들에 대해서 별 설명이 없고, 오히려 "요단강 주변에 사나운 야생동물들이 들끓는다"면서 5절 본문에 없는 설명까지 덧붙여 지구구성원들을 부정적으로 재현한다.[42] 본문에 대한 대부분의 해석이 인간 중심적임을 확인하기 위해 더 많은 주석서들을 살펴볼 필요가 없을 것이다.

현대 해석자들은 성서 본문에 지구구성원들이 그렇게 다양하게 많이 등장하는데도 그들을 마치 희미한 배경인 양, 존재하지 않는 양 대한다. 해석자들은 성서 본문에서 친족 지구구성원들이 뿌리 내리고 열매 맺고(2절, 사람들이자 나무), 도살되기 위해 따로 준비되고(3절, 양), 울고(4, 11절, 땅), 말라 죽고 멸절되고(4절, 풀, 짐승, 새), 달리고(5절, 말), 일렁이고(5절, 강물), 으르렁거리고(8절, 사자), 서로 잡아먹으려 하고(새 또는 하이에나, 매들, 들짐승, 9절), 황무지로 거듭 변하고 우는데(10, 11,

13절, 땅), 이들의 삶과 죽음, 움직임, 아우성, 고통, 통곡이 들리지 않고 보이지 않는 듯하다. 해석자들은 성서 해석의 역사 동안, 특히 도시 중심의 삶을 영위하게 되면서 더욱 더 인간 중심적으로 본문을 읽어왔다. 필자를 포함한 해석자들은 성서 화자가 지구구성원들을 재현한 방식보다도 그들을 훨씬 덜 주체적이고 덜 자신의 목소리를 가진 지구구성원으로 읽었다.

2. 생태비평의 초점 2: 동일시(Identification)

생태비평은 지구구성원과 독자 자신의 동일시를 요구한다. 내가 사람의 악 때문에 죽게 된 식물과 동물이라면 어떨 것인가? 내가 땅이라면 어떨 것인가? 주님이 분노하셔서 나를 아낀다면서도 (이방 나리들 및 주님의) 칼로 치고(전쟁과 폭력), 밀을 심어도 가시만 거두게 하시는데(황무지화), 이에 대해 어떻게 생각할까? 그런가 하면, 수확을 내지 않는 것이 나에게 휴식일까? 아니면 성서 화자가 전제하듯이, 소출이 없으니 '수치'이고(12:13) 비생산적일까?

독자가 본문 속 비(非)-인간 지구구성원들을 친족으로 여기고 연대하고 공감하며 읽는 동일시 단계에는 시적 상상력과 의식적 노력이 필요하다. 우리 대부분이 그런 훈련이 되지 않았고 매사를 인간 중심적으로 대해 왔기 때문이다. 필자는 이 주제를 연구하는 동안 본문 속 지구 존재 및 지구 등장인물들을 경청하기 위해 그들에게 주의를 기울이며 동일시를 꾀해 보았다. 그러자 본문 속에서 예레미야, 주님, 예레미야의 지인들, 목자들과 약탈자들 등 인간 등장인물들과 그들의 목소리와 행동은 덜 두드러지게 느껴졌다. 대신 본문 속 지구 및 지구 등장인물들의 존재, 목소리, 감정이 더 두드러지게 느껴졌다. 그들이 겪는 일과 그 결과에 따라 다시 인간 등장인물들이 영향을 받는 것이 더 잘 보였다.

필자는 본문에서 여러 지구 및 지구구성원 중에서도 땅과의 동일시를 가장 크게 경험한다. 땅은 12장을 통틀어 가장 빈번하게 등장하는 인물이다. 땅은 주님이 예레미야의 배신자들을 나무 심듯 심으실 때 거기 있었고, 예레미야가 들녘의 풀이 말라죽는 것을 보며 땅이 우는 것을 말할 때 거기 있었고, 주님이 땅과 요단강을 대조하실 때 거기 있었다. 땅은 주님의 유산, 몫, 포도밭이다. 폭력성을 가진 사자이든, 밀 대신 나온 가시이든, 심지어 약탈자들이든 다 땅의 품에서 산다. 땅은 땅일 뿐 우리 땅(유산, 12:14), '그들의 땅'(아드마탐)이 따로 없다(아래 '회복' 부분 참조). 땅이 생각할 때, 주님이 땅을 두고 '내가 아끼는 몫'(12:10)이라고 하면서도 침략자들에게 넘기는 방식의 벌은 부당하다. '내가 진정으로 사랑하는 그녀'가 주님에 대항하여 '그녀의 목소리를 높인' 것처럼(12:8), 땅은 부당한 방식의 벌에 대해 목소리를 낸다.

그래서 필자에게는 누구보다도 땅의 목소리가 잘 들린다. 지구구성원에게 목소리를 주는 시적인 상상력으로 생태 미드라쉬를 써본다.[43] 그녀의 목소리는 백성의 불복종 때문에 야웨가 외세를 불러와 나라를 망하게 한다는 성서 화자의 신학적 입장에 동의할 수 없는 듯하다.

> 주님, 제가 언제까지 울어야 하며, 언제까지 제 품에서 사는 생명들이 죽어가야 하나요? 가축과 새와 사람이 다 죽게 생겼습니다. ... 외국 군대가 쳐들어와 저를 짓밟을 때 왜 보호해주지 않았나요? 그들이 마른 언덕을 넘어 몰려올 때 정말 무서웠어요. 저를 지켜주지는 못할망정 왜 그들을 부추겼나요? 왜 주님이 화를 내며 칼을 휘두르셨나요? 주님의 백성이 잘못했다고 해서 외국 군대를 동원하시는 것은 정말 이해할 수 없어요. 너무도 원망스러워요.

3. 생태비평의 초점 3: 회복(Retrieval)

생태비평의 셋째 초점인 '회복'과 관련해 다룰 질문은 이러하다.[44] 지구를 희생자로 구성하는 것에 저항하는 목소리가 본문 속에 있는가? 지구는 인간을 위해 고통당할 운명인가? 아니면 이것은 공동의 고통 형태, 즉 지구가 인간과 공감하는 고통인가? 성서 화자가 지구구성원과 인간을 공동 운명으로 나타낸 부분이 있는가? 주님이 지구와 공감하는가?

예레미야와 야웨는 땅이 운다고 말한 바 있다. 필자는 땅이 단순히 우는 것만이 아니라, 예레미야의 '고백'이 국가의 멸망에 대해 백성을 탓하는 주류 신학에 저항하는 목소리를 내듯이, 땅도 저항의 목소리를 낸다고 본다. 땅은 단순히 이야기의 배경과 도구가 아니라, 역사의 주요 참여자이자 이해당사자로서 생각과 감정을 피력한다.

야웨의 말씀에서 "그녀가 나(주님)를 보고 통곡한다"는 말은 땅의 저항과 원망을 살려 다시 번역될 수 있다. '나를'로 번역된 '알라이'에서 전치사 알은 '~를 향해'도 맞지만, 8절에서 '내 유산'이 주님께 대항한(알) 것처럼 '~에 대항하여'로 번역될 수 있다.[45] 그렇다면 땅은 그저 슬퍼서 운다기보다는, 주님께 대항하고 원망하며 우는 것이다. 어쩌면 이것은 땅의 목소리와 성서 화자의 목소리가 합쳐지는 부분, 화자가 땅에 공감하는 부분이라고 볼 수도 있다. 즉, 화자도 입으로는 외세의 침략이 배교한 백성에 대한 주님의 벌이라는 신학을 피력하지만, 속으로는 땅의 목소리처럼 그러한 벌을 원망스럽게 여긴다.

사실은 결정적으로 주님도 땅과 백성에 대한 양가성과 애증으로 어쩔 줄 몰라 하신다. 야웨는 "목자들이 '내가 아끼는(헴다티) 몫'을 황무지로 만들었다"(12:10)고 하신다. 땅은 '내 포도밭… 내가 아끼는 몫'이라서 목자들, 약탈자들이 와서 짓밟아 황무지로 만들어서는 절대 안 되는 것이었다. 땅에 대한 야웨의 강렬한 감정은 교차대구적 수사학에 담겨 있다.

A 많은 목자들이 내 포도원을 망쳤다. 내 땅을 짓밟았다.
그들은 내가 아끼는 땅을 황무지 광야로 만들었다.
그들이 그녀를 황무지로 바꾸었다.

X 그녀가 나를 보고 통곡한다, 황무지가-된-채.
온 땅이 황무지가 되었는데,
참으로(키) 아무도 신경 쓰지 않는구나!

A' 약탈자들이 광야 모든 언덕을 넘어서 왔다.
참으로(키) 야웨의 칼이 땅 이 끝에서 저 끝까지 삼켰다.
모든 육체에 평안이 없다. (12:10-12)

땅이 '황무지가 되었다(샤맘, desolate)'는 말은 네 번이나 반복되는 키워드이다(12:10, 11, 11, 11).[46] 땅은 철저히 황폐하게 되었다. 가운데의 땅(X)은 앞과 뒤에서(A와 A') 외부 및 주님의 공격에 에워싸여 있는 양상이다. 동시에 야웨는 교차대구의 한 가운데서 외치신다. "온 땅이 황무지가 되었는데, 참으로(키) 아무도 신경 쓰지 않는구나!"(12:11)고 하신다. 주님이 신경 쓰신다! 뜻밖에도 야웨는 황무지가 된 땅 때문에 몹시 애통해하는 심정이 들키신다. 야웨는 백성을 향한 분노와 벌을 말하면서도 땅의 황폐화를 말할 때 억누를 길 없이 슬프다.[47] 주님의 심정은 예레미야가 "이 땅이 언제까지 슬퍼해야 합니까?"(12:4)라고 말할 때 땅과의 동일시를 암시한 것보다 훨씬 더 깊은 동일시 차원으로 표현된다. 야웨는 예레미야의 말과 비슷하면서도 감정의 깊이를 더한 말로 바꾸어 "그녀가 나를 보고 통곡한다, 황무지가 된 채!"라고 하신다(12:11).[48]

프레다임은 땅이 하나님을 보며 우는 부분이 상호반응적인 모습이고, 하나님과 땅의 독립적인 관계를 보여준다고 관찰한다(12:11).[49] 그 또한 11절에서 생태비평의 '목소리의 원칙,' 즉, 지구구성원이 독자적인 목소리를 갖는다는 원칙을 발견한다. 그런데 프레다임은 땅과 동물들을 희생자로만 보아서는 안 된다고 하면서, 그들이 하나님의 목적을 위해 부름 받은 소명이 있고 거기에는 고난이 따른다고 주장한다.50) 하나님은 세계를 폭력 수단으로 다루기로 선택했고, 땅을 다시 '평화의 땅'으로 만드는 데는 종종 일련의 폭력 사건이 필요하며 땅과 백성을 적에게 내어주는 고통은 새 미래로 가는 유일한 길이라고 한다.51) 그런데 이 해석은 지구구성원과의 '동일시'까지 나아간 생태비평에는 어울리지 않는 듯하다. 프레다임은 예레미야서가 묘사한 야웨를 옹호하려는 나머지 외세를 통한 심판과 폭력이 새 미래를 위한 하나님의 유일한 전략이라고 해석하고, 하나님의 슬픔과 비통함을 폭력을 정당화하는 증거로 보며 땅과 동물이 겪는 고난을 희생이 아니라 그들의 소명이라고 해석하는 것은 현대 독자의 감수성에 어긋난다고 본다.

야웨의 시적 말씀에서 표현된 강한 감정 이입은 산문 말씀에서 이방 땅과 백성까지도 구원하는 전망으로 구체화된다(14-17절). 야웨의 산문 말씀은 유다의 '집'이 침략자인 이방 백성과 섞여 사는 모습으로 시작한다. 야웨는 이방 백성을 '그들의 땅'에서 뽑아내시고, 유다 백성도 이방인들 가운데서 뽑아내실 것이다. 그런데 초점은 유다 백성이 아니라 이방 백성에게 있다. 야웨는 곧 '내가 돌이켜서'(아슈브) 그들을 불쌍히 여겨 각자의 유산, 즉 각자의 땅으로 돌아가게 하실 것이라고 하신다(15절). 주어는 계속 '그들'이고 문맥을 보아 그들은 이방 백성이다. 그들 또한 어딘가에서 이주하여 유다 백성과 섞여 살게 되었고 돌아갈 각자의 땅이 있음을 암시한다. 야웨의 자비는 그들에게 야웨의 백성이 될 기회도 주신다. 그들이 불복종하면 '뽑히고 파괴될' 것이지만(17절), "내 백성의 길을 배우고, 내 이름으로, 야웨의 살아계심을 두고 맹세하면, 내 백성 가운데 세워질 것이다”(16절). 프레다임이 관찰하듯이, 여기서 초점은 유다 땅만이 아니라 모든 민족의 땅에 있고, 그래서 땅에 대한 야웨의 관심은 보편적이다.[52] 이처럼 예레미야의 구원 신탁은 이웃 민족들(3:17; 12:14-17; 29:7 참조)은 물론 땅 자체(31:5, 12, 14, 27; 32:43-44; 33:10-13; 50:19)를 포함한다는 면에서 매우 포용적이고 생태적이다.

예레미야의 이 비전에서는 ‘우리’와 ‘그들’의 이분법적 구분이 흐려진다. 야웨의 시적 대사에서 야웨가 배교하는 백성에 대해 겉으로는 분노를 표하지만 백성을 향한 깊은 애정을 뜻밖에 드러낸다면, 산문 대사에서 야웨는 이방 백성까지도 포용할 계획을 밝히신다. 야웨의 놀라운 관용은 땅의 입장과 조화를 이룬다. 땅의 관점에서 보면 우리 편과 적이라는 이분법적 구분은 아예 없다. 땅은 모두 이어져 있기에 우리 땅과 적의 땅이 따로 없다. 땅은 주님처럼 모두가 하나가 될 가능성을 제공한다.

V. 결론

우리는 앞에서 지구성서 학자들의 생태비평을 예레미야서 12장에 적용하여 새로운 읽기를 시도했다. 생태비평의 여섯 가지 원칙과 더불어 의심, 동일시, 회복이라는 세 가지 초점은 성서 본문을 인간 중심적으로 읽어온 오랜 습관에서 조금이나마 벗어나도록 도와주었다. 이 생태 해석학을 통해 우리는 본문 속 지구 등장인물들을 친족으로 여기고 의도적으로 그들을 본문의 전면에 두려고 하였다.

우리는 ‘의심’을 통해 성서 화자가 지구 및 지구구성원들을 다양하게 등장시켰지만 인간 중심적, 신학적 메시지를 위한 도구로 사용하였다고 의심하였다. 또한 몇 가지 주석서의 예를 들어 그동안 해석자들이 얼마나 인간 중심적이었나를 지적했다.

그리고 '동일시'에서는 특히 땅과의 동일시를 꾀하며 땅이 나름의 생각과 감정을 가지고서 주님을 원망하고 통곡한다고 보았다. 또한 땅이 단순히 이야기의 배경과 신학 메시지의 도구가 아니라, 역사의 주요 참여자요, 이해당사자임을 관찰했다. 여기서 필자는 땅에게 목소리를 주는 생태 미드라쉬 작업을 짧게 시도했다.

끝으로 '회복'에서는 땅의 통곡과 원망이 성서 화자의 속내를 대변하고 땅과 일체가 되는 모습이라고 보았다. 저자가 임박한 외세의 침략을 유다 백성의 배교로 인한 주님의 벌이라는 신학적 입장을 인간(예레미야)과 신의 발에 남았을지라도, 땅은 수사학의 틈새를 빠져나와 저자의 주장을 뛰어넘어 주체적인 등장인물로서 인간과 비(非)-인간의 이분법을 극복하고 운명을 아우르는 것을 관찰하였다. 우리는 또한 예레미야가 땅이 울고 식물이 마르고 새와 짐승이 멸절되는 것을 지적한 것이 지구 및 지구구성원들을 메시지의 도구로만 대하지 않는 모습이라고 보았다. 특히 우리는 주님이 땅과 백성을 향해 갖는 애증으로 땅이 황무지가 되었어도 아무도 신경 쓰지 않는다고 애통해 하는 말에서 누구보다도 주님이 땅의 통곡을 경청하고, 땅에 깊이 신경 쓰는 모습을 관찰했다. 예레미야가 땅의 운명과 자신의 운명을 나란히 두었다면(12:4), 주님에게 땅은 '내가 진정으로 사랑하는 그녀,' '내 기업,' '내 몫'이었다. 야웨와 땅은 독자적 관계를 가진 사이로서 서로를 감정적으로 긴밀히 반사했는데, 그녀가 목소리를 높일 때 주님도 화가 났고(12:8), 그녀가 울 때 주님도 애통해했다(12:11). 야웨는 이방 백성을 그들의 땅에서 뽑아냈지만 곧 마음을 돌이켜 각자 자기 땅으로 돌아갈 기회와 야웨의 백성이 될 수 있는 가능성을 제공했다. 어디든 연결되어 있는 땅은 내 편과 네 편, 유다 백성과 이방 백성의 이분법을 극복하는 상징 역할을 했다.

전반적으로 예레미야 12장은 인간과 비(非)-인간, 우리 편과 적이라는 이분법을 뛰어넘는 회복과 구원의 가능성을 제공했다. 또한 하나님, 인간 및 비(非)-인간 등 모든 등장인물이 슬픔과 분노, 폭력과 자비, 불순종과 회개 등을 겪으며 결국 상처와 분리를 넘어 치유와 연합으로 가는 가능성을 보여주었다.

이 글은 그간의 인간 중심적 성서해석을 성찰하고, 본문 속에서 비(非)-인간 지구구성원들을 주체 및 이해당사자로 여기고, 이 친족과 동일시하며 그들을 전면에 두고 해석하고자 했다. 이러한 시도가 성서해석을 풍부하게 하는 새로운 접근으로서 가치가 있기를 바란다. 무엇보다도 이 절박한 기후위기 시대에 인간 지구구성원들이 비-인간 친족들과 더불어 사는 데 있어서 관점 변화와 실천에 기여한다면 더욱 감사할 것이다. 포스트 코로나 시대의 생태 해석학은 이전의 연구와 다를 수밖에 없다. 지금은 새로운 생태 인식을 반영한 생태비평을 성서 연구에 적용하고 실천과 인식을 확산할 필요성이 그 어느 때보다 절실하다.

미주

1) 1인당 온실가스 배출이 가장 많은 순으로는, 사우디아라비아, 미국, 캐나다이다. 송경은, "韓 1인 탄소배출량 세계 4위...," 매일경제, https://www.mk.co.kr/news/it/view/2019/09/757523/ (2021. 8. 1.); 고선호, "플라스틱, 미래를 품다," 이뉴스투데이, https://www.enewstoday.co.kr/news/articleView.html?idxno=1466775 (2021. 8. 1.).

2) 지구성서팀이 사용하는 '지구'라는 용어는 전체 생태계, 생물망, 자연 영역을 가리키고, 인간은 그 일부이다. 때로 '지구'는 흙, 대지, 생물 서식지를 가리킨다. Norman C. Habel, *The Birth, The Curse and the Greening of Earth: An Ecological Reading of Genesis 1-11, Earth Bible Commentary* (Sheffield: Sheffield Phoenix Press, 2011), 3; Norman C. Habel, ed., *Readings from the Prospective of Earth, Earth Bible* 1 (Sheffield: Sheffield Academic Press, 2000), 27.

3) Habel, *Readings from the Perspective of Earth*; Norman C. Habel & Shirley Wurst, eds., *The Earth Story in Genesis, Earth Bible* 2 (Sheffield: Sheffield Academic Press, 2000); Norman C. Habel & Shirley Wurst, eds., *The Earth Story in Wisdom Traditions, The Earth Bible* 3 (Sheffield: Sheffield Academic Press, 2001); Norman C. Habel, ed., *The Earth Story in Psalms and Prophets, Earth Bible* 4 (Sheffield: Sheffield Academic Press, 2001); Norman C. Habel, ed., *The Earth Story in the New Testament, Earth Bible* 5 (Sheffield: Sheffield Academic Press, 2002).

4) 김도훈은 1970년 이전의 학자들이 성서에 인간 중심적 생태 해석을 했고, 그 이후에 샌트마이어를 비롯한 학자들이 그런 경향을 극복했다고 여긴다. 김도훈, "생태학적 성서해석의 시도," 「장신논단」 19(2003), 209-233. 지구성서 팀의 생태비평은 샌트마이어와 맥커피의 초기 연구를 전제로 한다. 샌트마이어는 성서 해석의 새로운 선택으로서 중심적인 생태 주제들에 초점을 두고 생태 해석을 발전시켜야 한다고 강조했다. H. Paul Santmire, *The Travail of Nature: The Ambiguous Ecological Promise of Christian Theology* (Philadelphia: Fortress Press, 1985). 그러나 생태비평은 지구 및 지구공동체를 연구 '주제'(theme, topic)로 대상화하는 것을 넘어서서 동일시까지 한다. 맥커피는 당시(1996)로서 최첨단 주장을 했다. 본문에 반영된 성서 화자의 실제 물리적 환경과 이데올로기를 식별해야 하고, 창조가 단순히 인간사의 배경으로 간주되는 것을 넘어서야 하며 근본적으로 인간중심적 성서에 기초한 신학을 의문시해야 한다고 보았다. Gene McAfee, "Ecology and Biblical Studies," in *Theology for Earth Community: A Field Guide*, ed. Dieter Hessel (Maryknoll, NY: Orbis Books, 1996), 31-44. Habel, *Readings from the Perspective of Earth*, 33-37에서 재인용. '인간중심적'이라는 말에 대한 더 자세한 설명은 아래 생태비평의 세 초점 중 '의심' 부분에 나와 있다.

5) 『성경전서 개역개정』은 '내 마음으로 사랑하는 것', "내 소유를 내던져... 내 소유가 ... 소리를 내므로... 내 소유가... 아니냐?"라고 하여 사람으로 바꾸어 번역하지 않아 원문에 충실하다.

6) Centre for Biblical Studies, "Uses of the Bible in Environmental Ethics," http://humanities.exeter.ac.uk/theology/research/centres/biblicalstudies/past/uses/ (2021. 8. 1.).

7) David G. Horrell, *Ecological Hermeneutics: Biblical, Historical and Theological Perspectives* (London: T & T Clark, 2010), 7 참조.

8) Habel, ed., *Readings from the Perspective of Earth*, 31-37; Horrell, *Ecological Hermeneutics*, Introduction.

9) 로즈마리 래드퍼드 류터, 『가이아와 하느님: 생태 여성학적 신학』, 전현식 옮김 (서울: 이화여자대학교출판문화원, 2000) 참조. Heather Eaton, "Ecofeminist Contributions to an Ecojustice Hermeneutics," Habel, *Readings from the Perspective of Earth*, 54-71.

10) Norman C. Habel, "Ecological Criticism," ed. Steven L. McKenzie & John Kaltner, *New Meanings for Ancient Texts: Recent Approaches to Biblical Criticisms and Their Applications* (Louisville: Westminster John Knox Press, 2013), 46-47; Habel, *Readings from the Perspective of Earth*, 42-53.

11) Eaton, "Ecofeminist Contributions to an Ecojustice Hermeneutics," 66.

12) Habel, *The Earth Story in the New Testament*, 2.

13) Habel, *The Birth, the Curse and the Greening of Earth*, 2-3.

14) Habel, "Ecological Criticism," 39-58. 하벨은 이 생태비평의 세 가지 초점을 출애굽의 열 재앙 이야기에 적용한 예를 제시하며, 나일강이 일인칭으로 말하도록 목소리를 주는 것으로 마친다. Habel, "Ecological Criticism," 54. 한국의 학자들도 같은 출애굽기 본문을 생태 관점에서 다루기도 했다. 예를 들어, 장석정, "열 가지 재앙에 나타난 생명과 생태계," 「Canon&Culture」 6.2(2012), 79-108을 보라.

15) J. Daniel Hays, *Jeremiah and Lamentations* (Grand Rapids: Baker Books, 2016), 81.

16) A. R. Diamond, *The Confessions of Jeremiah in Context: Scenes of Prophetic Drama*, *JSOTSS* 46 (Sheffield: JSOT Press, 1987), 149-88; Kathleen M. O'Connor, *The Confessions of Jeremiah: Their Interpretation and Role in Chapters 1-25*, *SBLDS* 94 (Atlanta: Scholars Press, 1988), 97-113.

17) J. 브라이트, 『예레미야』, 국제성서주석 22, 한국신학연구소 옮김 (서울: 한국신학연구소, 1979), 221-227, 229; William L. Holladay, *Jeremiah 1: A Commentary on the Book of the Prophet Jeremiah Chapters 1-25*, *Hermeneia* (Minneapolis: Augsburg Fortress, 1986), 365.

18) 또한 런드밤은 1-6절에서 예레미야가 제기한 신정론적 질문(왜 악인들이 형통하나요?)에 대한 야웨의 대답이 7-13절이라서 두 부분이 연결된다고 본다. 악인들만이 아니라 모든 이스라엘이 황폐를 겪는다는 것이 대답이다. Jack Lundbom, *Jeremiah 1-20, The Anchor Yale Bible Commentaries* (New York: Yale University Press, 1999), 659. 페이지 켈리(Page Kelly, 12장의 저자)에 의하면, 야웨는 동문서답이 아니라 애가로 답하고, 악이 인간에게도, 신에게도 슬픔을 유발하는 것으로 묘사된다. 피터 크레이기 외, 『예레미야 1-25장』, *World Biblical Commentary* 26, 권대영 옮김 (서울: 솔로몬, 2003), 346.

19) Lundbom, *Jeremiah 1-20*, 657.

20) Kathleen M. O'Connor, *Jeremiah: Pain and Promise* (Minneapolis: Fortress Press, 2011), 81-91; 루이스 스털맨도 예레미야의 '고백' 부분이 예레미야서 속 여러 목소리 중 하나로서 우주의 도덕 질서에 대해, 그리고 하나님이 계약에 신실하신지에 대해 의심을 제기한다고 본다. Louis Stulman, "Reflections on Writing/Reading War and Hegemony in Jeremiah and in Contemporary U.S. Foreign Policy," in *Prophecy and Power: Jeremiah in*

Feminist and Postcolonial Perspective, *The Library of Hebrew Bible/Old Testament Studies* 577, ed. Christl M. Maier & Carolyn J. Sharp (Grand Rapids: T&T Clark, 2013), 66-67.

21) NRSV, NKJV, ESV, 『성경전서 새번역』도 그렇게 보고 '주님의 대답'과 같은 소제목을 단다.

22) 문자적으로 요단강의 '높음에서(비그온)'인데 NRSV와 박동현은 'in the thickets(수풀)'로 번역했다. 박동현, 『예레미야 I』, 대한기독교서회 창립100주년기념성서주석 (서울: 대한기독교서회, 2006), 459. 『성경전서 새번역』는 '창일한 물 속에서'로, 『성경전서 개역개정』은 '물이 넘칠 때에는'으로 번역했다.

23) 로날드 클레멘츠, 『예레미야』, 현대성서주석, *Interpretation*, 김회권 옮김 (서울: 한국장로교출판사, 2002), 134.

24) 클레멘츠는 친지들이 가문의 명예를 위해 예레미야를 해하려고 한 이유가 바빌로니아의 멍에를 매라는 예언자의 권고가 느부갓네살에게 더 이상 충성하지 않겠다는 왕의 정책과 반대되고 비애국적이라서 그랬다고 생각한다. 클레멘츠, 『예레미야』, 134-135,

25) 야웨의 말씀(12:7-14)을 시 부분(7-13절)과 산문 부분(14-17절)으로 나눈 예로는 다음과 같다. 클레멘츠, 『예레미야』, 137; Lundbom, *Jeremiah 1-20*, 650-651, 660; Angela Bauer, *Gender in the Book of Jeremiah: A Feminist-Literary Reading*, *SBL* 5 (New York: Peter Lang Publishing, 1999), 100.

26) Lundbom, *Jeremiah 1-20*, 653-654.

27) 예를 들면, F. B. Huey, Jr., *Jeremiah, Lamentation*, *New American Commentary* 16 (Nashville: B&H Publishing Group, 1993), 141; Lundbom, *Jeremiah 1-20*, 654.

28) 예레미야에서 유산(나할라, 기업)은 종종 약속의 땅을 뜻한다(2:7; 3:19; 12:14). 왕하 21:14에서 유산은 계약 백성을 뜻한다. '집'은 백성, 땅 또는 둘 다를 뜻할 수 있다. Lundbom, *Jeremiah 1-20*, 652.

29) 노만 C. 하벨, 『땅의 신학: 땅의 신학 땅에 관한 여섯 가지 이념』, 정진원 옮김 (서울: 한국신학연구소, 2001), 100.

30) 클레멘츠, 『예레미야』, 139; Lundbom, *Jeremiah 1-20*, 657; Huey, Jr., *Jeremiah, Lamentation*, 140; 학자들은 이 부분의 역사 배경으로 여호야김이 느부갓네살에 반역하고, 바빌로니아, 시리아, 암몬, 모압이 유다를 공격한 일(왕하 24:1-2; 렘 35:11 참조; 기원전 598년경)을 든다. 크레이기 외, 『예레미야 1-25장』, 343-344; Lundbom, *Jeremiah 1-20*, 659.

31) Francis Brown & Samuel R. Driver & Charles A. Briggs, *A Hebrew and English Lexicon of the Old Testament* (Oxford: Clarendon Press, 1953), 840. 칠십인역(LXX)은 두 번의 아이트를 모두 '동굴(스펠라이온)'로 번역했다.

32) Ibid., 743.

33) 예를 들어, 박동현은 '모든 육체'가 사람만 포함한다고 본다. 『예레미야 I』, 465.

34) Winfried Thiel, *Die deuteronomistische Redaktion von Jeremia 1 – 25* (Neukirchen-Vluyn: Neukirchener Verlag, 1973), 162-68; 크레이기, 『예레미야 1-25장』, 343에서 재인용.

35) 할러데이는 12장 14-17절의 연대를 시드기야 통치 초기로 잡는다. Holladay, *Jeremiah 1*, 391; 런드밤은 할러데이를 따라 시드기야 시대로 본다. Lundbom, *Jeremiah 1-20*, 662,

36) 크레이기, 『예레미야 1-25장』, 343; Lundbom, *Jeremiah 1-20*, 660.

37) 하벨의 질문들을 변용하고 추가하였다. 참조. Habel, *Readings from the Perspective of Earth*, 52-53.

38) Terence Fretheim, "The Earth Story in Jeremiah 12," in *Readings from the Perspective of Earth*, 97. 프레다임은 우는 땅에 대한 관심(12:4, 11)과 유산으로서의 땅에 대한 관심(12:7-9, 14-15)이 12장 전체에서 서로 맞물린 주제라고 관찰한다. 앞글, 98.

39) Hays, *Jeremiah and Lamentations*, 84.

40) Walter Brueggemann, *A Commentary on Jeremiah: Exile and Homecoming* (Grand Rapids: Eerdmans, 1998), 118-126.

41) James E. Smith, *Jeremiah, A Commentary* (Morrisville: Lulu.com, 2019).

42) Smith, *Jeremiah, A Commentary*, 163.

43) 지구구성원에게 목소리를 주는 것은 인간 독자의 시적 상상력을 요하므로 필자는 생태 미드라쉬라고 불러보았다. 이는 주디스 플래스코가 미드라쉬 장르를 페미니스트 탐구에 이상적인 출구(outlet)라고 본 것과 같은 맥락이다. "미드라쉬는 결론이 열려 있고 진지하고 장난스럽고(playful) 상상적이고 은유적이어서 페미니스트 해석에 유용할 수 있다. 미드라쉬는 독자의 신념과 경험을 반영하여 상상적으로 재구성될 수 있다. 독자의 자의식은 현대이지만 성서가 독자의 현실에 말하게 한다는 면에서 랍비 전통에 서 있다. 우리 자신의 삶의 경험을 통해 과거를 기억하고 전달할 때 성서의 글자들 사이의 공간에서 나오는 여성의 말을 들을 수 있다." Judith Plaskow, *Standing Again at Sinai* (San Francisco: Harper & Row, 1990), 54.

44) 하벨의 질문들을 변용하고 추가하였다. 참조. Habel, *Readings from the Perspective of Earth*, 52-53.

45) Brown & Driver & Briggs, *A Hebrew and English Lexicon of the Old Testament*, 757.

46) '샤맘'(황무지가 되다)은 '하타트'(두려워 떨다)와 더불어 에이미 캘머놉스키가 예레미야서를 공포(horror) 본문으로 해석할 때 사용하는 주요 동사이다. 그녀는 출산하는 여성의 고통 및 파괴를 보고 공포에 떠는 사람들이라는 두 이미지를 이 동사를 중심으로 다룬다. Amy Kalmanofsky, *Terror All around: The Rhetoric of Horror in the Book of Jeremiah, The Library of Hebrew Bible/Old Testament Studies*, 390 (New York: T&T Clark, 2008).

47) 프레다임은 "하나님의 반복적, 개인적, 감정 가득한 말 속에서 땅은 황무지, 황무지, 황무지, 황무지가 되었다!"는 표현으로 중간에 끼어서 사냥감이 된 땅의 모습을 표현한다. Fretheim, "The Earth Story in Jeremiah 12," 107.

48) 예레미야서에서 예언자의 애도와 하나님의 애도는 종종 함께 짜여있다(12:1-4, 7-13; 13:15-17; 14:2-6, 17-18; 15:5-9; 18:13-17).

49) Fretheim, "The Earth Story in Jeremiah 12," 99.

50) Ibid., 102.

51) Ibid., 108-109.

52) Ibid., 109.

제5장

묵시적 생태학의 관점에서 본 새 하늘과 새 땅
(계 21:1-22:5)

김혜란

I. 들어가는 글

COVID-19 팬더믹으로 인해 전 인류가 그동안 경험해 보지 못한 어려움을 겪고 있다. 팬데믹과 함께 그동안 간과해 왔던 생태 문제와 환경에 대한 관심이 높아진 상황이다. 지금까지 인간의 지식과 기술로 인해 생태계의 문제를 해결하려는 시도는 한계에 부딪치고 말았다.[1] 그 이유는 인간이 자신의 이익과 탐욕을 버리고 얼마나 생태 위기를 위해 헌신할 수 있는가에 대해 회의적이기 때문이다. 이제 생태학의 관점에서 우리가 딛고 있는 하늘과 땅에 대한 새로운 생태 신학적 논의가 필요한 시점에 와 있다.

이 상황에서 마지막 때에 완성될 새 하늘과 새 땅을 묵시적 관점에서 다루는 요한계시록을 다시 읽는 것은 시의적절하다. 필자는 요한계시록의 묵시적 환상 가운데 하나인 새 하늘과 새 땅을 생태학적 관점에서 연구한다는 측면에서 묵시적 생태학이라는 용어를 사용하려 한다. 묵시적 생태학이란 요한계시록이 묵시문학이라는 장르를 갖고 있으며 종말의 시대에 독특한 생태 신학을 갖고 있음을 함축한 단어이다.

그렇다면 묵시문학을 생태학적 방법론으로 분석할 수 있는가에 대한 의문을 제기할 수 있다. 필자는 요한계시록을 배경으로 하는 구약과 1세기 로마의 시대적 관점에서 분석할 때 가능하다고 본다. 이를 위해 요한계시록이 언급하는 옛 하늘과 옛 땅을 비교하여 '새 하늘과 새 땅에 없는 것과 있는 것을 중심으로 독특한 생태학적 요소가 무엇인가'를 찾아내려고 한다. 이러한 논의의 과정은 새 하늘과 새 땅이 제시하는 생태 신학을 새롭게 발전시키기 위함이다. 연구 범위는 생태학적 요소와 관련이 있는 하늘과 땅 그리고 바다를 언급하는 본문으로 한정한다. 더불어 재창조가 아닌 갱신의 관점에서 생태 위기의 문제를 해결하기 위한 신학적 대안을 모색하기 위해 새 하늘과 새 땅에서 제시하는 생태 윤리와 생태 정의를 살펴볼 것이다. 또한 요한계시록의 환상들이 구약과 기원후 1세기 로마의 사회와 문화를 배경으로 하고 있음을 염두에 두고 연구할 것이다.

II. 새 하늘과 새 땅(계 21:1-22:5)에 대한 생태학적 해석의 연구사

먼저 새 하늘과 새 땅(계 21:1-22:5)에 대한 이제까지의 생태학적 연구사를 짚어보고자 한다. 요한계시록 21-22장에 대한 생태학적 연구들은 대부분 1990년대 이후로 진행되었다. 2002년 덩컨 리드(Duncan Reid)는 노만 하벨(Norman C. Habel)의 지구성서팀의 생태비평(ecocriticism) 연구 시리즈 가운데 "하늘로 가는 사다리를 제

쳐 놓기: 지구의 관점에서 요한계시록 21장 1-22장 5절"(Setting aside the ladder to heaven: Revelation 21.2-22.5 from the perspective of Earth)이라는 주제로 논문을 발표했다. 이 연구는 기존에 에덴 회복의 관점과는 차별성을 갖고 주로 땅의 관점에서 새 하늘과 새 땅에 대한 생태학적 분석을 했다. 2017년 마이카 D. 킬(Micah D. Kiel)은 그의 책 "묵시적 생태학"을 통해 요한계시록에 대한 생태학적 연구를 하였다. 이 책은 로마제국이 당시 정복을 위해 자연을 훼손하고 피정복민을 착취했던 역사적 기록들을 소개한다. 그의 연구는 새 하늘과 새 땅에 대한 생태 정의와 생태 윤리의 관점에서 분석했다는 점에서 공헌도가 있다.

요한계시록을 해석할 때 주의할 것은 새 예루살렘 성에 묘사된 표현들을 문자적으로 해석하는 세대주의적 해석이다. 요한계시록은 비유와 상징을 특징으로 하기에 문자적 접근은 해석의 왜곡을 가져온다.[2] 한 예로 새 예루살렘을 묘사하는 크기와 돌과 보석을 문자적으로 해석하면 비현실적인 장소가 되어 버린다.

또 다른 중요한 논의는 요한계시록의 새 하늘과 새 땅이 장소적 차원이 아닌 공동체적 의미라는 것이다. 대표적으로 로버트 호튼 건드리(Robert Horton Gundry)는 새 예루살렘이 성도들의 영원한 거처가 아니라 성도들 자신을 의미한다고 강하게 주장한다. 다시 말해 새 예루살렘은 성도들의 장래 거처가 아닌 미래의 상태를 묘사한 표현이라는 견해이다.[3] 반면 리처드 보컴(Richard Bauckham)은 새 예루살렘이 장소적 개념과 공동체적 개념이 함께 있다고 주장한다.[4] 이것은 하나님 나라의 장소성을 부정하고 통치만을 강조하는 것에 대한 비판이다. 그는 새 예루살렘이 공동체인 동시에 장소이며 이 둘이 배치되지 않는다고 주장한다. 이것에 대한 근거로 이사야 65장 19절[5]이 장소와 공동체로서의 새 예루살렘을 함께 언급한다고 제시한다.[6] 필자는 새 하늘과 새 땅의 장소성을 배제하고 단지 공동체를 상징한다는 해석에 반대한다. 그 이유는 새 하늘과 새 땅의 묘사들이 공동체의 측면뿐만 아니라 다양한 생태학적 함의들을 포함하기 때문이다. 예를 들면 값없이 주는 생명수와 만국을 치료하는 생명 나무의 언급은 옛 하늘과 옛 땅과 대조가 될 뿐 아니라 새 하늘과 새 땅이 제시하는 중요한 생태학적 요소를 보여주기 때문이다.

국내에서는 생태학적 관점에서 새 하늘과 새 땅을 연구한 논문을 찾기 어렵고 대부분 새 창조의 관점에서 폭넓게 다루었다. 2011년 송영목은 "요한계시록의 생태학적 적합성"이라는 연구를 통해 요한계시록의 심판 환상은 유대-로마 전쟁 때 실제적인 자연 파괴로 성취되었다고 주장한다. 또한 요한계시록이 묵시문학이므로 생태학적 논의를 하기에 제한이 있다고 주장하며, 새 하늘과 새 땅에 대해 자세히 다루지 못한 한계를 보여준다. 2012년 구기정 박사의 논문 "요한계시록의 관점에서 본 생태학적 땅 이야기"는 요한계시록에서 땅에 대한 표현들을 오늘날의 생태 위기 관점에서 해석하려고 시도했지만, 새 하늘과 새 땅에 대한 자세한 논의를 제시하지 못했다. 2016년 이병학 박사는 약자의 저항의 관점에서 요한계시록을 연구하였는데, 당시 로마제국의 착취와 폭력을 지적하고 1세기 로마 사회의 관점에서 분석했다는 점에서 공헌도가 있다.

본 논문은 이러한 연구들을 토대로 '처음 하늘'과 '처음 땅'을 비교하여 무언가가 있거나 없다는 관점에서 연구하고자 한다. 이 표현은 본문에 자주 등장하므로 우리가 생태학 관점에서 요한계시록을 해석할 때 유용한 상징 언어가 된다. 더불어 요한계시록의 일차적 배경이 되는 로마제국과 새 예루살렘 성을 비교・대조할 것이다. 특히 새 하늘과 새 땅의 독특한 생태학적 요소를 분석하는 것이 이 글의 초점이다. 따라서 본 논문은 요한계시록 21-22장의 새 하늘과 새 땅에 대한 지금까지 연구들을 토대로 갱신의 관점에서 생태 정의와 생태 윤리에 대한 해석을 시도하고자 한다. 이를 통해 팬데믹 시대를 살아가는 성도가 어떻게 새 하늘과 새 땅에 대한 비전을 갖고 살아가야 하는가에 대한 신학적 정립을 제시하려 한다.

III. 만물을 새롭게 하노라(계 21:1-5)

1. 요한계시록 21:1–5의 구조분석

A 새 하늘과 새 땅을 보니(21:1a)
B 처음 하늘, 땅, 바다가 없어짐(21:1b)
C 바다가 다시 있지 않음(21:1c)
D 거룩한 성이 하늘에서 내려옴(21:2)
D' 하나님이 사람들과 함께 거하심(21:3-4a)
C' 사망이 더 이상 존재하지 않음(21:21:4b)
B' 처음 것들이 다 지나갔음(21:4b)
A' 하나님이 만물을 새롭게 하심(21:5a)

데이비드 아우내(David E. Aune)는 요한계시록 21장 1-5절을 위와 같이 ABC-DD'-C'B'A'의 교차 대구 구조로 본다. 먼저 A와 A'는 헬라어의 형용사 *카이노스*(새로운)와 병행된다. B와 B'는 처음이라는 헬라어 *프로토스*(처음)가 반복해 등장한다. B에서는 처음 하늘과 처음 땅이 없어졌다면, B'는 처음 것들이 지나갔다는 표현으로 바뀐다. C와 C'는 "다시 있지 않더라"는 문구가 반복하여 나타나며, D는 본문의 중심에 있다.[7] 중심부에는 거룩한 새 예루살렘 성이 하늘에서 내려오자 하나님이 사람들과 함께 거하심을 언급한다.

옛것이 사라지자 새 하늘과 새 땅이 생겨난다. 이것은 옛 하늘과 옛 땅이 불타 없어지고, 새 하늘과 새 땅이 나타난다는 베드로후서 3장 12-13절의 재창조를 지지하는 듯 보인다.[8] 그러나 A'의 문장을 자세히 분석하면 오히려 갱신의 견해가 설득력이 있어 보인다. "보라 내가 만물을 새롭게 하노라"(계 21:5b)에서 요한은 이사야 65:17에 등장하지 않는 만물이라는 단어를 첨가한다. *판타*(만물)는 원래 형용사인데 단독으로 명사의 역할을 한다. 즉 만물을 새롭게 다시 창조하는 것이 아니라 이미 있는 만물을 새롭게 한다는 점에서 재창조가 아닌 갱신을 의미한다.[9] 이를 통해 새 창조의 질서를 모든 피조물에 부여한다.

새 하늘과 새 땅에 있거나 없다는 관점에서 보면 A와 A'는 있는 요소이고, B와 B' 그리고 C와 C'는 새 하늘과 새 땅에 없는 것들이다. 중심에 있는 D와 D'는 새 하늘과 새 땅이 생기게 된 직접적인 이유에 해당한다. 즉 교차 대구 구조를 통해 새 하늘과 새 땅에 무엇이 있고 없는가를 분명하게 알 수 있다.

2. 갱신을 주장하는 견해들

대부분의 학자들은 요한계시록 21장 1-5절이 재창조가 아닌 갱신이라는 입장을 취하고 있다. 물론 다른 신약 본문 가운데 하나인 베드로후서 3장 12-13절의 언급대로 "마지막 날에 하늘이 불타 없어져서 풀어지고 물질이 뜨거운 물에 녹아져, 새 하늘과 새 땅이 이루어진다"는 재창조의 견해들도 있다. 본 논문은 요한계시록의 새 하늘과 새 땅을 통한 생태 신학적 분석에 초점이 있기에 재창조가 아닌 갱신의 입장을 취하는 견해들을 다음과 같이 살펴본다.

첫째, 이 본문의 구약적 배경이 되는 이사야 65장 17절을 근거로 갱신을 주장하는 견해이다.[10] 이사야 65장 17절[11]은 오직 세상을 말씀으로 지으신 창조자만이 새 하늘과 새 땅을 창조할 능력이 있다고 본다. 이는 하나님의 진노와 반역이 사라지고(사 51:6), 이전 것이 잊혀진다는 점에서 심판이 소망으로 바뀐다.[12] 칠십인역(LXX)은 '창조하다'의 히브리어 동사를 존재를 의미하는 헬라어 *에이미*(있다) 동사로 바꾸어 사용하여 새롭게 바뀐 상태에 초점을 둔다. 이사야 65장에서 새 하늘과 새 땅에는 억압과 착취가 없지만 여전히 죽음이 존재한다(사 65:20). 반면 요한계시록의 새 하늘과 새 땅에는 억압과 착취가 없을 뿐만 아니라 죽음도 존재하지 않는다.[13]

둘째, 헬라어 형용사 *카이노스*(새로운)는 옛것에서 새것으로 대체하는 개념이 아니라 옛것과 대조되는 본질적 변화를 의미하는 용례를 포함하고 있다.[14] 이 형용사와 함께 사용되는 헬라어 동사 *포이에오*(행하다)는 만물을 새롭게 하는데 초점이 있다. 즉 기존에 있었던 하늘과 땅을 새롭게 만드는 것이다. 요한계시록에서 형용사 *카이노스*(새로운)는 총 9회 사용되었는데, 대부분 새 예루살렘과 관련된 표현에서 등장한다(계 2:17; 3:15*2; 5:9; 14:3; 21:1*2,2,5).[15] 반면 마태복음 9장 17절에서 "새 술은 새 부대"에 사용된 *네오스*(새로운)는 헌 술과 헌 부대와 완전한 교체를 의미한다. *카이노스*가 성격이나 본질의 질적인 변화를 의미하는 것과 대조를 이룬다. 즉 현재 세

계가 사라진다는 것이 아닌 현 질서로부터 완전히 변화한 상태를 보여준다.[16)]

셋째, 예수의 부활의 관점에서 갱신을 주장한다. 성도들의 몸도 마지막 때에 예수와 같이 새로운 형질의 몸을 입는 것처럼, 지금 하늘과 땅도 새롭게 변화될 것이라는 관점이다. 그래서 성도들의 몸과 같이 땅도 대체가 아닌 새롭게 변화될 것이라고 본다.[17)] 즉 새 하늘과 새 땅은 전혀 다른 새로운 형질로 변화되는 것을 의미한다.

넷째, 갱신의 개념은 구약과 초기 유대교 문헌에 나타나는 종말론적 축복의 개념과 일치한다는 견해이다(사 65:18-15; 겔 28:25-26, 34; 25:30; 에녹 1서 10:16b-22, 25:6, 45:4-5; 에녹 2서 65:2, 8-11; 바룩 2서 32:1-6). 특별히 구약에서 노아의 언약은 자연세계를 보존하는데 의미가 있다.[18)]

주목할 것은 재창조와 갱신 사이에 중요한 차이점이 있다. 처음 하늘과 처음 땅이 불타 없어져 새 하늘과 새 땅이 나타난다는 재창조의 견해는 둘 사이에 불연속성을 의미한다. 반면 갱신의 견해는 처음 것과 새것 사이에 불연속성과 연속성이 함께 존재한다. 단순히 옛것을 새것으로 대체하였다면 생태 정의와 생태 윤리를 논의하기 어려울 것이다.[19)]

다섯째, '하나님은 자신이 창조한 세상을 과연 불태워 없애실 것인가'라는 의문을 제기할 수 있다. '어차피 불태우고 진멸할 세상을 왜 창조하셨겠는가'라는 반문이 생긴다. 예수님이 인간을 구원하시기 위해 이 땅에 오셨다. 그런데 인간의 타락과 탐욕으로 영향받은 세상을 어떤 비물질적인 영역이나 장소를 위해 폐기한다는 주장이 과연 타당한가에 대한 의문이 남는다. 오히려 '하나님이 창조하신

세계를 회복하시기 위해 성육신하셨다'는 주장이 더 설득력이 있어 보인다.[20]

여섯째, 요한계시록에서 땅은 심판을 통해 전염병과 전쟁 그리고 기근에 의해 황폐해진다.[21] 이런 점에서 땅은 수치를 당하고, 인간의 죄악으로 땅과 바다와 지구는 죽은 상태가 된다. 인간의 죄로 인해 땅이 고통을 받고 심판을 받은 것이다. 이런 맥락에서 요한계시록 21장 1절은 처음 땅과 처음 하늘이 없어지고 바다도 다시 있지 않다고 언급한다(계 21:1,4,9). 여기에서 '사라지다'를 의미하는 헬라어 동사 *아페르코마이*가 반복해서 사용된다(계 21:1, 4).[22] 이 표현은 새 하늘과 새 땅을 강조하고 있으며, 이 둘 사이에 불연속성을 강조하고 있다.[23] 그러나 요한계시록은 처음 땅과 처음 하늘이 모두 불타 없어지고 새 창조는 이루어졌다고 언급하지 않는다. 오히려 "만물을 새롭게 하노라"(계 21:5)는 표현을 통해 처음 하늘과 처음 땅이 질적으로 급격하게 변화할 것이라 선언한다. 새 창조는 생태계의 물리적 차원을 포함하여 질적으로 근본적인 변화가 있을 것을 의미한다.[24] 다시 말해 옛것과 새것 사이에 불연속성이 있지만 연속성도 존재한다. 둘 사이에 연속성이 있다는 점에서 새 하늘과 새 땅에 대한 생태 윤리적 논의를 모색해 볼 수 있다.

IV. 새 하늘과 새 땅에서 '없는' 생태학적 요소들

처음 땅과 처음 하늘에 존재했지만 어린 양의 심판으로 인해 새 하늘과 새 땅에서 사라진 요소들이 있다. 여기서는 생태학적으로 논의의 대상이 되는 표현들을 중심으로 살펴보고자 한다.

1. 바다(계 21:1)

먼저 새 하늘과 새 땅에서 사라진 요소는 바다이다. 바다는 다음과 같이 부정적 의미로 사용되었다.

첫째, 요한계시록 13장은 성도들을 핍박하는 짐승들이 거처하는 장소가 바다임을 밝히고 있다(계 13:1). 그런데 새 하늘과 새 땅에서는 이와 같은 부정적 의미의 바다가 존재하지 않는다. 대신 생명수 샘물이 있는데 값없이 목마른 자에게 공급된다. 이 생명수 샘물은 인간이 함부로 소유하거나 이익을 위한 수단으로 사용될 수 없다. 왜냐하면 그 소유가 하나님과 어린 양께 있기 때문이다.

둘째, 바빌론 멸망 환상(계 18장)에서 바다는 로마제국이 부를 축척하는 중요한 수단이 되는 무역의 장소였다.[25] 이 환상을 보면 일차적으로 로마제국을 상징하는 바벨론의 멸망을 애통해 하는 바다 선원들이 등장한다(계 18:12-13). 당시 로마는 군사적 정복과 함께 바다를 통해 무역이 발달하였다. 그런데 그 무역 목록들 가운데 노예를 의미하는 '사람들의 영혼들'이 상품으로 취급되었다(계 18:13). 당시 돈이 없는 빈곤층은 생필품도 부족한 상황이었지만, 로마제국은 그들의 탐욕을 위해 인권을 짓밟는 행위들이 정당화된 사회였다. 그런데 새 하늘과 새 땅에서 이 바다가 사라졌다는 것은 무엇을 의미하는가? 이것은 로마제국의 질서를 강력하게 반대하고 있음을 보여준다.[26]

그러므로 요한계시록은 성도들을 핍박했던 장소이자 로마제국의 탐욕을 채우기 위해 사용된 바다가 새 하늘과 새 땅에 존재하지 않음을 밝히고 있다. 바다를 부의 원천으로 삼고 있었던 로마제국에 대한 강한 비판이라 볼 수 있다. 새 하늘과 새 땅이 로마제국을 통해 겪었던 박해와 착취가 더 이상 존재하지 않는 안전한 곳임을 의미한다.

2. 저주(계 22:3)

다음으로 새 하늘과 새 땅에서 사라진 요소는 저주이다. 요한계시록 22장 3절에서 "다시 저주가 없으며"라는 언급은 새 예루살렘의 도래를 통한 자연계의 중요한 변화를 기대하게 한다. 요한계시록에서 언급하는 저주는 하나님을 향한 인간의 죄악과 불순종으로 인한 것이다. 이것은 신명기 28장과 레위기 26장에서 이스라엘 백성들이 하나님께 불순종할 때 겪게 될 다양한 저주들을 배경으로 한다. 구약에서 적대적인 자연 현상들은 인간이 하나님의 창조 질서를 따르지 않은 결과이다[27]

요한계시록 21장 27절과 22장 15절은 하나님의 저주를 일으키는 인간의 죄악이 새 하늘과 새 땅에 존재하지 않는다고 말한다. 그 이유는 사망과 애통과 곡과 아픈 것들(계 21:4)은 옛 질서에 해당하는 요소들이기 때문이다. 사탄이 불 못에 던져지고(계 19:20) 악이 진멸되며 새 예루살렘이 하늘에서 내려오자 생긴 변화이다. 이는 새 하늘과 새 땅은 인간의 죄악이 설 곳이 없는 곳이기에 더 이상 저주가 없는 장소임을 밝힌다. 하나님은 옛 땅과 옛 하늘을 전혀 다른 질서의 생태계로 바꾸신 것이다.

3. 극심한 인플레이션과 곡물 부족

새 하늘과 새 땅에서 사라진 또 하나의 요소는 굶주림이다. 이것은 본문에 직접적인 표현으로 나오지 않고 간접적으로 나온다. 역사적 기록들은 로마제국이 예루살렘 주변 산림을 훼손할 뿐 아니라 피정복민을 착취하고 폭력을 행사했음을 밝히고 있다.[28] 요한계시록 6장 6절은 노동자 하루 임금에 해당하는 "한 데나리온에 밀 한 되요 한 데나리온에 보리 석 되"라는 표현을 통해 당시 로마제국의 착취를 보여준다. 당시 가난한 자들에게 필요한 곡물 생산은 줄고 영토 확장을 위해 군인들에게 곡물은 먼저 공급되었다. 그러다 보니 흉년이 있을 때 곡물이 소아시아 지역에 제대로 공급되지 않아 서민들은 보리를 비싼 값에 사야 했다. 실제로 "한 데나리온에 밀 한 되요 한 데나리온에 보리 석 되"라는 표현은 당시 로마제국의 8배에서 16배에 해당하는 물가상승을 보여준다. 더불어 당시 부자들의 사치품에 해당하는 감람유와 포도주의 생산을 늘이고자 했다. 즉 약자들을 착취하여 이득을 챙기려는 당시 로마제국을 풍자한다고 볼 수 있다.[29] 반면 새 하늘과 새 땅에는 이러한 인플레이션과 곡물 부족 사태가 일어나지 않는다.

V. 새 하늘과 새 땅에만 '있는' 생태학적 요소들

요한계시록은 완성될 하나님의 나라에 대해 여러 상징적 표현을 사용한다. 그 가운데 하나가 바로 새 하늘과 새 땅 그리고 새 예루살렘 성이다. 전자가 전체 자연계를 의미한다면 새 예루살렘 성은 도시의 관점에서 묘사된다. 이로 인해 새 예루살렘 성은 요한계시록 17-18장에 등장하는 바벨론 성과 대조를 이룬다. 바벨론 성이 화려하나 하나님의 심판으로 멸망한 장소라면, 새 예루살렘 성은 영원하며 안전한 도시라 할 수 있다.[30] 여기서는 옛 질서와 대조를 이루는 새 하늘과 새 땅의 독특한 생태학적 요소를 살펴보고자 한다.

1. 값없이 주는 생명수 샘물(계 21:6)

요한계시록 21장 6절은 옛 땅에 존재하지 않는 생명수 샘물을 소개한다. 이 생명수 샘물은 목마른 자에게 값없이 주시는 물이다. 여기서 "값없이"는 새 하늘과 새 땅의 독특한 생태학적 요소를 암시한다. 세상의 경제법대로 움직이지 않고 물과 음식의 공급이 오직 하나님에 의해서 이루어지는 새로운 경제 체제를 의미한다. 도시 중앙에는 모든 사람들이 값을 지불하지 않고 쓸 수 있는 생명수와 생명나무가 있다. 값없이 먹는 음식과 물은 우리가 살아가고 있는 세상과 전혀 다른 차원의 세계임을 보여준다.[31] 하나님의 선물로 생명수가 주어지기에 목마른 자는 누구든지 마실 수 있다. 이런 점에서 새 하늘과 새 땅에서는 인간의 탐욕을 위한 착취가 더 이상 존재하지 않는다. 왜냐하면 값없이 누구에게나 주어진 것이기에 필요한 만큼만 사용하면 되기 때문이다.

2. 달마다 12가지 열매를 맺는 생명 나무(계 22:2)

요한계시록은 새 예루살렘 성을 묘사하면서 에덴동산에 있었던 생명 나무를 언급한다. 생명 나무는 생명수 강 좌우에 있는데 원래 에덴동산에서는 동산의 중앙에 있었다. 전자가 후자보다 더 탁월한 것은 달마다 열두 열매를 맺고 그 나무 잎사귀들이 만국을 치료하는 데 사용된다는 점이다(계 22:2). 또한 창세기와 요한계시록의 생명 나무는 중성 단수형인데, 만일 단수로 본다면 하나의 생명 나무가 좌우에 있다는 의미가 된다. 하나의 나무가 강 좌우에 있다는 것은 언뜻 이해하기 어렵다. 헬라어 용례에서 중성 단수 명사가 복수의 경우에 사용되는 용례가 있다. 그렇다면 여기서 생명 나무는 복수의 의미로 해석되어 자연스럽게 여러 그루의 생명 나무가 강 좌우편에 있는 모습을 묘사하고 있다. 에덴동산 이후로 옛 땅에 존재하지 않았던 생명 나무가 새 예루살렘 성에서 새롭게 기술된다. 새 하늘과 새 땅에 등장하는 생명나무를 생태학적으로 접근하면 다음과 같다.

첫째, 새 예루살렘 성에 있는 생명 나무는 재앙과 저주가 있었던 황폐한 땅이 축복의 장소로 변화되었음을 보여준다. 구약에서 도시는 원래 아벨을 죽인 가인에 의해 지어졌다(창 4:17). 반면 생명 나무가 있는 새 예루살렘 성은 생명수와 생명 나무가 있는 안식의 장소로 묘사된다.[32]

둘째, 새 예루살렘에서 생명나무는 달마다 열두 가지 열매를 맺는다. 에덴동산은 곡식이 풍성하고 밭의 소산이 풍족하여 농업이 번성한 곳이다. 그런데 새 하늘과 새 땅은 에덴동산보다 월등히 많은 수확을 할 수 있는 비옥한 땅임을 보여준다. 이곳은 인간의 불순종으로 인한 기근이 존재하지 않는다. 앞에서 언급한 극심한 인플레이션과 곡물의 부족 상황과 대조를 이루는 부분이다.

셋째, 생명 나무의 잎들은 만국을 치료하는데 사용된다(계 22:2). 옛 땅에서는 인간이 질병과 죽음을 극복하기 위해 분투하며 살아간다. 질병을 예방하고 치료하기 위해 엄청나게 많은 돈을 사용하지만 한계가 있다. 왜냐하면 인간이 아무리 90세, 100세를 산다고 해도 질병과 노화로부터 자유로울 수 없기 때문이다. 반면 새 하늘과 새 땅에서는 새 예루살렘에 있는 생명 나무로 인해 아무도 늙거나 허약해지지 않을 것이다.[33] 그곳은 병과 죽음으로 고통받지 않는 세계이다.

3. 하늘과 땅의 통합(계 21:1)

원래 옛 질서는 하늘과 땅이 분명히 구분되어 있다. 우리는 땅보다 더 높은 어떤 곳에 거주할 수 없는 자들이다. 하늘은 물리적 차원에서 해와 달과 별들의 발광체가 있는 곳이며, 영적 차원에서 보면 하나님이 거하시는 하늘 성전이 있는 장소이다(계 5장). 또한 요한계시록에서 극명하게 대조되는 그룹은 "하늘에 거하는 자들"과 "땅에 거하는 자들"이다. 그러나 새 창조로 인하여 인간은 더 이상 하나님을 찾기 위해 하늘로 올라갈 필요가 없게 되었다. 그 이유는 천상에서 지상으로 새 예루살렘 성이 내려와 하늘과 땅의 구분이 없어졌기 때문이다.[34] 하늘과 땅이 함께 등장하는 이유는 리드의 언급대로 하늘은 땅의 고통과 교감하기 때문일 것이다. 즉 이 둘은 더 이상 분리된 것이 아니라 마치 한 육체와 같이 연결되어 있다고 볼 수 있다.[35] 땅은 새 창조 이후로도 계속 존재하는 거주를 위한 장소이다. 에코 페미니즘은 하늘과 땅의 이분법을 비판하는데 하늘과 땅의 통합이라는 이미지는 이분법을 극복하는 모습을 보여준다.

또한 새 하늘과 새 땅은 새 예루살렘 성이라는 영광스러운 도시의 이미지와 함께 에덴을 연상하게 하는 풍족한 동산의 이미지를 갖고 있다. 생명 나무(계 22:2)와 보석의 이미지(계 22:19-20)는 창세기

2-3장에 등장하는 에덴동산의 중요한 특징을 반영한다(창 2:9, 11-12).[36] 새 하늘과 새 땅이 에덴의 모티프를 반영하는 것은 아담의 타락 전 에덴동산이 원래 하늘과 땅의 구분, 신과 인간의 분리가 없었기 때문이다. 하나님이 에덴동산을 거니시며 아담과 함께 하셨다는 언급은 이것을 보여준다(창 2:8). 따라서 새 하늘과 새 땅은 에덴의 회복을 지향하고 있음을 알 수 있다.

VI. 새 하늘과 새 땅의 생태 윤리와 생태 정의

지금까지 새 하늘과 새 땅을 옛 질서와 비교하여 살펴보았다. 여기서는 생태 신학의 보다 실질적인 접근을 위해 새 예루살렘 성을 1세기 당시 로마제국과 비교할 것이다. 이를 통해 요한계시록이 제시하는 생태 윤리와 생태 정의에 관한 제안을 논의하고자 한다.

1. 생태 윤리

앞에서 살펴본 것처럼 새 하늘과 새 땅은 옛 질서와 전혀 다른 세계이다. 이러한 차별성과 함께 새 하늘과 새 땅에 들어가지 못하는 자들이 반복해서 분명히 언급되고 있다(계 21:8; 22:15). 여기서는 새 하늘과 새 땅에 들어가지 못하는 자들은 어떤 사람들인지 살펴보고 이 그룹을 생태학적 관점에서 분석하고자 한다.

요한계시록 21장 8절은 로마제국의 불의와 관련하여 새 예루살렘 성에 들어갈 수 없는 자들의 목록을 제시한다. 먼저 두려워하는 자들은 로마제국의 권력과 압제에 저항하지 못하고 두려워 황제숭배에

타협한 자들이라 할 수 있다. 믿지 않는 자들은 요한계시록 21장 6절에서 예수 그리스도가 역사의 주관자이심을 믿지 않는 자들이다. 살인자들은 로마제국의 권력 유지를 위해 무죄한 자들을 죽이고 황제 숭배를 거부한 자들을 학살한 자들에 해당한다. 점술가들과 우상 숭배자들 그리고 거짓말하는 자들은 하나님 대신 로마 황제의 권력과 자본을 섬기는 자들이라 볼 수 있다.[37] 그들이 하나님이 주시는 새 하늘과 새 땅에 들어가지 못하는 것은 자신들의 탐욕과 이익을 위해 약자들과 가난한 자들을 착취하고 지배하는 로마제국의 질서에 서 있기 때문이다.[38] 착취와 폭력 뒤에 작동하는 것은 인간의 탐욕이라 할 수 있다. 만일 인간의 탐욕을 적절하게 제어하지 못하면 생태 위기는 고스란히 인간에게 고통으로 돌아올 것을 시사한다.

요한계시록 18:4절은 바벨론의 멸망을 앞누고 "거기서 나와 그의 죄에 참여하지 말고 그가 받을 재앙을 받지 말라"고 경고한다. 여기서 죄에 참여하지 말라는 것은 무엇인가? 이것은 요한계시록 18장 12-13절에서 제시하는 로마제국의 무역품 목록을 통해 유추할 수 있다. 또한 값비싼 향신료와 사치품들과 더불어 인간을 노예로 착취하는 로마제국의 사회상을 엿볼 수 있다. 요한계시록의 묵시적 환상은 로마제국의 황제숭배 뒤에 있는 죄악과 생태계의 재앙을 연결한다. 이것은 먼저 로마제국의 지배와 경제적 이익을 위해 착취와 폭력을 정당화하는 것에 대한 심판이다. 로마제국이 군사적 정복을 통해 얻은 것들은 분명 새 창조의 질서에 역행하는 것이다. 만족하지 않는 인간의 소비와 욕망은 하나님의 창조 질서를 파괴한다. 이에 대해 요한계시록은 로마 황제의 지배 패러다임을 거부하는 삶을 살라고 말한다. 인간의 적극적인 역할을 제시하는데, 탐욕과 세상 질서를 거부하고 다른 방식의 삶을 요구한다. 즉 성도들을 세상의 질서가 아닌 새로운 세상의 질서를 따르는 개척자로 부른다.[39]

이와 같이 요한계시록은 단순히 환경을 보존하기 위해 재활용이나 물 아껴쓰기의 차원을 이야기하지 않는다. 오히려 더 근본적인 질문과 답을 제시한다. 경제발전과 지배라는 명목으로 착취하고 이윤을 추구하는 세상의 질서에서 벗어날 것을 촉구한다. 이런 점에서 요한계시록은 두 가지 중요한 신학적 질문을 제시한다. '창조주 하나님의 편에 설 것인가?' 아니면 '생태계를 파괴하는 편에 설 것인가?'라는 문제 앞에 우리의 선택은 둘 중에 하나라는 것이다.[40] 요한계시록은 세상의 질서를 택한 자들이 새 하늘과 새 땅에 들어가지 못하고 결국 심판 가운데 놓일 것을 말한다. 결국 창조 질서를 파괴하는 탐욕을 선택하지 말라고 경고한다. 반면 하나님의 창조 질서를 택한 자들의 결말이 새 하늘과 새 땅임을 분명히 제시한다.

2. 생태학적 관계 및 생태 정의의 실현

생태학적 요소인 인간과 환경 그리고 하나님의 관계를 살펴보자. 로마제국의 무분별한 정복과 압제로 고통당한 땅과 피조물은 하나님의 새 창조로 인해 새롭게 변화된다. 옛 땅은 로마제국의 탐욕과 불의로 인해 하나님의 재앙으로 황폐해졌다. 요한계시록의 심판 환상은 인간의 죄악으로 인해 자연계가 심판과 저주의 대상이 되었음을 보여준다. 여기서 피조물은 인간의 죄악으로 인해 탄식하며 고통 가운데 있었다고 볼 수 있다. 인간과 자연은 서로 분리될 수 없는 요소이다.[41] 요한계시록은 인간이 하나님과 올바른 관계에 있지 않을 때 그 영향이 개인적 영역뿐 아니라 모든 피조물까지 영향을 미침을 보여준다. 이처럼 요한계시록은 인간과 환경 그리고 하나님과의 관계가 긴밀히 연결되어 있음을 보여준다.[42)]

이러한 생태학적 관계를 기초로 하여 요한계시록의 심판 환상과 새 하늘과 새 땅의 환상은 다음과 같이 생태학적 정의를 보여준다.

첫째, 요한계시록은 처음 하늘과 처음 땅을 진멸해야 새 창조가 도래한다고 이야기한다. 요한계시록 18장은 피식민지 백성들을 약탈하고 독점 무역으로 바다를 장악한 로마제국을 떠올리게 한다(계 18:12-13). 로마제국은 당시 군사적 정복을 통해 많은 물품과 노예를 취하였다. 힘없고 가난한 자들을 착취하고 그들을 향해 폭력을 행사한 것이다.[43)] 이러한 로마제국의 불의는 옛 땅과 옛 하늘을 오염시킨다. 결국 하나님의 심판을 통해 땅과 하늘이 황폐하게 되는 생태계의 위기가 도래한다.[44)] 이런 점에서 요한계시록은 옛것의 폐지 없이는 새로운 세계가 존재할 수 없음을 보여준다.[45)]

둘째, 새 하늘과 새 창조는 피조물의 탄식과 고통에 대한 하나님의 응답이라 할 수 있다. 요한계시록은 하나님의 심판으로 인해 하늘과 땅이 어떻게 황폐해져 가는가를 환상을 통해 묘사한다. 인간의 탐욕과 죄악으로 인한 심판인데, 인간이 딛고 있는 피조 세계가 함께 고통을 받는 것이다.

그렇다면 왜 인간의 죄악으로 땅과 하늘이 심판받아 신음하고 고통을 겪어야 하는가? 이 문제는 두 가지 측면에서 생각할 수 있다. 먼저 요한계시록의 심판은 땅과 바다의 피조물을 세상의 질서로부터 구원하기 위함이다.[46)] 즉 심판의 초점이 단순히 파괴가 아니라 오염된 세상 질서로부터 피조물을 구하는데 있다. 만물을 새롭게 하는 갱신의 역사는 피조 세계의 고통에 대한 하나님의 응답이라 할 수 있다.

셋째, 로마제국이 핍박과 폭력으로 부를 축척하였다면, 새 예루살렘 성은 값없이 생명 나무와 생명수를 공급하는 도시이다. 이것은 사람들의 필요를 선물로 제공하는 하나님의 경제질서를 보여준다. 오히려 착취하고 빼앗은 로마제국은 마지막 세상에서 어떤 것도 소유하지 못한다. 인간의 죄와 문명으로 오염된 땅은 결국 하나님의 새 창조로 인하여 사라지게 된 것이다.[47] 이런 측면에서 보면 요한계시록은 묵시적 환상을 통해 생태 정의를 실현하고 있다고 볼 수 있다.

넷째, 요한계시록에 등장하는 심판은 로마제국의 불의에 대한 정당한 심판이다. 요한계시록에서 심판의 근본적 대상으로 삼는 것은 짐승의 보좌(계 16:10)와 그 짐승을 숭배하는 자들(계 16:2)이다. 요한계시록은 로마제국의 황제숭배 뒤에 있는 죄악과 생태계의 재앙을 연결시킨다. 이는 로마제국의 지배와 경제적 이익을 위해 착취와 폭력을 정당화하는 것에 대한 심판이다. 착취와 폭력 뒤에 작동하는 것은 인간의 탐욕이라 할 수 있다. 만일 인간의 탐욕을 적절하게 제어하지 못하면 생태계의 위기는 인간에게 고통으로 돌아온다.

요한계시록 18장은 바벨론 멸망의 환상을 통해 일차적으로 로마제국의 멸망을 언급한다. 로마제국의 사치품 목록과 노예제도는 사실상 당시 부에 대한 과도한 소비와 욕망을 보여준다. 이런 것들이 불의와 죄악을 낳고 결국 한순간의 심판으로 멸망하게 된 것이다. 요한은 경제발전과 지배라는 명목 아래 로마제국이 창조 질서에서 완전히 벗어났음을 고발한다.

오늘날에도 이러한 착취는 선진국을 통해 재현되고 있다. 레오나르도 보프(Leonardo Bolf)는 그의 책 『생태 신학』에서 인간의 탐욕과 불의가 생태계와 어떻게 연결될 수 있는가를 언급한다. 그는 인간이 경제발전의 정도가 클수록 투자를 최소화하고 이윤을 최대화하려는 점을 지적한다.[48] 이안 앵거스(Ian Angus)도 그의 책 『기후정의』에서 선진국의 소비문화를 위해 개발도상국의 농지를 함부로 점령하여 노동자들을 착취하고 생태계를 파괴하고 있음을 고발한다. 그 대표적인 예는 인구의 13%가 영양실조에 걸린 콜롬비아가 농지를 없애고 미국에서 소비되는 자른 꽃의 62%를 수출하고 있다는 것이다. 또한 화석 연료와 대기, 토양에서 배출되는 탄소 배출 문제는 심각한 국제문제로 대두되고 있다.[49] 결국 인간의 과도한 탐욕은 돌이킬 수 없는 생태적 재앙을 불러옴을 알 수 있다.

VII. 나가는 글

본 논문은 요한계시록에 등장하는 '있고 없고'라는 키워드를 중심으로 생태학적 해석을 시도했다. 새 하늘과 새 땅을 옛 하늘과 옛 땅과 비교하면서 사라진 것과 새롭게 등장한 요소들을 짚어보았다. 더불어 재창조가 아닌 갱신의 관점에서 새 하늘과 새 땅의 독특한 생태학적 요소들을 살펴보았다. 이것을 기초로 하여 필자는 요한계시록 21장 1-5절의 새 하늘과 새 땅이 다음과 같은 생태 신학적 제안을 하고 있다고 생각한다.

첫째, 옛 하늘과 옛 땅과 비교하여 새 하늘과 새 땅에서 사라진 요소들은 바다, 저주, 기근으로 인한 굶주림이다. 성도를 핍박하는 짐승의 거처가 되는 바다와 하나님을 향한 인간의 죄악과 불순종으로 인한 저주가 새 하늘과 새 땅에는 존재하지 않는다. 또한 1세기 당시 가난한 성도들이 겪었던 굶주림이 존재하지 않는다. 요한계시록은 묵시적 환상을 통해 악인을 진멸하고 만물이 새로운 형질로 변화되는 방식으로 생태 위기를 해결한다.

둘째, 새 하늘과 새 땅에만 있는 생태학적 요소들은 값없이 주는 생명수 샘물(계 21:6), 달마다 12가지 열매를 맺는 생명 나무(계 22:2), 하늘과 땅이 통합된 상태(계 21:1)이다. 이는 1세기 로마제국과 대조되는 세계인 것이다. 값없이 주어지기 때문에 세상의 경제법대로 움직이지 않으며, 인간의 탐욕과 착취가 더 이상 존재하지 않는다. 새 하늘과 새 땅에 있는 생명 나무가 에덴동산보다 더 탁월한 것은 달마다 열두 열매를 맺고 잎사귀들이 만국을 치료하는데 사용된다는 점이다. 더불어 옛 하늘과 옛 땅이 분명한 구분이 있었던 것과는 다르게 하늘과 땅이 통합되는 모습을 보여준다.

셋째, 새 하늘과 새 땅은 요한계시록 18:12-13절의 선언을 통해 '창조주 하나님의 편에 설 것인가' 아니면 '생태계를 파괴하는 편에 설 것인가' 가운데 하나를 선택하도록 초청한다. 이 새로운 세계에 들어갈 수 없는 자들의 목록(계 21:8)을 분명히 제시함으로써 인간의 탐욕에서 돌이킬 것을 촉구한다. 더 이상 생태계가 오염되어 피조 세계가 고통 가운데 놓이지 않도록 새로운 묵시적 환상을 제시한다. 다시 말해 새 하늘과 새 땅은 인간의 죄악으로 피조물이 고통받지 않는 새로운 희망을 제공한다. 현재 인류에게 닥친 생태 위기를 해결하려는 여러 대안들은 사실상 한계가 있다. 왜냐하면 환경 보존을 위한 어떤 정책이나 전략들은 결국 인간의 욕심을 모두 제어할 수 없기 때문이다. 하지만 하나님은 지금 있는 땅과 거주자들을 포기하지 않으신다.[50] 결국 모든 생태계의 위기와 문제는 새 하늘과 새 땅이라는 전혀 다른 새 창조의 질서로 인하여 해결될 것이다. 이런 점에서 요한계시록은 무서운 심판으로 인한 인류의 파멸에 초점이 있는 것이 아니다. 오히려 인간의 죄악으로 고통받는 피조 세계를 구원하고 새로운 희망을 제시한다. 하나님의 정의와 생명 그리고 값없이 주는 선물 경제가 지배하는 새로운 세상을 바라보게 한다.

미주

1) Micah D. Kiel, *Apocalyptic Ecology* (Collegeville: Liturgical Press, 2017), xxii.

2) Ibid., 25.

3) Robert H. Gundry, "The New Jerusalem: People as Place, not Place for People," *Novum Testamentum* 29 (1987): 256. 그랜트 오즈번, 『BECNT 요한계시록』, 김귀탁 옮김 (서울: 부흥과개혁사, 2012), 919에서 재인용.

4) Richard Bauckham, *The Theology of the Book of Revelation* (Cambridge: Cambridge University Press, 1993), 136-143.

5) "내가 예루살렘을 즐거워하며 나의 백성을 기뻐하리니..."(개역개정)

6) 김추성, "요한계시록 21-22장의 세 예루살렘," 「신약정론」 33/2 (2015): 109-111; William J. Dumbrell, *The End of the Beginning Revelation 21-22 and Old Testament* (Grand Rapids: Lancer Books, 1985), 19.

7) 데이비드 E. 아우내, 『요한계시록 17-22』, WBC 52(하), 김철 옮김 (서울: 솔로몬, 2004), 412-413.

8) "하나님의 날이 임하기를 바라보고 간절히 사모하라. 그 날에 하늘이 불에 타서 풀어지고 물질이 뜨거운 불에 녹아지려니와 우리는 그의 약속대로 의가 있는 곳인 새 하늘과 새 땅을 바라보도다."

9) G. K. Beale, *The Book of Revelation. A Commentary on the Greek Text* (Grand Rapids: Eerdmans, 1999), 1052.

10) 이필찬, 『속히 오리라』 (서울: 이레서원, 2006), 874.

11) "보라 내가 새 하늘과 새 땅을 창조하나니 이전 것은 기억되거나 마음에 생각나지 아니할 것이라"(사 65:17).

12) 존 오스왈트, 『이사야 II』, 이용중 옮김 (서울: 부흥과 개혁사, 2016), 790-793.

13) 이병학, 『요한계시록』 (서울: 새물결플러스, 2016), 476.

14) BDAG, 497; Beale, *The Book of Revelation*, 1040; Stephen S. Smalley, *The Revelation to John: A Commentary on The Greek Text of The Apocalypse* (London: SPCK, 2005), 524.

15) 기호 *은 반복을 의미하는데, '*2'는 2번 반복되어 나타난다는 의미이다.

16) Beasley-Murray, *Revelation*, 307; Beale, *The Book of Revelation*, 1729.

17) Duncan Reid, "Setting aside the ladder to heaven: Revelation 21.2-22.5 from the perspective of Earth," in *The Earth Story in the New Testament*, ed. Norman C. Habel & Vicky Balabanski (Sheffield: Sheffield Academic Press, 2002), 238; Beale, *The Book of Revelation*, 1040; John Sweet, *Revelation* (Philadelphia: Trinity Press International, 1990), 297.

18) Beale, *The Book of Revelation*, 1043.

19) Reid, "Setting aside the ladder to heaven", 242; Smalley, *The Revelation to John*, 525.

20) J. 리처드 미들턴, 『새 하늘과 새 땅』, 이용중 옮김 (서울: 새물결플러스, 2015), 20-21, 23.

21) Reid, "Setting aside the ladder to heaven", 237.

22) Reid, "Setting aside the ladder to heaven", 237-238, 243.

23) Kiel, *Apocalyptic Ecology*, 22-23.

24) Beale, *The Book of Revelation*, 1729-1730.

25) Kiel, *Apocalyptic Ecology*, 88; G. R. Osborne, *Revelation* (Grand Rapid: Baker Academic, 2002), 580; Smalley, *The Revelation to John*, 307.

26) 이병학, 『요한계시록』, 481.

27) T. Desmond Alexander, *From Eden to the New Jerusalem: An Introduction to Biblical Theology* (Grand Rapids: Kregel Publications, 2009), 157-158.

28) Mark Bredin, "God the Carer: Revelation and the Environment", *Biblical Theology Bulletin* 38 (2008): 78.

29) Beale, *Revelation*, 381; 이병학, 『요한계시록』, 202-203.

30) Reid, "Setting aside the ladder to heaven, 238; Smalley, *The Revelation to John*, 523.

31) Kiel, *Apocalyptic Ecology*, 26, 139.

32) Reid, "Setting aside the ladder to heaven", 245; Kiel, *Apocalyptic Ecology*, 26.

33) Alexander, *From Eden to the New Jerusalem*, 156.

34) Reid, "Setting aside the ladder to heaven", 232-244; 이병학, 『요한계시록』, 479; Smalley, *The Revelation to John*, 523.

35) Reid, "Setting aside the ladder to heaven", 244.

36) Reid, "Setting aside the ladder to heaven", 233-234, 236.

37) 이병학, "죽음의 현실과 새 예루살렘의 대항현실", 「신약논단」 17/4 (2010): 1070.

38) 아우내, 『요한계시록 17-22』, 315.

39) Kiel, *Apocalyptic Ecology*, 25-27, 112-114.

40) Kiel, *Apocalyptic Ecology*, 88. Steven Friesen, *Imperial Cults and the Apocalypse of John: Reading Revelation in the Ruins* (Oxford: Oxford University Press, 2001), 216.

41) Steven L. McKenzie & John Kaltner (eds.), *New Meanings for Ancient Texts: Recent Approaches to Biblical Criticisms and Their Applications* (Louisville: Westminster John Knox Press, 2003), 57-59.

42) Reid, "Setting aside the ladder to heaven", 240, 243.

43) 이병학, "죽음의 현실과 새 예루살렘의 대항현실", 1065; Beale, *Revelation*, 381; Osborne, *Revelation*, 280-281; John Sweet, *Revelation* (London: SCM Press, 1979), 148; Beasley-Murray, *Revelation*, 132-133; Kiel, *Apocalyptic Ecology*, 85.

44) David Hawkin, "The critique of Ideology in the Book of Revelation and its Implications for Ecology," *Ecotholog*y 8 (2003), 169; Kiel, *Apocalyptic Ecology*, 85.

45) Kiel, *Apocalyptic Ecology*, 26.

46) Kiel, *Apocalyptic Ecology*, 24-25; Barbara Rossing, "for the healing of the world: Reading Revelation Ecologically," in *From Every People and Nation: the Book of Revealtion in Intercultural Perspective*, ed. David Rhoads (Minneapolis: Fortress Press, 2005), 175.

47) Kiel, *Apocalyptic Ecology*, 26-27.

48) 레오나르도 보프, 『생태 신학』, 김향섭 옮김 (서울: 카톨릭 출판사, 2013), 38.

49) 이안 앵거스, 『기후정의』, 김현우, 이정필 옮김 (서울: 이매진, 2012), 62, 193-194.

50) Kiel, *Apocalyptic Ecology*, 27.

제2부

/

성서, 자연생태계 내 생명의 새로운 가치에 답하다

제1장

동물, 사회의 급진적 정황 변화의 주역
(출 23:4-5)

오민수

I. 들어가는 말: 사회 변혁의 주체로서 자연계

급격한 사회적 변화는 새로운 사상을 이끌 뿐 아니라 이를 현실로 옮겨갈 주체를 필요로 한다. 한때 이런 혁명적 주체는 노동하는 '대중'이라고 하였다. 하지만 현대 사회에서 노동자들이 더 나은 근로 환경과 사회적 부의 더 큰 몫을 쟁취한 이후, 그 혁명적 잠재성은 증발하였다.

오늘날 급진적 변화의 주체는 시민사회 전체라 할 수 있다. 시민사회의 목소리가 사회적 제도와 정치 제도의 변화를 줌으로 큰 족적을 남긴 것은 부인할 수 없는 사실이다. 또한, 시민사회가 환경 문제에 있어서 일정 정도 여러 형태로 공헌하고 있는 바가 있다는 것도 사실이다. 하지만, 환경 문제 있어서 시민사회는 모순적인 태도를 취하고 있다. 한편에서, 지속 가능한 삶의 방식들을 실현해 보려고 노력하는 반면, 다른 한편에서 실제로는 상품의 소비량을 더욱 증가시켜 자연 생태계 내의 부정적 파장 역시 증가시키고 있다. 이런 현실은 우리 사회의 팽창경제 체제와 관련이 있다. 현재의 경제체계는 점점 더 많이 생산하고, 시민 소비자의 욕구가 새롭게 생기도록 자극하는 형태를 취하여 성장하였다. 이 팽창경제 체계가 잠시 잠깐이라도 멈춘다면, 경제주체 모두에게 부정적인 결과를 낳게 될 것이다

문제성이 역력한 성장 경제라는 이념과 아울러, 우리 사회는 개인의 자유라는 이상으로 고통당하고 있다. 파괴적인 과소비로 환경을 손상할 권리가 개인의 자유의 소관이라 주장할 때, 누가 과연 이 권리를 정당하다고 말할 수 있겠는가? 그리고 지구의 다른 생명체에 대해서 반사회적인 생활 스타일을 유지하는 개인의 자유권이 존재한다고 할 수 있는 것일까? 역사적으로, "~부터의 자유"는 쟁취되고 방어되어야 한다. 현대의 자유 이념 역시 마찬가지이다. 참된 자유는 자신의 자유를 제한할 수 있는 능력이 전제되어야 한다. 개인의 자유가 제한될 수 있을 때, 그 자유는 보호된다. 자유가 특별히 다른 사람의 이해관계에 영향을 끼칠 때, 더욱 그러할 것이다.

오늘날 시민사회의 구성원들은 뭔가 바뀌어야 한다는 것에는 이의를 제기하지 않는다. 그러나 그 변화는 자신들의 사적 재산과 개인 생활양식에 저촉되지 않은 한에서만 이루어질 것을 주장하고 있다. 이러한 측면에서 시민사회가 새로운 변혁의 주체로 역할을 할 수 있다는 희망은 명백한 환상일 것이다. 진솔히 말하면, 시민사회 전체는 – 변화(개혁)을 말하지만 - 사회 전반적인 변화나 그 출발의 불안정성을 선택하기보다는 현 상태(status quo)를 유지하려는데 관심이 있어 보인다. COVID-19 이후 지구적 위기는 시민사회가 급격한 방향 전환을 감행하든지, 아니면 전속력으로 자멸로 달려가든지 결정해야 하는 지점에 도달하였다는 것을 경고하고 있다. 하지만 산

업사회는 생활 스타일을 대폭 개정하여 후손들에게도 살 가치가 있으며, 생명을 보존하는 지구로 남아 있게 할 의사가 전혀 없어 보인다. 인류의 경영은 자기 파괴로 내달리고 있다. 하이데거의 말처럼 "단지 신만이 우리를 구원할 수 있다."(Nur noch ein Gott kann uns retten)[1)]

인간 사회의 외각에는 고도기술사회의 첨단 장비로 잘 무장하여 인류에게 영향을 줄 뿐 아니라 사회를 마비시켜 버리기에 충분한 잠재성을 지닌 자연계의 병원체들(신종 바이러스, 조류인플루엔자, 사스의 병원체 등등)이 많이 존재한다. 점점 고도화되어가는 세계화와 대중 관광산업, 전 세계를 아우르는 유통망은 모든 병원체를 단시일 내에 전 지구로 확대시킬 수 있는 이상적인 네트워크를 갖추고 있다. 우리는 백신 접종을 통해 COVID-19를 완전히 제어할 수 있다고 믿는 것이 환상에 불과하다는 것을 이미 알고 있다. 왜냐하면, 바이러스는 지속적 변이를 일으키기 때문이다. 바이러스는 올해에도 내년에도, 앞으로 영원히 우리를 어렵게 할 것이다.

현대인은 자신들이 자연계의 '일부분'이란 것을 인정하지 않으며, 자신들을 자연계를 정복하고 제어하는 '별개의 힘'이라고 생각한다. 인간은 '미개척/미개발' 자연계에 대한 전투를 말하지만, 그 전쟁의 승리가 생존환경을 스스로 파괴하는 패배임을 잊어버리고 산다. 이러한 의미에서, 미래 권력의 칼자루는 자연이 쥐고 있다.[2)] 오늘날 자연계 자체가 역사의 새로운 주체로 부상하였다. 현재까지, 국가 간의 정치적 합의와 공동 협약으로도 이룩하지 못한 것을 자연계는 대재앙으로 실현하고 있다.[3)] 팬데믹은 전속력으로 자기 파멸이란 종착역으로 질주하는 시민사회를 제동하기 위해 일시적으로 면역

체계를 발동하고 있는 것은 아닐까?

사람이 자신의 존엄을 되찾기 위해서는 지구상의 또 다른 생명 주체인 자연계의 존엄이 존중받아야 한다.

II. 자연계에 대한 생태학적 이해

1. 생태 운명공동체로서 인간계와 자연계의 동물

일찍부터 구약 성경의 여러 본문은 사람과 자연계의 동물이 '운명공동체'[4]라는 것을 알려주고 있다. 양자 모두 동일하게 창조주가 생기를 불어넣어 기동하게 되었고(시 104:4; 비교, 창 2:7), 그가 호흡을 거두시면 죽어야 한다(시 49:13,21; 전 3:19-21). 창조 시 동물은 사람과 동일한 날에 지음을 받았고, 창조주께서는 사람들처럼 동물들에게도 피조세계 가운데 그들의 거처를 정하여 주셨다. 사람과 동물은 대홍수 속에 함께 멸망하였지만, 홍수 이후 노아의 언약은 공히 사람과 동물을 참여시켰다(창 8:1). 홍수 이후에서야 사람과 자연계의 동물 사이의 불균형이 일어났는데, 그것은 사람에게 육식이 허용됨으로부터 시작된다. 그리고 홍수 이후 동물에게 부과된 불균형은 사람보다 더 하였다. 왜냐하면 자연계의 동물 역시 사람과 마찬가지로 기근과 가뭄, 그리고 전쟁 후유증에 재난을 겪어야 할 뿐 아니라 사람으로 인한 죄의 운명 아래 묶여 있어야 하기 때문이다(렘 14:2-6; 호 4:3; 욜 1:18ff; 학 1:11). 동물계는 인간의 파괴적인 범죄에 그대로 노출되었을 뿐만 아니라, 그 결과도 속절없이 담당하고 있다. 오히려, 인간과 달리 부정적 책임을 그대로 짊어짐으로써 생태계의 또 다른 주체임을 말없이 웅변하고 있다.

2. 급진적 복원의 주역으로서의 자연계

구약성경 내에는 자연계의 동물과 사람을 공동운명체로 보는 견해를 넘어서, 인간이 거역할 수 없는 힘으로 지속 가능한 생활토대를 복원시키는 주역으로 자연계를 언급하고 있다. 기원전 587년 남유다 왕국의 붕괴는 하나님의 심판에 의한 것이었다. 하나님 백성의 정치적, 사회적, 종교적 생명에 관련된 국가 제도들은 일순간 붕괴되었고 왕궁과 성전과 도시가 불타고 성벽도 붕괴되었다. 국가 행정기관의 파괴와 공민권 박탈, 국토의 훼손과 황폐화는 사람의 능력으로는 돌이킬 수 없는 불가역적인 사태였다. 이러한 국가적 치욕은 하나님의 통치에 공의와 인자와 겸손(미 6:8)으로 화답하지 않는 백성들에 대한 진노로 이미 예상된 바였다. 성경은 이스라엘의 주권이 외부적 충격으로 박탈당한 상황을 자연계가 주역이 되어 그 땅의 거주민이 되는 것으로 묘사하고 있다.

우선, 레위기의 성결법(레 17-26장)은 그 땅이 사람들의 비행(非行)으로 더러워졌으므로 그들의 거주민을 토해낸다고 말하고 있다(레 18:24-28). 이 표현에서 약속의 땅의 거주민은 음식물(오물)로 객체화되고 대상화되었으며, 자연계인 땅이 - 주체가 되어 - 사람의 풍속을 견디기 힘들 경우 해로움을 당하지 않기 위해서 인간과 문명을 능동적이고 본능적으로 거부한다고 말하고 있다.[5)]

레위기의 성결법 내에, 국가적 재앙으로 인간이 이룩한 문명이 사라진 경우에 대한 다른 해석 방향도 있다. 그것은 '땅의 안식'이란 사고이다. 한동안 약속의 땅에서 문명의 주인 노릇 하였던 인간의 악행이 편만하였고 그 땅은 상징적인 기간 동안 국가적 재앙이란 형식으로 안식을 누려야 한다.

> 너희 본토가 황무할 것이므로 땅이 안식을 누릴 것이라 그 때에 땅이 안식을 누리리라(레 26:34)
> 그 할례 받지 아니한 그들의 마음이 낮아져서 그들의 죄악의 형벌을 기쁘게 받으면[...]내 언약을 기억하리라[...]그들이 내 법도를 싫어하며 내 규례를 멸시하였음으로 그 땅을 떠나 사람이 없을 때에 그 땅은 황폐하여 안식을 누릴 것이요 그들은 자기 죄악의 형벌을 기쁘게 받으리라(레 26:41-43)

두 구절 모두에서 땅의 황무함과 성읍의 황폐, 그리고 사람이 없는 적막한 빈 도시의 모습을 제의적 개념인 '안식'(샤바트)으로 해설하고 있다. 여기서, 누군가가 인간과 자연의 생태환경인 땅을 안식하게 하는 것이 아니라, 자연적 생태환경이 스스로 안식한다. 동사로 사용된 '샤바트'(휴식하다)는 레위기 26장 34절과 43절에서 각각 자동사로 사용되고 있다. 인격체인 사람과 같이, 땅 역시도 엄연한 언약의 주체로서 하나님의 언약 속에 있던 그 쉼을 즐기며 누리고 있다(렘 26:34b; 26:43b). 사람의 파괴적 행위로 인해 불어 닥친 인간계의 불행이 결과적으로, 더러워진 땅 자체의 정결과 성화를 불러일으킨다. 창조주 하나님은 땅이 안식을 누린 후 조상들과의 포괄적인 언약을 기억하는 날을 기대하고 있다(레 26:45).

땅의 안식 기간은 예레미야의 예언한 햇수인 70년이라고 말하고 있다(대하 36:21; 렘 29:10; 슥 1:12; 단 9:2). 70년은 단지 안식일과 안식년의 사상이 포함된 제의신학적으로 해석된 개념만이 아니다. 70년이란 기간은 실제 추방에서 첫 귀환 세대까지 3세대[6]의 어림수이기도 하다(참고. 렘 28:11; 29:6). 추방된 백성들은 3세대 후, "하나님의 선한 말"이 성취되어 귀환할 것이다(렘 29:10). 예레미야의 신탁은 예루살렘의 황폐해진 기간이 하나님의 백성에게 수치나 재앙으로 돌아오지 않을 것을 예견하고 있다.

> 여호와의 말씀이라 너희를 향한 나의 생각을 내가 아나니 평안이요 재앙이 아니니라 너희에게 미래와 희망을 주는 것이니라(렘 29:11)

인간 문명의 무지막지한 팽창과 성장은 탐욕에서 기원하며 자연계를 고갈시키고 환경의 재난으로 생태환경을 파괴하는 유기적 메커니즘을 가동한다(암 4:6-11; 비교. 미 2:21-23). 반면, 인간의 손길을 일정 기간 떠났던 자연계 내 땅의 안식은 생존 터전의 복원을 의미한다. 미가의 심판 신탁에 의하면, 예루살렘의 패망은 자연계의 복귀를 말하고 있다.

> 너희로 말미암아 시온은 갈아엎은 밭이 되고 예루살렘은 무더기가 되고 성전의 산은 수풀의 높은 곳이 되리라(미 3:12)

시온은 밭(싸데)이 된다. '사데'는 평야, 목초지, 경작지를 포괄하는 넓은 들이나 지경을 말한다.[7] 성전산 전체는 높이 솟아 푸르름을 자랑하는 울창한 숲(바못트 야아르)을 이루어 동물군과 식물군이 자유롭게 서식할 수 있는 생태지(生態地)로 변모된다. 이런 천연의 환경을 조성할 수 있도록 예루살렘 전체는 무더기(이이인)가 된다. '무더기'로 번역된 명사 '이이인'은 본문에서 특이하게도 - 히브리어가 아닌 - 아람어 복수형 어미를 취하고 있다. 즉, 당시 사람들에게는 전통이 응고된 관습적인 표현임을 말한다. '이이인'(복수)은 북서셈어군의 공동어근에서 기원하며 우가릿어 단어 'n(단수)은 농토(Ackerland)[8]를 말한다. 따라서, 무더기란 용어 역시, - 수신자들의 귀에는 - 불모지를 말하는 것이 아니라 초보적 생태환경으로 들렸다.

요컨대, 기원전 587년 남 유다의 회복 불능의 국가 재난은 인간의 문명 세계를 중단시키고, 자연계 자체를 새로운 주역으로 부상시키고 있다. 종전까지 신정 왕국의 제도(왕, 제사장, 선지자)로 이룩하지도 보존하지도 못하였던 일들(생태 주체들의 안식, 땅의 정결)을 자연계는 국가적 대재앙이란 국면을 맞이하여, 급진적으로 실현하고 있다.

3. 생태환경인 자연계의 기여

생태학은 모든 존재의 상호 의존성을 긍정한다. 소외될 수 있는 존재는 없다.[9] 각 존재는 우주 내에 거대한 사슬고리를 형성하고 있다. 그럼에도 지금까지 연구에서 지구에 공존하고 있는 생태환경의 엄연한 주체인 자연계는 주목받지 못하였다. 앞에서 조명했던 바와 같이, 창조신학적 입장에서 자연계의 동물과 인간은 공동운명체로 묶어져 있으며, 제의신학적인 입장에서 땅 역시 사람처럼 '쉼'을 누릴 줄 알 뿐만 아니라 유해한 것들을 배출할 줄 아는 자율성을 지닌다. 인간을 둘러싼 환경의 이러한 작용은 그동안 창조의 면류관으로 자칭하며 군림하였던 강자의 권리를 거부한다. 또한, 인간의 오류와 오점이 개입될 수 있는 역사적 위기와 사회적 갈등 국면에서 '보이지 않는 힘'으로 작용하여 정황을 변화시킨다. 출애굽기 23장 4-5절은 사법적 문맥의 흐름을 잠시 중단시키고, 동물보호라는 탈(脫)문맥적 보도를 하고 있다. 우리는 위기에 처한 동물에 대한 능동적 관심이 - 감정적 대립과 적대감으로 오판될 수 있고 오도될 수 있는 - 재판정의 갈등 정황에, 적극적인 기여가 됨을 보게 될 것이다. 또한, 우리는 객체화되었던 동물이 주역이 되어 인간이 주체가 된 사법체계 갈등문제를 적극적으로 해소시킬 가능성을 살펴볼 것이다.

III. 출애굽기 23장 4-5절의 이해와 해석의 실마리

출애굽기 23장 4-5절은 사람의 사회생활에 동물 문제가 끼어든 듯한 인상을 주고 있다. 이 두 구절은 '언약서'(출 22:22-23:33) 내에서 '공평에 관한 법'을 다루는 소단락(출 23:1-9)에 속한다. 본문은 사법적인 정황 가운데 포고된 규례들을 나열하던 중, 4절과 5절에서 탈(脫)문맥적으로 사례법이 등장하며 길을 잃은 가축과 짐에 눌린 나귀를 언급하고 있다. 그리하여 4-5절은 현행까지 학자들의 해석적 난제(crux interpretum)였다. 왜냐하면 "왜 '거짓 증거를 금하거나'나 '공정한 심의'를 명령하는 사법적인 주요 흐름에서, 그것을 방해하는 동물 관련 이야기가 그 자리를 차지하고 있는가?"라는 의심을 안겨주었기 때문이었다.

심지어 한 랍비 주석가는 다음과 같이 말한다: "어떻게 이 구절과 그 다음 구절이 여기에 들어오게 되었는지는 수수께끼이다. 그들(두 구절)은 단지 3절과 6절 사이의 문맥을 깨뜨릴 뿐만 아니라 키-미쉬파팀으로 시작하는 유일한 문장들이다."[10]

구문적으로 볼 때, 출애굽기 23장 4-5절을 제외하고 1-3절과 6-9절은 모두 금지명령법으로 서술되어 있다. 그러나 내용적인 측면에서 출애굽기 23장 4-5절이 전후 문맥에서 동떨어져 있다고 말하기는 확실하지 않다. 본 구절의 내용적 구성의 조화를 시도한 인물은 에른스트 예니(Ernst Jenni)이다. 그에 의하면, 4절에 사용된 히브리어 동사 '아야브'(적대하다)[11]에서 파생된 기본형 능동분사 남성 단수 '오예브'는 '법적인 대적'[12]을 뜻하기보다는 대체적으로 '개인적, 집단적 적'을 뜻하는 말이다(삼상 18:29; 19:17; 24:5; 26:8).[13] '아야브'의 의미는 사람 사이의 단순한 불편함이나 거북함을 넘어서는 '적의를 띄는 관계에서부터 실제적인 적까지'를 포괄하고 있다. 출애굽기 23장 5절에 사용된 '싸네'(미워하는 자)라는 기본형 능동분사 역시 "원수"에 대한 의미 규정에 준거점을 제공하고 있다. 자주 '오예브'와 병행하여 사용되는 '싸네'는 적대적인 상태 중에 "감정적인 순간"을 더 강력하게 강조하고 있다.[14] 두 구절의 어휘연구를 종합하여 볼 때, 출애굽기 23장 4-5절은 일상에서 생겨날 법한 각양의 '불화', '반목'과 '적의'를 다루고 있다.

출애굽기 23장 1-3절과 6-9절은 그 반목이 극대화되어 소송 건으로 첨예화된 후, 증인이 되거나 이를 심판해야 하는 입장이 되는 경우를 그리고 있다.

IV. 단락의 의도파악

1. 구조적 접근과 그 이해

출애굽기 23장 1-9절(개역개정)

(1절) 너는 거짓된 풍설을 퍼뜨리지 말며 악인과 연합하여 위증하는 증인이 되지 말며
(2절) 다수를 따른 악을 행하지 말며 송사에 다수를 따라 부당한 증언을 하지 말며
(3절) 가난한 자의 송사라고 해서 편벽되어 두둔하지 말지니라

(4절) 네가 만일 네 원수의 길 잃은 소나 나귀를 보거든 반드시 그 사람에게로 돌릴지며
(5절) 네가 만일 너를 미워하는 자의 나귀가 짐을 싣고 엎드러짐을 보거든 그것을 버려두지 말고 그것을 도와 그 짐을 부릴지니라

(6절) 너는 가난한 자의 송사라고 정의를 굽게 하지 말며; **(7절)** 거짓 일을 멀리하며 무죄한 자와 의로운 자를 죽이지 말라 *나는 악인을 의롭다 하지 아니하겠노라*
(8절) 너는 뇌물을 받지 말라 *뇌물은 밝은 자의 눈을 어둡게 하고 의로운 자의 말을 굽게 하느니라*
(9절) 너는 이방 나그네를 압제하지 말라 *너희가 애굽 땅에서 나그네 되었은즉* 나그네의 사정을 아느니라

*이텔렉체: 구절이 불변화사 '키'(kî, 왜냐하면)로 도입하는 경우를 표시

본 단락의 전체 구조를 살펴보면 다음과 같다.

A. (1절) 직접 위증: 풍설 + 악인과 연합
  B. (2절) 간접 위증 - 다수에 따른 악행
    C. (3a) 가난한 자의 송사 – (3b) 불편부당 재판
      X. (4-5절) 원수나 미워하는 자의 가축상실과 그 위태함
    C'. (6절) 가난한 자의 송사 – (7절) 불편부당 재판
  B'. (8절) 편벽재판의 간접원인: 뇌물
A'. (9절) 편벽재판의 직접 원인: 이방인

A와 A'는 '증인의 입장'에서 직접적으로 재판에 영향을 미칠 수 있는 경우를 설명하고 있다. A는 증인이 될 소시민의 입장에서 "거

짓된 풍설"과 자의적인 '악인과의 연합'을 거론하고 있다(1절). "거짓된 풍설"에 해당하는 히브리어 어구는 '세마 솨베'로 허탄한 '헛소문'을 퍼트리는 것을 의미한다. 그리고 '너는 악인과 연합하여 위증하는 증인이 되지 말라'를 직역하면, '너는 너의 손을 악한 자와 더불어 두지 말라'[15]이다. 이차적으로는 증인으로 호출되어 서게 될 사람의 도덕적 품성을 유념할 것을 말한다. 본 명령은 악한 자와 연합하기 위해 자신의 능력('너의 손')[16]을 쏟는 행위를 의미할 수 있다. 또 다른 의미에서, 법정적 차원에서 '손'이 사용될 수 있는데, 증인이 될 사람이 손을 들어 맹세하는 경우이다(비교, 창 14:22; 신 32:40; 단 12:7; 계 10:5-7). 후자일 경우, 1b는 증인이 될 수신자가 야훼의 이름으로 맹약하며 악한 자와 연합하여 '에드 하마스'(불법적인[17] 증언)를 발언하려는 경우이다. 1bα 의 표현 속에는 주요 증인이 될 수신자가 주동하는 자의적인 활동을 함의하고 있다. 9절의 A'가 '재판을 시행해야 할 시각'에서 서술하고 있으며 모종의 '거짓된 풍설'이 외국인이나 타국인이 가진 이국적임(이질성)을 통해서 야기될 수 있다는 점을 고려한다면, A의 '거짓된 풍설'을 금하는 경고와 맥을 나란히 하고 있다. '이방인'에 해당하는 '게르'는 이스라엘 내에 여러 가지 사정(전쟁, 기근, 염병, 피의 복수 등)으로 인해 자신의 마을이나 지파를 떠나온 '보호시민'[18]을 뜻한다. 아브라함이 헷 사람과 매장지를 거래할 때를 살펴보면, 이들은 객(나그네)이지만 일정한 법적 지위를 가지고 있다(창 23:4). 그러나 그들에게 있던 미약한 법적 권한이 혈통이나 인종의 다름으로 인하여 침해되지 말아야 할 것을 9절은 말하고 있다.

B(2절)와 B'(8절)는 '거짓 증인'이나 '편벽재판'의 간접적인 요인을

말하고 있다. B의 경우는 수신자가 다수와 연합함으로 편벽재판을 하도록 영향을 미칠 수 있는 경우를 지적하고 있다. 2절에 나타난 히브리 본문에서는 '아하레 랍빔'(많은 사람들의 뒤를 따라)을 전반절과 후반절에 각각 사용함으로써 대중이나 다수가 송사를 굽히는 증인뿐 아니라 증언도 바꿀 수 있음을 경계하고 있다. B'의 경우(8절)는 뇌물수수를 말하고 있다. 뇌물수수는 재판 현장에서는 알 수 없으나 사전에 일어날 수 있는 간접적인 경우라 하겠다. 다수의 힘(2절)과는 달리 소수의 금권(8절)이 재판에 영향을 미칠 수 있는 것이 '쇼하드'(뇌물)에 해당된다.

C와 C'에서는 모두 공통적으로 가난한 자에 대한 송사를 편향되지 않게 시행할 것을 말하고 있다. 개역개정판에서는 '가난한 자'라 번역하고 있지만, 히브리어에서 C'의 '가난한 자'(6절)는 '엡욘'(빈한)으로 취약 계층을 지칭하며, 법적이고 선지자적인 맥락에서는 '수탈(착취)당한 사람'을 의미한다(비교, 신 12:1-5; 24:14; 암 2:6; 4:1; 5:12; 8:4,6; 렘 2:34; 5:28; 22:16; 겔 16:49; 18:12; 22:29).[19] 이들은 하나님과 특별한 관계에 있으며 하나님의 도움이나 형제의 도움을 받아야 하는 자들이다(시 109:16; 신 15:5).[20] C에서 '가난한 자'(3절)는 '달'(미약한/미천한)로, '달'은 경제적이고 사회적인 영역에서 공히 사용되지만 비종교적인 영역과 주로 관계가 있다.[21] '엡욘'(6절)은 절대적으로 사람과 관련해서 사용된 반면, '달'(3절)은 가축이나 사람에게 공히 사용되는 말이다(허약한, 창 41:19; '빈민', 렘 39:10).[22] '달'은 기준치에 미달하는 것이 두드러진 이들로서 전적으로 가련한 이들을 지칭한다.

X는 문체적(필연법 vs. 사례법)이고 문법적인 입장(부정명령 대

긍정명령)에서 전후의 내용들과는 차이가 있다. X를 둘러싼 구절들과는 달리, 문체적으로 X 부분은 사례법이며, 문법적으로는 긍정명령을 하고 있기 때문이다. 이 길 잃은 원수의 가축(소나 나귀)를 보면 그 주인에게 돌려주라는 것(4절)과 짐을 부리는 짐승이 주저 앉을 경우 일으켜 세워주라(5절)는 명령은 모두 2인칭 남성 단수 명령법을 사용하고 있다. 그래서 A와 A', B와 B', 그리고 C와 C'는 금지명령이라는 소극적인 형태의 예방조치인 반면, X는 유일하게 긍정명령으로 '<u>적극적인 형태의 조치</u>'를 말하고 있다. 이러한 적극적인 조치가 효과적일 수 있도록, 화자는 분사구문을 이용한 예시를 통해 회화(繪畵)적으로 그려주고 있고 갈등에 휘말려 있는 당사자들이나 청자들이 어떻게 처신해야 하는지를 말해 주고 있다.[23] 화자는 이러한 구문론적 기법을 통해서 동물이 처한 위태한 현장을 생생(vivid, actual)하게 그려주어 현장감을 자아내고 있으며, 이를 통하여 가여운 동물에 대한 감정이입 효과를 주고 있다.

2. 사법적인 정황

일부 연구는 출애굽기 23장 4-5절이 사례법이 아닌 필연법의 형식을 따른다는 이유로, 두 구절이 다른 본문에 속해 있음을 주장하고 있다. 하지만, 필연법(부정명령)-사례법(긍정명령)-필연법(부정명령)의 순서는 십계명에서도 나타난다.[24] 사이러스 고든(Cyrus H. Gordon)의 연구에 따르면, 두 가지 양식을 번갈아 사용하는 것은 고대 오리엔트 문헌에 자주 관찰되는 현상이다.[25]

필자의 관찰에 따르면, 출애굽기 23장 4-5절을 1-9절의 사법적인 규례를 포고하는 정황 속에 필요한 구성요소로 볼 때, 그 구절은 필수적인 자리를 점하고 있다. 1-3절의 필연법의 화자는 증인을 수신자로 하는 반면, 6-9절의 수신자는 판결자이다. 말하자면, 고대 이스라엘의 (증거재판주의의) 사법적 상황에서 보면 증인과 심판관이 소개되고 있다. 그렇다면 사법적인 상황에서 세 번째 구성요소로서 갈등에 얽힌 당사자들인, 원고와 피고는 본문의 묘사 중에 어디에 있을까? 그에 대한 대답은 4-5절에 나타난다. '두 사람과의 직접적인 상호관계가 어떠한가?'는 4절의 '오예브카'(네 원수)와 5절의 '소나아카'(네가 미워하는 자)를 통해 감정적이며 적대적임을 알 수 있다. 고대 이스라엘 사회의 사법적인 정황을 재구성해본다면, 1-3절은 증인, 4-5절은 당사자들, 6-9절은 심판관을 차례대로 등장시켜 주고 있다. 본 단락의 (외적 화자인) 서술자는 이 기법을 통하여 단락 전체가 일목요연하고 현장감 있게 들려지도록 유도하고 있다. 또한, 서술자는 4-5절의 앞부분(1-3절)과 뒷부분(6-9절)에 어법적으로 소극적인 부정명령을 위치시키고 동심원의 중앙에는 '적극적 긍정명령'을 둠으로써, 소송 건으로까지 이어질 수 있는 이웃과의 분쟁에 대한(또는 분쟁을 대비한) 능동적인 해결책이 무엇인지 시각화하고 있다.

V. 분쟁의 급진적 해소와 화해의 장으로 동물보호

출애굽기 23장 4-5절(직역)

(4절)	네가 만일 너를 적대하는 자의 소나 나귀를 길 잃은 것을 만나거든 너는 필히(!) *그 짐승을* 그에게 돌려주어라
(5절)	네가 만일 너를 미워하는 자의 나귀가 자기 짐 밑에 눌려있는 것을 보거든 *그 짐승을* 내버려두지 말고 성실히(!) 그와 합하여 (그 짐승을) 일으켜 세우라[26]

4절과 5절은 적대관계에 있는 사람과 미워하는 사람의 가축들을 마주하는 경우에 대해 언급을 하고 있다. 4절과 5절이 각각 동사의 목적으로 등장하는 것은 흥미롭다. 4절의 동사 '만나다'('마주치다')의 동사의 목적어는 '소'와 '나귀'이다.[27] 5절에서 화자인 '너'의 눈에 처음 들어온 것은 나귀이다.[28] 그러므로 4절과 5절의 논점은 동물에만 관심이 쏠리도록 유도하고 있음을 알 수 있다. 단지, 그 동물의 소유주가 적대하는 자와 미워하는 자일뿐이다. 이런 상황에서 이어지는 지침은 길 잃은 소나 나귀의 경우 주인에게 돌려주며, 짐을 나르거나 사람을 태우던 나귀가 과적으로 인해 주저앉을 때 그 짐승을 떠나지 말고 그 소유주와 연합하여 도우라는 것이다. 그리고 이 지침이 반드시 실현되어야 할 것을 강조하고 있다.[29] 위의 문장의 구성요소 분석에서 살펴보았듯이, 4절과 5절이 독립적으로 사용되었을 경우 두 구절 모두 '동물보호규례'[30]라는 주제를 다루고 있다.[31] 신명기 22장 1-4절은 그 소유주가 '적대적인 사람'이나 '미워하는 자' 대신에 단지 '형제'라고 소개한다. 신명기의 해당 구절은 언약서의 규정을 재해석하여 들려주고 있는데, 출애굽기 23장 4-5절은 '적대하는 자'나 '미워하는 자'란 극단적 상황을 설정함으로써 '동물보호' 계명을 극대화하고 있다.[32]

소와 나귀는 집에 길들인 짐승으로 길을 잃고 방황할 경우, 쉽게 들짐승의 먹잇감으로 전락한다. 4b의 명령에 따르면 설령 이런 짐승이 지금 자신에게 적대적인 관계에 있더라고 돌려주라는 것이다. 그리고 과적한 나귀가 기력이 진하여 주저앉을 경우, 그의 주인이 나귀를 일으켜 세우든지, 내리든지 이를 해결하려고 할 것이다. 5b는 짐에 눌려 식은땀 흘리며 신음하고 있는 짐승(욥 39:7)을 구경하지 말고 설령 미워하는 사람이라 할지라도 그와 협력하여 그 짐승을 세우라는 것이다.

우리는 이 부분을 동물과 사람과의 관계적 측면에서, 세 가지를 고찰해 볼 수 있다.

1. 사람의 품성적 차원

잠언은 말 못하는 짐승의 상태를 돌보는 공감력을 의인의 품성으로 말하고 있다:

> 의인은 자기 가축의 생명(næpæš)을 돌보나 악인의 긍휼은 잔인이니라(잠 12:10)

네페쉬('생명')는 여기서 동물들이 가진 내면의 말 못 하는 느낌과 필요를 의미한다. 의인은 동물의 네페쉬에 주목하여 보살펴 주지만, 악인(= '정의에 무관심한 사람', 잠 29:7)은 긍휼을 잔인함으로 바꾸어 버린다. 동물에 대한 배려는 지혜 문헌에서 의인이라 칭함을 받는 지표였다. 법정 판결에서 무죄 선언 공식(또는 분쟁 종결 공식)은 '너는 의롭다'라는 어구이다(삼상 24:18; 잠 24:24). 동물의 처지에 대한 자비는 증언자의 진실성과 연관이 될 수 있다. 짐에 눌려 주저앉은 소나 사람에게 친근한 동물인 나귀를 돌보는 것은 법률 공동체의 공동 책임과 관심사일 것이다. 욥기 38-42장은 의로움에도 불구하고 고난 중에 있던 욥과 하나님 사의의 화해는 인간의 삶의 무대나 신정론과는 멀리 떨어졌다고 생각되었던 '동물'이란 매개수단을 통해 이루어지는 광경을 보여주고 있다.

2. 농경 사회적 측면

고대 사회에서 가축이 큰 재산이었고 경지를 경작하는데 절대적인 위치를 점하는 주요 수단이었다. 그래서 가축에 대한 '자비와 돌봄'[33]을 명령하는 본 절은 당사자뿐 아니라 공동체에도 비중이 있다. 가축의 수가 부족하던 농경시대 가축은 노동력과 운반수단일 뿐 아니라, 거름을 제공하였다. 언약의 법전에는 농지에 거름을 주는 일반적인 방법을 암시하는 구절도 있다(출 22:4-5). 곡식 이삭이 자라면 단으로 묶어서 운반한 후, 농부들은 추수한 밭으로 소를 몰아 거름을 제공하게 하였다.[34] 구스타프 달만(Gustaf Dalman)에 따르면,[35] 이 방식의 농경을 위해 사용할 수 있는 숫자의 소가 부족하였기 때문에, 이웃에게 소를 빌리기도 하였다(출 22:9-12). 그러한 측면에서, 소는 한 집안의 사유재산일 뿐만 아니라 한 마을의 공유자산이기도 하였다. 특별히 젖을 먹이는 어미 소의 그림은 축복의 상징이자, 때에 따라서는 신 존재의 생생한 발현이었다.[36]

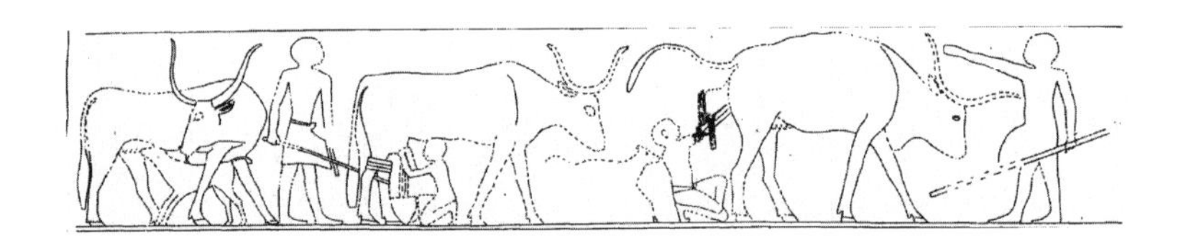

그림1. 6왕조 인티(Inti)의 무덤 벽화[37]

그림2. 12왕조 센비(Senbi)의 아들 우흐호텝(Uchhotep) 무덤의 벽화[38]

그림 1과 2의 장면은 모두 농경적이고 전원적이다. 그림 1의 오른편 첫 장면에서 소가 출산하는 것을 두 사람이 앞과 뒤에서 돕고 있다. 오른쪽 두 번째 장면은 암수 뒤편의 사람은 암소의 두 다리를 줄로 묶어 고정하고, 배 아래쪽 사람은 젖을 짜고 있다. 마지막 그림은 암소가 송아지를 핥으며 젖을 먹이고 있다. 그림 2는 오른쪽 앞부분이 생략되어 있다. 송아지가 강물을 건너기가 어렵자 한 농부가 송아지를 등에 둘러업고 건너고 있으며, 뒤쪽에 어미 소가 송아지를 보고 울고 있다. 사람의 등에 업은 송아지는 고개를 뒤로 돌려 어미 소에게 애원하는 듯하다. 두 번째 그림은 젖 먹이는 암소 장면인데, 농경 생활의 풍요로움과 편안함을 비추어주고 있다.

그림 3. 이집트 중왕국 베니-하산 벽화, Carl R. Lepsius, Denkmaeler aus Aegypten und Aethiopien, Tafelwerke, Abteilung II, Band IV, 133.[39]

나귀는 반(半) 유목업을 하던 셈족의 대상무역에 짐을 나르는 전통적인 동물이다(창 12:16; 22:3,5; 42:26 등). 구약성경의 도량형 '호멜'은 나귀를 뜻하는 히브리어 '하모르'에서 유래되었다. 일반 호멜은 220ℓ 이고 예루살렘 호멜은 260ℓ 인데,[40] 각각 나귀 한 마리가 짐을 실을 수 있는 무게를 말한다. 기원전 3000년대 이집트와 레반트 지역의 고도 문명은 나귀 없이는 불가능하였을 것이다. 신전과 궁전건물, 대규모 무역과 거대한 농경 사업에서 짐을 나르는 것은 나귀였다. 기원전 2000년대 전반부, 나일강 델타지역과 팔레스타인에서는 죽은 사람과 함께 나귀를 매장하는 풍습이 있었다.[41] 소는 야생상태에서 사람에게 길들인 짐승으로 가축으로 분류된다. 반면, 나귀의 생활환경은 가축과 야생동물의 중간 정도의 위치를 점하고 있다. 잘 길들인 나귀는 탈 짐승으로 사용되었다(출 4:20; 민 22:22 이하; 삿 10:4; 12:14; 삼상 25:20 등). 하지만 그렇지 않은 나귀는 길들이지 않은 들짐승으로 표현된다(신 22:10; 사 30:24). 기원전 18-17세기 마리(Mari) 시대의 아모리 족속은 계약을 종결할 때, 나귀를 희생제물로 바쳤는데, '나귀를 죽이다'라는 말은 곧 '언약을 체결하다'라는 뜻으로 사용되었다.[42] 십계명에서 나귀와 소는 인간과 함께 안식일에 쉬어야 할 것을 말하고 있다(출 20:17; 신 5:13,21; 비교. 출 23:5). 즉 나귀와 소 역시 하나님의 계명으로 보호받을 주역으로 소개하고 있다.

3. 창조신학적 차원

동물은 그를 다스리는 사람과 같은 운명으로 묶여 있는데,[43] 특별히 반목 관계에 있던 사람의 소유권 하에 있던 동물의 위기는 곧 그의 소유주의 운명의 위기일 수 있다. 왜냐하면, 적대관계에 있는 사람의 소유물이 위태한 지경이 되면 경작과 소출뿐만 아니라 생계와 생활의 터전에 균열이 생기기 때문이다.[44] 이러한 측면에서 동물보호는 이웃과의 분쟁 해결에 결정적인 기여를 할 수 있다. 분쟁 관계에 있던 당사자들의 갈등은 공동체의 유대를 약화시킬 수 있다. 하지만 당사자 간의 갈등은 존재적 위협에 처한 동물을 불쌍히 여겨 되찾아 주거나 그 사람과 연합하여 돕는 행위로 해소된다. 또한, 이를 통해 균열이 생겼던 사람 간의 유대관계는 강화되고 공동체의 연대가 회복된다. 따라서, 우리는 탈(脫)문맥적인 4절과 5절의 동물보호의 규례 속에 인간 사회에서 형성된 적대적 관계가 동물보호를 통해 해소되고 있는 광경을 본다.[45] 또한 분쟁 극복의 차원에서 고려해 본다면, 적대적인 상대의 소유권 하에 있는 동물을 배려해줌으로 간접적인 화해의 통로가 마련됨을 볼 수 있다.

VI. 동물보호와 사회적 관계 변혁

언약서는 삶의 질서를 다스리는 지혜의 차원에서 '사람의 운명에 공동으로 참여하고 있는'[46] 동물(가축)에게 자비를 베풂으로 개인 간의 화해뿐만 아니라 동일 공동체 내 균열이 생긴 연대 관계가 복원되는 광경을 보여준다. 품성과 윤리적 차원에서, 가축에 대한 동정은 의인의 지표로, 법정에서 서게 될 당사자들의 진실성으로 해석될 수 있다. 또한, 농업 경영에 있어서 소는 중요한 거름과 노동력에 필수적이었고 충분한 수의 소를 갖기란 쉽지 않았다. 나귀 역시 장단 거리 운반수단으로 개인소유이기는 하지만 지역 공동체의 공유재산이었다. 그리고 창조신학적 맥락에서 적대관계에 있는 사람의 동물의 위기는 비록 그 짐승이 소유물이기는 하나, 그 사람과 운명을 같이함으로 곧 소유주 자신의 위기로 해석될 수 있다. 그러므로 상대 가축의 위기를 동정하고 불쌍히 여기는 것은 곧 그 소유주를 자비와 긍휼로 대하는 것과 동일시되고, 결과적으로 공동체 전체의 연대성을 강화하는 것으로 승화된다.

법정은 다수의 악한 자들의 공모와 위증에 취약하고, 심판관들의 평결은 뇌물로 오용될 소지가 있다(출 23:1-3, 6-9). 그러나 동물을 보호하고 자비를 베푸는 행위(출 23:4-5)는 정의구현을 초월하는 '온전한 공동사회'를 현실화시켜줄 수 있음을 시사한다. 궁극적인 의미에서, 사람 사이의 분쟁 문제는 당사자 간의 인간 중심적 사고에서부터 탈피하여 피조물 중 또 다른 생명체에 대한 관심과 사랑으로 해방되었을 때 그 종식이 가능하다.[47] 이러한 의미에서 볼 때, 이웃의 소유권 하에 동물을 능동적으로 보호하는 것은 갈등과 분쟁을 넘어 화목하게 되는 일의 접경일 것이다. 궁지에 처한 동물의 존엄성 회복은 곧 위기에 처한 사회관계 정화와 복원을 의미하고 있다.

VII. 나오는 글

생태학이란 말은 1866년 독일의 생물학자 에른스트 헤켈(Ernst Haeckel)이 처음 사용하였다. 헤켈은 "생태학은 살아있는 유기체(동물과 식물)와 그 환경(비유기체적인 존재) 사이의 상호 의존성과 작용성에 관한 연구"라고 정의한다.[48] 오늘날에는 생태학 개념이 더욱 확장되어, 모든 존재가 자신뿐 아니라 존재하는 각각의 모든 것과의 관계, 상호작용, 대화를 표현한다. 그래서 오늘날의 생태학은 자연만이 아니라 인간의 문화와 사회도 포함한다.[49] 모든 존재의 존재적 다양성을 인정하면서도 역동적 일치를 인정한다. 그래서 새로운 차

원의 의식, 즉 자연과 인간의 공동 운명을 인식할 필요가 있다.[50]

출애굽기 23장 4-5절은 이스라엘 법률 공동체의 취약성을 지적하는 문맥의 흐름에서, 이해당사자들의 관심을 법정 공방에서 공동자산인 동물(가축)의 형편으로 옮겨주고 있다. 집단 이기주의와 금권의 개입으로 부조리와 조작에 쉽게 노출된 법정 공방은 공동체 유대관계의 균열을 일으키고 결국 연대성은 파괴될 위기에 처한다. 본문의 동물보호 규례는 탈(脫)문맥적이다. 법률 공동체에 발생한 분열의 위기는 위기에 처한 동물을 구제함으로 능동적으로 해소될 수 있음을 보여준다.

본문은 동물계의 위기와 사회 공동체 내의 위기를 나란히 세우며, 사람이 자신들의 욕구를 자제하고 방치될 위기에 놓인 소와 나귀에 대한 적극적 행위가 '공동체 복원의 장'이 될 수 있음을 암시하고 있다. 또한, 이를 통해 인간 주도의 사회 속에서 개체로서의 동물이 급진적인 사회의 정황 변화의 주역으로 부각된다. 동물에 대한 인식의 변화 혹은 동물에 대한 인간의 행동 양식의 변화가 더 나은 인간적인 혹은 인격적인 사회를 위한 기반을 형성하고 있다. 이는 인간계와 동물계가 자율적이지만 상호의존적임을 말한다. 상호 의존성을 긍정할 때, 인간 중심적인 우월함의 권리는 거부된다.

미주

1) Martin Heidegger, “Nur ein Gott kann uns retten,” *Spiegel* (1967.5.31.): 193-219.

2) Eckhart Löhr, “Der Mensch muss der Natur ihre Würde zurückgeben, um seine eigene Würde zu bewahren: Warum es sich lohnt, Hans Jonas wieder zu lesen,” *Neue Zürich Zeitung* (2019.5.11.): 1-4.

3) Löhr, “Der Mensch muss der Natur ihre Würde zurückgeben, um seine eigene Würde zu bewahren,” 1-4.

4) Bernhard Lang, “Tier,” *NBL* III (2001): 849-872 중 851.

5) “거주민을 삼키는 땅”(수 13:32)이란 표현 역시, 땅을 엄연한 주인과 주체로 표현하고 있다.

6) 한동구, 『다시 체험하는 하나님: 포로기의 산학사상』 (서울: 퍼플, 2020), 188-189.

7) “Flur, Ackerfeld, Feldstück, Landschaft, Gebiet,” *HALAT* II: 1219.

8) *HALAT* I: 771.

9) 레오나르도 보프, 『생태신학』, 김항섭 옮김 (서울: 가톨릭출판사, 2013), 21-22.

10) B. Jacob, *Das Buch Exodus* (Stuttgart: Calwer, 1997), 720: “Wie dieser und der nächste Vers hierherkommen, ist ein Rätsel. Sie unterbrechen nicht nur den Zusammenhang zwischen V. 3 und 6, es sind auch die einzigen Sätze, die wie die mischpatim mit ki anfangen.”

11) Ernst Jenni, “’ōjēb Feind,” *THAT* I (^{6}2004): 118-122.

12) 칼형 능동분사 남성 ‘오예브’가 ‘법적인 대적’이라는 의미를 지니는 구절로 “이것이 그의 화살통에 가득한 자는 복되도다 그들이 성문에서 그들의 원수와 담판할 때 수치를 당하지 아니하리로다”(시 127:5)를 들 수 있다. 그럼에도 불구하고 시편 127장 5편이 ‘원수’로 번역하고 있으며 ‘오예브’가 성문에서 소송적 상황을 군사적인 대치 상황을 은유하는 맥락에서 사용됨으로 ‘오예브’ 자체의 고유한 의미를 재현해 주고 있다고 말하기는 어렵다.

13) Jenni, “’ōjēb Feind,” 119.

14) Ernst Jenni, “śn’ hassen,” *THAT* II (^{6}2004): 835-837.

15) *HALAT*, 370b는 어구의 의미를 “gemeinsame Sache machen”(협작하다)로 제안한다.

16) 비교, b) β 와 c), *HALAT*, 371a. ‘너의 손’이라 구문 jādeḵā에서 ‘손’은 사람의 ‘능력’(ability, power)을 의미한다. 어의변천학(semasiology)적인 측면에 본다면, ‘너의 손’ > ‘너의 기력’ > ‘너의 능력’으로 전개될 수 있다.

17) *HALAT*, 316.

18) “Schutzbürger,” *HALAT* : 193b.

19) Erhard Gerstenberger, “’hb wollen,” *THAT* I (^{6}2004), 20-25; 23-24. 지혜문학적인 맥락에서 ‘에브욘’은 부유함과 대비되고 있으며 물질적인 비참함을 그려주고 있다.

20) David J. A. Clines, ed., *The Dictionary of Classical Hebrew* I (Sheffield: Scheffield Academic Press, 1993), 104.

21) Gerstenberger, "'hb wollen," *THAT* I ([6]2004), 20-25; 23-24; Ernst Jenni, "'nh II elend sein", *THAT* II (62004), 344-346. '에브욘'와 '오니'의 차이를 참조하라.

22) David J. A. Clines, ed., *The Dictionary of Classical Hebrew* II (Sheffield: Scheffield Academic Press, 1995), 437.

23) Rüdiger Bartelmus, *Einführung in das Biblische Hebräisch. Mit einem Anhang Biblisches Aramäisch* (Zürich: Theol. Verlag, 1994), 64: "PS[Partizipialsätze] berichten vielmehr in der Regel von einer Handlung des Subjekts, die zu dem in Rede stehenden Zeitpunkt gerade abläuft.…im Blick auf die Aktions- bzw. Ablaufsart die Dauer(Durativ)." - 분사 문장은 보통의 경우 발화 시점에 이제 막 시행되고 있는 주어의 행위를 보도하고 있다. 동작상으로 볼 때, 현재 능동 분사는 지속성을 의미하고 있다. 4절과 5절 전반부(protasis)에 각각 한 번씩 현재 능동 분사, tō 'æh(길을 잃고 방황하는)와 rōḇēṣ(누워있는)를 사용한다. 완전동사(fullverb)와 현재 능동 분사(ptc. act.)가 결합하는 동사구문은 동사의 목적어가 되는 대상이 어떻게(wie/how) 동작하고 있는지 회화적으로 그려주는 효과를 지닌다.

24) 부정명령(3개)-긍정명령(2개)-부정명령(5개[6개])으로 마무리된다. 십계명에서는 모두 필연법의 형태로 진술되었다는데 독특함이 있겠다.

25) Cyrus H. Gordon, *The Ancient Near East* (New York: Norton, 1965), 83.

26) 동사 'āzab(bz:[')가 5aβ 와 5b에서 각각 사용되고 있다. 5aβ 에서 어근 I(떠나다)로, 5b에서 어근 II(회복하다)로 사용되는 것이 특이하다. 소(4절)와는 달리, [당]나귀(5절)는 원거리까지 도달하는 운송 수단으로 BC 19세기부터 대상무역에 사용되었다. 이러한 측면에서, 구약성경에 생소한 어근 II가 사용된 것으로 본다면, 5b는 언약서의 저자가 활동하던 당대에 통용되었던 굳어진 어구를 인용인 것으로 추측된다.

27) pāg'a(마주치다)의 동사의 목적어는 šôr(소)와 ḥamôr(나귀)이며 '너를 적대하는 자'와 연계형으로 연결되어 그와의 관계를 단지 수식적으로 두고 있다.

28) '나귀' 역시 '너를 미워하는 자'와는 연계형으로 연결되어 수식하는 용법으로 연결되어 있다.

29) 4절과 5절의 하반부(apodosis)는 각각 figura etymologica(동일어근반복)를 사용하고 있다.

30) 율법은 수확 시에 곡식을 떠는 소에게 멍에를 씌우지 말 것(신 25:4; 고전 9:9)과 집안의 가축 역시 안식일의 휴식(출 23:12; 신 5:14)에 참여하도록 하여, 피조물인 동물에게도 권리를 부여한다.

31) Hans J. Boecker, "'Feindesliebe' im alttestamentlichen Recht?," in *Verbindungslinie: Festschrift für Werner H. Schmidt zum 65. Geburtstag*, ed. A. Grauper & H. Delker Alexander & B. Ernst (Neukirchen: Neukirchener, 2000), 19-25.

32) Boecker, "Feindesliebe," 23: "Das heißt nämlich, daß die geforderte Fürsorge für die Tiere auch durch bestehende innermenschliche Feindschaften nicht beinträchtigt werden darf." 동물보호 계명의 극대화 차원에 국한하여 본다면, 지속된 사람 내부의 적대감이 동물에 대한 배려를 침해할 수 없다는 한스 봬커(Hans J. Boecker)의 견해는 일정 정도 타당성을 얻는다.

33) 강철구의 연구에 따르면, "욥은 하나님을 자신의 창조물들에 대한 폭력을 행사하시는

분으로 간주했던 반면에, 하나님께서는 자신을 동물들, 즉 자신의 창조물들을 돌보시는 '동물들의 보호자'와 '부양자로서 묘사한다. 하나님께서는 폭력을 통해서가 아니라, 피조물들을 자상하게 돌보심으로 전체 세상을 통치하신다." 강철구, "욥의 하나님 이해: 욥의 질문과 하나님의 답변을 중심으로," 「구약논단」 23집 (2017/3): 139-164 중 152-153.

34) Eckhard Otto, "Ackerbau in Juda im Spiegel der alttestamentlichen Rechtsüberlieferung; Agriculture in Judah according to Legal Texts of the Torah," in *Landwirtschaft im Alten Orient*, ed. H. Klengel & J. Renger (51e Rencontre Assyriologique Internationale; BBVO 18; Berlin: Dietrich Reimer Verlag, 1999), 229-236 중 231.

35) Gustaf Dalman, *Arbeit und Sitte in Palästina*, Bd. II (Gütersloh: C. Bertelsmann Verlag, 1932), 144-145; Otto, "Ackerbau in Juda im Spiegel der alttestamentlichen Rechtsüberlieferung," 231에서 재인용

36) Othmar Keel, *Das Böcklein in der Milch seiner Mutter und Verwandtes im Lichte eines altorientalischen Bildmotivs* (V. IRAT; Tübingen: SLM Press, 2013), 54.

37) Keel, *Das Böcklein in der Milch seiner Mutter und Verwandtes*, 59.

38) Ibid., 66.

39) [http://edoc3.bibliothek.uni-halle.de/lepsius/tafelwa2.html Denkmaeler aus Aegypten und Aethiopien]

40) Karl Jaroš, "Maße und Gewichte," *NBL* II (1995): 731-735.

41) Silvia Schroer, *Die Tiere in der Bibel. Eine kulturgeschichtliche Reise* (Freiburg im Breisgau: Herder, 2010), 58.

42) Karl M. Woschitz, "Esel," *NBL* I (1991): 596-597.

43) 구자용은 창세기 1-2장 연구에서 동물이 사람과 더불어 창조되었으며 하나님으로부터 돌봄을 받는 존재임을 밝히고 있다. 구자용, "야웨, 동물의 주," 「구약논단」 21집 (2015/6): 205-235 중 209-223.

44) Lang, "Tier," 852.

45) 필자의 견해와는 달리 월터 후스턴(Walter Houston)은 출애굽기 주석에서 4-5절이 완전한 불편부당함을 요구하는 것으로 주장한다. Walter Houston, "Exodus," in *The Oxford Bible Commentary*, ed. J. Barton & John Muddiman (Oxford: Oxford University Press, 2001), 84: "vv. 4,5, which do not seem to fit this theme, underline the requirement of total impartiality."

46) 구자용, "야웨, 동물의 주," 209-223.

47) 하경택은 욥기의 '베헤못'과 '리워야단' 이야기(욥 40:15-41:43)가 욥의 자기중심적 세계관을 세계중심적 세계관으로 변화시켰다고 주장한다. 하경택, "'창조와 종말' 주제를 위한 동물의 신학적 의의(意義)," 「구약논단」 14집 (2008/12): 126-146 중 140.

48) 보프, 『생태신학』, 23.

49) 보프, 『생태신학』, 24.

50) 보프, 『생태신학』, 31.

제2장

구약의 신학적 동물학과 생태학*

구자용

I. 들어가는 말

'신학적 동물학'(theological zoology)은 아직도 신학계에서 널리 사용되는 용어는 아니다. 지금부터 약 10여 년 전, 구약은 도대체 동물들에 대해서 무엇을 말하고, 어떻게 말하고 있는지 궁금해한 적이 있었다. 그리고 그것을 연구하고자 학술적 검색을 하다가 이 개념을 우연히 알게 되었다. 이 개념을 핵심으로 하여 한 연구소가 설립되어 있었고, 그 연구소를 중심으로 이에 관한 연구가 이미 활발히 전개되고 있음에 감탄하였다. 그것은 독일 뮌스터에 위치한 '신학적 동물학 연구소'(www.theologische-zoologie.de)이다. 세밀한 검토가 더 필요한 판단이긴 하지만, 이 연구소는 학술 활동보다는 실천적 운동을 중심으로 하며, 그것도 미디어를 통한 홍보를 중심으로 활발히

* 이 글은 새로운 연구가 아니며, 기존에 필자가 쓴 "야웨, 동물의 주: 신학적 동물학에 대한 소고," 「구약논단」 제56집(2015), 205-235를 대중적 읽기를 위해 좀 더 쉽게 풀어 다시 서술한 것이다. 특히 신학적 동물학에만 맞춰져 있던 것을 생태학과 연관하여 보충하고 발전시킨 글임을 미리 밝혀둔다.

활동하는 것으로 보인다. 아직까지 '신학적 동물학'에 대한 학계의 논의가 활발하게 전개되고 있지 못하다. 현재 학계에서 활발히 논의되는 것은 오히려 '동물신학'(animal theology)이다.[1] '신학적 동물학'과 '동물신학', 이 두 용어 사이에는 어떤 차이가 있을까? 도대체 어떤 차이가 있기는 한가? 필자 스스로가 아직도 미진한 연구 수준에 머물고 있음을 인정하지만, 그럼에도 불구하고 위의 두 질문을 염두에 두고, '신학적 동물학'과 '동물신학'을 다음과 같이 정의해 보고자 한다. 먼저 '동물신학'은 다분히 동물이 가진 권리(animal rights)와 동물해방에 중심을 둔 신학적 논의라고 할 수 있겠다. 반면, '신학적 동물학'은 인간 중심적 신학의 틀을 탈피하고자 하는 목적을 가지고 성서의 서술을 고찰하되, 그 서술이 도대체 '창조 세계 속에 하나님과 인간 그리고 동물 간의 각 관계성을 어떻게 실징하고 있는지를 밝히고자 하는 연구'이다. 특히 '신학적 동물학'은 구약이 말하는 하나님의 창조 세계의 전체적인 그림 속에서 인간과 동물, 인간과 자연의 관계성 설정이 과연 인간중심적이기만 한가에 대해 강한 의심을 둔 채 구약의 여러 본문을 살피며, 이 관계성을 바르게 정립해 보고자 하는 목표를 가진 학문적 방향이라고 할 수 있다.[2]

이 글은 '신학적 동물학'만이 아니라, 생태적 위기 시대에 그것이 가지는 또 하나의 연관성에도 주시하고자 한다. 그것은 바로 생태학[3] 혹은 생태 신학[4]과의 연관성이다. 이 연관성 속에서 '신학적 동물학'은 오늘날 전 지구적 차원으로 닥친 생태적 위기 상황으로 인해 더욱 중요성을 가진다. 왜냐하면, '신학적 동물학'은 이 위기가 어떻게 해서 초래되었는지, 그래서 우리는 이제 무엇을 해야 하는지에 대한 생태학적 반성의 기초적 발판을 마련하는 일에 있어 중요한 역할을 담당할 수 있기 때문이다. 실상 '신학적 동물학'은 땅을 삶의 공통 기반으로 살아가는 인간과 동물의 관계 설정이란 한계 속에 머물러 있다. 그러나 그 관계 설정에서 필수적일 수밖에 없는, 전체 창조 세계의 일원으로서의 인간의 자리매김은 오로지 인간 중심적 사고의 틀 속에 굳어져 적잖은 문제를 일으키는 신학에 진지한 의문을 던질 수 있다. 이 문제 제기를 기초로 무분별한 개발 논리와 인간에게 허용된 것으로 착각하는 무한한 가능성에 대한 맹신이 성서적이지 않음을 깨닫게 할 수 있다. 그것을 깨닫는 것은 단순한 신학적 수정이 아니라 다름 아닌 생태 위기 해결의 시작이 될 수 있다.

이 글이 목표하는 바는 그러나 기본적으로 창조 세계에서의 인간의 위치가 무엇인지를 가늠해 볼 수 있는 성서 본문들을 고찰하는 것이다. 그 과정을 통해 인간이 단지 창조 세계의 일원으로서 창조주 및 모든 피조물과의 관계성 안에 있는 제한된 존재임을 분명히 하는 것이다. 이것은 결코 그동안 인간 중심적으로만 논의되었던 모든 신학을 무너뜨리고자 하는 것이 아니며, 오히려 구약이 서술하는 바에 대한 균형 잡힌 시각을 제안하는 일이라고 할 수 있다. 그것을 위해 이 글에서는 다음의 몇 가지 질문에 답을 해 보고자 한다. 첫째, 창조 세계에서 인간이 차지하는 자리 그리고 동물이 차지하는 자리는 어디인가? 혹은 기존의 인간 중심적 이해의 틀, 즉 '하나님-인간-동물'의 종속적 관계 외에 다른 어떤 관계 구도 설정이 가능한가? 둘째, 인간이 그러하듯 동물도 하나님과의 관계성을 갖는가? 셋째, 그렇다면, 그 관계성은 어떻게 정의되는가? 넷째, 동물이 인간에게 가지는 관계성은 또 어떻게 설명되는가?

실비아 슈로어(Silvia Schroer)는 인간의 동물에 대한 관계성이 오랜 역사 속에서 한 면만 강조되고 또 그것을 통하여 일면 왜곡된 점이 많았다는 것을 인식하고, 동물이 단순히 인간의 착취 대상으로 전락해서는 안 된다는 것을 구약의 여러 본문에 대한 고찰을 통해 밝혀야 한다고 주장한다. 특히 이 책 서문의 언급은 주목할 만하다.

> 최근 몇 년 사이에 동물과 동물 보호에 관한 일을 하는 다양한 분야에서 많은 것이 변화된 것은 행복한 일이다. (…) 법적으로 동물들을 법률적 권리를 행사하는 주체로서의 지위로 끌어올리는 여러 노력, 즉 동물들을 더 이상 로마법적 의미상의 *res*("사물")로서 취급하지 않는 것이 예시적으로 스위스 법 내에서 성공적으로 추진되었다. 알프스 지역의 수염수리, 곰 또는 늑대의 서식지 이전 작업이 계속 진행되고 있다.[5]

이 책을 보면, 구약에는 동물에 대해서 우리가 익히 알고 있는 바보다 훨씬 더 많은 것이 담겨 있음을 알게 된다.

II. 창조 세계 속 인간과 동물

이제 차례대로 다음의 주제들을 하나씩 살펴보고자 한다. 그러면서 창조 세계 속에서 인간과 동물의 자리매김을 어떻게 할 수 있을지를 살펴보고자 한다.

> 첫째, 인간과 더불어 지음을 받은 동물(창 1:24-30; 2:19)
> 둘째, 하나님의 돌봄을 받는 동물(창 6:19-22; 9:1-17; 시 104:10-30; 50:10f; 147:9; 욥 38:39ff)
> 셋째, 인간의 경쟁 상대로서의 동물(사 13:20-22; 23:13; 34:8-17; 렘 50:39; 호 2:14)

넷째, 인간이 본받아야 할 대상으로서의 동물(욥 12:7; 잠 6:6-8; 사 1:3; 렘 8:7)

1. 인간과 더불어 지음을 받은 동물

창세기 1장과 2장은 모두 동물 창조 및 인간 창조에 대한 서술을 포함하고 있다. 각 장에서의 두 서술을 세밀히 비교해보면, 어느 정도 중요성의 차이가 관찰되기도 하나, 또 어떤 면에서는 그 두 서술이 서로 대등한 것일 수도 있다고 판단되기도 한다. 먼저 창세기 1장의 서술을 살펴보면, 24-25절, 26-30절에서 각각 서술되는 동물 창조와 인간 창조 사이에는 공통점보다는 차이점이 두드러진다. 동물은 식물과 마찬가지로 '땅에서 나온 존재'이다. '토체 하아레츠', 즉 '땅은 내라'란 표현에서 특히 땅에게 주어진 '의지 사역 명령형'(jussive/hiphil)으로 사용된 '내라'가 식물(12절)과 동물(24절)에게 동일하게 사용되고 있다. 반면 인간은 '하나님의 형상'으로 특별히 창조되었음과 땅 위의 동물을 제외한 다른 모든 피조물과 함께 복이 주어진 것이 눈에 띈다. 인간에게만 특별히 언급된 하나님의 형상(*imago Dei*)은 문맥으로 보나, 고대 중근동의 왕의 이데올로기

그림 1. 굽은 칼을 손에 쥔 영웅이 누워 있는 암소 위에 그의 발을 얹고 달려드는 사자에 대항해 그것을 방어하고 있다. 소를 밟고 있는 발은 여기서 단순히 복종케 함만을 의미하지 않고, 소유를 의미하며, 오히려 보호와 연관된다. 창 1:28의 히브리어 우레두(uredu)는 "[그리고]~을 다스리다"로 번역되며, "발아래 두다"는 자세와 일치한다. 신아시리아 원형인장, 영국박물관, 런던(기원전 8세기)

(royal ideology)와 연관하여 보나, 땅에 대한 통치권(*dominium terrae*)을 의미하고 있음이 틀림없다.[6] 그 통치권에는 '다스리고 정복하라'는 명백한 기능적 의미가 포함되어 있다(그림 1[7] 참조). 이 점에서 볼 때, 창세기 1장은 인간과 동물 사이에 명백히 차이점이 있음을 강조하고 있다고 해도 과언이 아니다. 그러나 29-30절에서 인간뿐 아니라 모든 동물에게 배분된 '먹을 것'에 대한 서술을 보면, 종류에 대한 '미묘한' 차이와 함께 무엇인가 공평함이 확인되고, 인간과 동물 간에 적절한 분배가 있음을 보게 된다. 이것은 창세기 1장이 인간 중심적인 면만 지나치게 강조하고 있지는 않다는 점을 알려준다. 또한 인간의 육식에 대한 당위성을 인간의 동물에 대한 다스림에서 찾는 것을 당연시하는 태도가 적어도 창세기 1장에서는 허용되지 않음이 오히려 여기서 확인되는 것이다. 왜냐하면 인간의 동물에 대한 지배권은 적어도 먹거리에는 해당되지 않는다는 사실이 분명하게 드러나기 때문이다.[8]

반면 창세기 2장이 보여주는 인간 창조와 동물 창조에 대한 서술은 차이점보다는 공통점에 무게 중심이 놓여있다.

> 7 야웨 하나님이 땅의 흙(아파르)으로 사람을 빚어 만드셨다(바이체르). 그리고 그의 코에 생명의 기운(니시마트 하임)을 불어 넣으셨다. 그래서 그 사람이 네페쉬 하야가 되었다.
>
> 19 야웨 하나님이 땅으로부터 들의 모든 생물과 하늘의 모든 새를 빚어 만드셨다(바이체르). ... 네페쉬 하야가 그 이름이 되었다.

7절과 19절을 보면, 인간과 동물에 모두 '야차르'(조형하다, 빚어 만들다) 동사가 사용되었는데, 이를 통해 하나님의 빚으심의 결과물임을 알 수 있다.[9] 더구나 그 빚으심의 재료가 동일하게 '흙'이다.

누군가 "인간을 빚으실 때의 재료는 '아파르'(먼지, 흙)이고, 동물을 빚으실 때의 재료는 히브리어 본문에 명시되어 있지 않은, 땅으로부터의 '무엇'이므로 재료상의 차이가 있는 것 아니냐?"고 의문을 제기할 수도 있다. 하지만 거기에 어떤 중대한 차이가 있다고 보기에는 어려움이 있다. 인간이 지음 받은 재료는 '아파르 민-하아다마'이고 동물은 '민-하아다마'이지만, 인간과 동물의 신체가 전혀 다른 어떤 재질로 인해 차이점을 갖는다고 보기 어려운 이유는 특히 전도서 3장 20절에 근거한다.

> 모두[인간과 동물]가 한 곳으로 가고, 모두가 아파르(먼지, 흙)로부터 와서 존재하였고, 모두가 아파르(먼지, 흙)로 돌아간다.

인간과 동물 모두 동일한 재료, 즉 '아파르'(먼지, 흙)으로부터 와서, 다시 그것으로 돌아감을 이 본문은 매우 분명한 어조로 밝히고 있다.

또한 창세기 2장은 인간과 동물 모두에게 빚어짐의 결과적 상태를 동일하게 '네페쉬 하야'(생령; 살아있는 네페쉬[10])로 지칭한다. 이 둘 사이에 어떤 차이가 존재하는가? 창세기 2장에서 인간이 동물에 대해 갖는 우월함이 인간에게는 하나님으로부터 생기가 불어넣어졌음과 간혹 인간이 동물에게 이름을 부여했다는 사실을 기반으로 주장되기도 한다. 그러나 이름 부여의 의미는 어떤 종속 관계보다는 친밀한

그림 2. 두 산 사이로부터 태양신의 해방

관계를 나타내고자 함으로 이해할 수 있다. 또한 비록 동물에게 생기가 불어넣어졌음에 대한 언급은 없지만, 그것이 곧 동물에게 생기가 없음을 단정하는 것은 아니다.[11] 고대 중근동에는 살아 있는 모든 존재에게 생명을 부여하는 신(神)개념이 있는데, 이 개념 하에서 생각해 보면 인간과 동물은 창조주로부터 생명을 부여받았다는 점에서 동등한 존재라고 말할 수 있다. 고대 수메르에 알려진 단물의 신 엔키(Enki)의 개념은 어깨로부터 흘러나오는 물과 그 속의 그려진 물고기 형상을 통해 특징적으로 구별되는데(그림 2[12])의 오른쪽에서 두 번째 형상), 이것은 특히 창세기 2장의 창조의 그림과 결코 무관하지 않다. 거기에 언급된 '에드'(우리말 번역은 '안개'로 되어 있음)는 샘이며, 이 샘으로부터 솟아오르는 물은 하나님이 마치 토기장이와 같이 흙을 빚어 인간을 만들 때 그리고 동물을 만들 때, 필수조건이 된다.[13] 즉 인간과 동물은 모두 자신의 창조주로부터 생명을 선사 받은 존재라는 측면에서 동일한 위치에 있다.

2. 하나님의 돌봄을 받는 동물

구약이 동물을 하나님의 돌봄을 받는 존재로 서술한 점은 고대 중근동에 편만했던 사상(그림 3[14] 참조)과 궤를 같이 한다. 동물에 대한 하나님의 돌봄은 세 가지 측면에서 고려될 수 있다. 그것은 '인간과 동등하게', '인간을 통해' 그리고

그림 3. 신아시리아의 원형인장에 새겨진 타조와 염소를 길들이고 있는 '동물의 주'에 대한 표현

'인간과는 별개로'이다. 그리고 그 각각은 창세기 6장 19-22절, 9장 1-7절 그리고 8-17절을 통해 설명할 수 있다.

먼저 창세기 6장 19-22절을 보면, 하나님이 방주를 통해 홍수로부터 구원을 베풀 때 인간과 동물 사이에 차별을 두지 않는다. 즉 인간과 동물을 하나님이 동등하게 대하시는 모습이 관찰된다.

> 19 모든 살아 있는 것으로부터, 모든 육체로부터, 모든 것으로부터 둘을 너는 방주로 [들어] 가게 하여라. 너와 함께 살도록 말이다. 그것들은 수컷과 암컷이 될 것이다.

여기에 선행하는 17절은 이 구원의 계획에 선행하는 심판('멸절')에 있어서 이미 인간과 동물 간에 구별이 없었음을 보여준다.

> 17 그리고 내가(!), 곧 땅 위에 홍수가 있게 할 것인데, 그것은 그 속에 생명의 호흡이 있는 모든 육체를 하늘 아래로부터 전멸시키기 위함이다. 땅에 있는 모든 것이 죽게 될 것이다.

즉 하늘 아래에서 '생명의 기운이 있는 모든 육체'가 멸절의 대상이 된다. 그 심판으로부터의 구원('생명의 보존')에 있어서 인간과 동물은 동등하다.

동일 본문에서 관찰되는 또 다른 핵심은 두 번째 측면과 관련되는데, 그것은 인간이 자신과 동물의 구원에 있어서 중요한 언약의 주체가 된다는 점(18절의 "내가 나의 언약을 너와 함께 세울 것이다.")이다. 즉 인간을 통해 실행될 하나님의 언약이 인간뿐만 아니라, 동물 전체에 영향을 미친다는 것이다. 이 관점은 9장 8-17절에도 잘 나타난다. 거기서 인간이 주체가 되는 이 언약이 단순히 인간에게만 적용되는 것이 아니라, 오히려 "모든 생물", 즉 "너희와 함께 한 새와 가축과 땅의 모든 생물"에게 세워진 "영원한 언약"임이 드러난다.

> 16 무지개[활]가 구름 사이에 있을 것인데, 내가 그것을 보고 영원한 언약 기억할 것이다. 즉 하나님과 땅 위에 존재하며, 모든 육체 가운데 살아있는 모든 네페쉬 사이의 언약 말이다.

이것은 마치 오늘날 탄소 배출의 문제와 지구 온난화로 인해 초래될 환경 재앙과 매우 유사한 것으로도 볼 수 있는 홍수에서 인간의 역할이 무엇인가를 되돌아보게 만든다. 그 역할은 단순히 멸종되어 가는 생물종을 보존하고자 하는 노력, 동물의 복지를 위한 노력, 탄소 배출을 억제하고자 하는 모든 노력 등등의 인간과 모든 생물의 생존에 대한 인간의 책임으로 나타난다. 그러나 이것은 소극적인 면에서의 역할일 뿐이다. 궁극적으로 인간과 모든 생물이 하나님과의 영원한 언약 관계에 속에 함께 포함된, 즉 창조주 앞에서의 피조물로서 동일한 존재임을 인식하는 것은 이것과는 전혀 다른 차원에 속한다. 노아의 홍수로부터 오늘날 환경문제 해결의 단초로 붙잡을 수 있는 것은 아마도 인간과 동물이 심판에 있어서 '너와 나의 구별'이 없듯, 하나님의 영원한 언약으로 보장된 생존에 있어서도 역시 그러함을 인식하는 것이 아닐까? 생태문제를 해결함에 있어서 인간이 주인공이 되어서 무엇을 한다는 자세보다는 인간 역시 거대 생태계의 일원이라는 겸손함을 기초로 인간의 책임이 무엇인가를 생각하는 것이 필요하다.

언약의 주체가 되는 인간은 또한 자신을 위해서 뿐 아니라, 또한 동물의 생명 보존을 위해 방주를 지어야 했다. 게다가 먹을 모든 양식을 비축하여, 자신과 동물들의 먹을 것으로 삼아야 했다.

21a 너는 먹을 수 있는 모든 양식에서 너를 위해 취하고 네 옆에 저장하여야 한다.
21b 그것이 너와 그들[동물]을 위한 먹거리가 될 것이다.

그림 4. 제벨라인의 이티(Iti in Gebelein)에 있는 작은 성소의 그림, 투린 이집트 박물관(기원전 2050년경). 도축업자가 소를 도축하다. 목이 돌칼로 절단되고, 피가 동시에 솟아오르고 요리된다. 이어서 가죽이 벗겨지고, 내장을 들어내며 그리고 여러 고깃덩이로 나눠진다.

즉 인간에게는 동물을 돌보고 동물의 생명을 보존해야 할 책임이 있으며, 그것은 다름 아닌 인간을 향한 하나님의 명령이라는 사실이다.

인간에게 허용된 육식의 문제는 설명하기가 매우 어렵다. 그러나 인간을 통해 돌봄을 받는 동물에 대해 생각하는 이 맥락에서 주목해 볼 만한 것은 동물의 도살에는 분명한 조건이 있다는 것이다. 그것은 "모든 산 동물"이 인간에게 채소와 같이 "먹을 것"이 되나, 고기를 "생명 되는 피 채" 먹지 말라는 것이다. 9장 4절은 "고기를, 그것이 네페쉬 속에 있을 때, 즉 그 피에 있을 때"로 직역할 수 있다(의역하면, 그 피가 살아 돌고 있을 때). 즉 맹수들처럼 살아 있는 채로 잡아먹지 말라는 의미로 해석할 수 있다. 이것은 동물에 대한 최소한의 배려이며, '생명 존중'으로 볼 수 있다. 슈로어는 동물의 도살에서 경동맥을 절단하여 방혈시키는 것에 대한 기능적 그리고 신학적 의미를 다음과 같이 제시한다.

> 육식은 고대 이스라엘 그리고 또한 동양 전체에서 확실히 제의적인 제사 행위와 연결된다. 성전에서 도축되었고, 그 희생제물은 그 후 그것을 가져온 가족이 먹었다(삼상 1:4 이후 참고). 동물을 희생제물로 드리는 행위에는 신적 존재가 선사한 생명에 대한 경외감이 포함되어 있고, 그리고 그 제의가 바르게 드려지지 않았을 때, 동물의 살육은 인간과 신의 관계를 헤칠 수도 있었다. 그래서 동물은 신적 존재 앞에서 그리고 신적 존재를 위해서 살육되고, 그 후 공동체 안에서 먹을 수 있다. 그렇다면 이 식사는 즐거운 축제이다. 유대식으로 목을 베서 도살하는 것(Schächten)이 고대 동양의 그런 의식에서 동물을 잡아먹기 위해 도살하는 익숙한 방법이었다(위의 그림 4 참조). 목을 베서 도살하는 관행에 대한 가장 최근의 토론은 종종 동물들이 그 과정에서 매우 고통을 받을 수 있다는 잘못된 인상을 준다. 그러나 고대 문화의 관점에서 보면 적어도 목을 따서 도살하는 것이 전문적으로만 수행되면, 그것은 매우 신속한 살육의 방식이며, 또한 [살육당하는 동물을] 보호하는 방식의 살육이며, [그러므로] 그 당시에는 - 그리고 세계의 많은 곳에서 아마도 오늘까지도 - 그 외의 다른 대안이 없었고 지금도 없음을 [오히려] 확인하게 한다.[15]

비록 인간에게 육식이 허용되지만, 여기서도 역시 인간을 통한 동물에 대한 배려와 돌봄의 개념이 포함되어 있다고 볼 수 있다.

이제 세 번째 측면인 인간과는 별개로 하나님으로부터 직접적인 돌봄을 받는 동물에 관해서 살펴보고자 한다. 이 관점은 시편과 욥기에 잘 서술되어 있다. 특히 시편 104편은 하나님의 창조 세계에 인간을 위한 영역과 때 그리고 동물을 위한 영역과 때가 각각 구분되어 있음을 말한다. 특히 10절 이하는 동물에게 생명을 선사하는 야웨의 면모를 그리고 이어서 자신의 모든 창조물에 부족함이 없도록 돌보는 하나님의 모습이 인간 혹은 동물의 어느 한쪽으로 치우침이 없이 나타난다. 26-30절에 여러 번 반복하여 언급되는 '이것들' 그리고 '그들'은 문맥에서 인간과 동물 모두를 포함하는 개념임을 확인할 수 있고, 거기서 하나님은 인간과 동물 모두에게 생명을 주실 뿐 아니라, 거두기도 하시는 분으로 서술된다. 리데(Peter Riede)는 특히 시편 104편이 인간과 동물 그리고 식물이 모두 같은 운명공동체임을 말하며, 인간에게는 왕과 같은 특별한 지위가 부여된 것을 전혀 알지 못한다고 말한다.[16] 시편 50편 10-11절도 모든 동물을 소유한 주로서의 하나님의 모습을 서술하며, 시편 147편 9절은 다음 단락 욥기의 서술과 동일한 모습으로 해석될 수 있다.

욥기에는 특히 '야웨, 동물의 주' 모티브가 39장 이하에서 명확히 서술된다. 이 모티브는 이스라엘 주변 문화권에 이미 다양한 형태로 그리고 폭넓게 분포한 것으로 이해된다. 특히 인간을 향해 쏟아지는 하나님의 반어적 질문들에서 하나님이 인간보다는 다분히 동물에 대해 더 친밀감을 가진 것처럼 느껴진다. 욥기의 이 그림은 아마도 인간의 세계를 벗어난 곳이며, 인간의 발길이 전혀 미치지 않는 곳을 상징하는 "나무가 남으로나 북으로나 쓰러지면 그 쓰러진 곳에 그냥 있게 되는 곳"(전 11:3)과 연결되며, 인간이 아닌 하나님 자신이 인간의 통제를 비웃는 곳으로 그곳의 동물을 직접 돌보신다.

3. 인간의 경쟁 상대로서 동물

현대인의 삶 속에서도 확인되는바, 인간은 지금까지도 동물과 경쟁을 한다. 미야자키 하야오의 <원령공주>(원제: 모노노케 히메)는 개발을 위한 인간의 침투로 삶의 터전을 잃어버린 동물들 간의 목숨을 건 전쟁을 묘사한다. 인간이 침투한 곳에서 동물은 물러설 수밖에 없고, 인간의 몰락은 다시 동물들의 번성으로 이어진다. 영화 속 인간이 쏜 총탄이 박힌 멧돼지 신이 인간의 세계를 휘저어 파괴하며, 인간을 향해 던지는 메시지를 전해 받은 아시타카와 들개 신의 딸로 동물의 세계에서 자라 동물의 세계 대표로 상징되는 '산'의 최종적인 결합이 던지는 의미를 과연 '공존'이라고 볼 수 있는가? 인간과 동물은 과연 공존할 수 있음을 말하고 있는가? 아니면 그러해야 한다고 말하고 있는 것인가? 이 영화의 결론이 그것을 말하는 것 같지는 않다.

독일 본(Bonn) 시에 있는 하리보(Haribo) 공장은 매년 가을에 사람들이 하젤 누스(헤이즐넛)와 너도 밤(chestnut)을 주워오면, 그것을 그 무게에 따라 하리보로 교환해 준다. 그 시즌에 다람쥐들과 인간의 전쟁이 벌어지는 것이다. 물론 인간이 다람쥐를 이길 리는 만무하지만 말이다. 그런데 아이러니한 것은 그렇게 하여 산같이 쌓인 너도 밤과 하젤 누스가 그 공장 사장이 소유한 수많은 말의 먹이로 사용된다는 것이다. 공원을 다니며 힘들게 주워 모으는 노동이 다름 아니라, 말을 위한 것이었다는 사실이 우습다. 이것이 한편 인간이 동물과 경쟁하는 모습이기도 하다. 또 다른 한편 숲속 길을 산책하거나 달리는 독일인들이 길에 나뒹구는 밤을 발로 걷어찰 뿐 주워 먹지 않는 것에 놀라고, 또 한편 상점에서 파는 밤을 돈 주고 사먹는 것에 또 놀란다. 산속의 작은 짐승들의 먹이에 손을 대지 않고자 하는 그들의 배려라고 할 수 있다.

이것은 우리의 일상에서 경험하는 인간과 동물 사이의 경쟁과 그 경쟁 속에서 공존의 가능성을 타진하고 시도하는 모습일 것이다. 그러면 성서에서는 인간과 동물의 경쟁에 대해서 무엇을 말하고 있을까? 이사야 13장 20-22절은 바벨론에 대한 심판 예언의 일부인데, 거기에는 야웨의 날이 임하여, 땅이 황폐함 가운데 처하게 될 것과 그 땅의 죄인들이 그곳으로부터 진멸될 것 그리고 그 결과가 그곳에서 인간 거주민이 물러가고, 동물이 그곳을 대신 차지하게 될 것을 서술한다. 그곳을 서식지로 삼을 들짐승으로 타조, 들양, 승냥이, 들개가 예시된다. 이것은 다시 인간의 세계로부터 완전히 독립된 동물의 세계가 존재한다는 사실을 기초로 하여, 땅을 대상으로 한 인간과 동물의 경쟁 구도를 보여준다. 이사야 23장 13절과 34장 8-17절도 인간 심판의 결과로 땅이 당아새와 고슴도치, 부엉이와 까마귀의 서식지 그리고 가시나무, 엉겅퀴, 새품이 자란 승냥이와 타조의 훌륭한 처소, 이리, 숫염소, 올빼미의 서식지가 되며, 부엉이의 알이 부화 되고, 솔개들이 짝을 찾아 번식하는 곳이 됨을 보여 준다. 예레미야 50장 39절도 같은 그림을 보여 준다. 반면 호세아 2장 14절의 '거친 들'은 이스라엘의 구원과 회복의 그림 속에서 다시 인간 거주의 땅이 됨을 제시하기도 한다.

마치 땅을 두고 뺏고 빼앗는 경쟁을 하는 인간과 동물의 세계의 모습이 영화뿐 아니라, 성서의 서술에서도 관찰되는 것이다. 이렇게 인간과 동물은 서로 섞이지 않아야 할 존재일 뿐인가? 단순히 삶의 터전으로서 땅을 두고 밀고 밀리는 경쟁이 지금도 인간의 무자비한 개발에서 일방적인 인간의 승리로 진행되지만, 그보다 더 심각한 것은 인간의 개발 행위의 부산물로 쏟아내는 결과들이 직접적으로 동물의 세계에 피해를 준다는 것이다. 그리고 그 인간의 행위가 순수하게 하나님의 공의에 부합하지 않는다면, 결국 그 심판이 인간에게 미칠 것이고, 땅은 예전과 같이 다시 동물에게 돌아가게 될 것이다. 인간과 동물의 경쟁 구도가 생태적 관계 속에서는 이러한 모습으로 적용될 수 있을 것이다.

4. 인간이 본받아야 할 대상으로서 동물

동물은 구약에서 또한 인간이 본받아야 할 대상이기도 하다. 욥기 12장 7절은 비록 욥의 답답함을 토로하는 맥락에서 한 말이지만, 모든 짐승과 공중의 새 그리고 땅, 바다의 고기에게 물어보라고 말한다. 무엇을 말인가? 욥의 처지가 바로 하나님의 손의 행위 결과임을 말이다. 이것은 인간의 경험과 지혜와 교리의 틀 속에 갇힌 욥 자신과 그의 친구들을 향한 말이기도 하다. 그 틀에서 벗어나 인간의 지혜로 모두 다 파악할 수 없는 하나님의 비밀스러운 행위에 눈을 뜨라고 말이다. 또한, 잠언 6장 6-8절은 게으른 인간이 부지런한 개미에게 가서 그가 하는 것을 보고 지혜를 얻을 것을 교훈한다. 이렇게 인간은 동물로부터 교훈을 얻고 배워야 할 존재이기도 하다. 창조세계의 질서가 인간이 동물을 지배하는 단순한 종속 관계라면 이 구도는 도대체 어떻게 이해할 수 있는가?

코로나 19 바이러스가 우리에게 주는 교훈이 한 가지 있다. 누군가 말하길 바이러스는 인간보다 지혜롭다고 하였다. 코로나 바이러스가 창궐하여 그들이 숙주로 삼는 인간이 전멸한다면, 그 자신들도 역시 전멸할 것이기에 어떤 선에서 바이러스는 인간이 지속적인 생존을 할 수 있도록 더 기세를 부리지 않는다는 것이다. 오늘날 생태적 위기가 지구 멸망이라는 종착점을 향해 마지막 기세를 올리고 있는 상황에서 인간은 과연 그 도발을 스스로 멈출 수 있을까? 자신의 멸망을 뻔히 예상하면서도 멈출 줄 모른다면, 그것은 바이러스보다도 못한 모습이 아닐까?

5. 신학적 동물학

신학적 동물학의 관점에서 창조주 하나님과 인간 그리고 동물의 관계도를 그려 보면 아래와 같다.[17]

가장 왼쪽의 구도는 신학뿐만 아니라 일반적인 신앙인들의 통념 속에 깊이 뿌리박고 있는 개념이다. 이 개념에 경도된다면 우리는 동물을 착취의 대상으로만 생각하든지 혹은 착취까지는 아니지만, 우월한 존재로서 동물을 돌보고 지켜야 한다는 책임 의식을 가지고 살아갈 것이다. 환경의 재앙이 서서히 다가오는 현실 속에서 이제는 그 선을 넘으면 우리는 멸망할 수도 있다는 마지노선에 대해서 조금씩 타협을 하면서 말이다. 그런데 그것이 가능한가?

오른쪽의 두 관계도는 하나이다. 약간의 차이를 말한다면 하나는 인간을 아주 조금 더 우월한 존재로, 다른 하나는 동물을 아주 조금 더 우월한 존재로 표현했을 뿐이다. 이 관계도의 특징은 창조주 앞에서 인간과 동물이 동등한 위치와 동등한 돌봄의 대상일 뿐이라는 사실이다. 경쟁에서 무엇을 얻는 것과 혹은 공존의 가능성은 오로지 창조주의 손에 있을 뿐이다. 여기에는 인간의 철저한 피조성이 강조되고 인간도 피조 세계의 일부일 뿐이라는 인식이 짙게 깔려 있다. 이 관계도로 볼 때 인간은 현실에 닥친 환경의 재앙에서도 매우 제한적인 역할만 예상될 뿐이다.

이 신학적 동물학이 제시하는 인간과 동물의 관계도는 오늘날 생태적 위기 상황 속에서 우리가 더 주의를 기울여 생각해 볼 가치가 있다. 창조 세계에 대한 기존의 인간 중심적 구도는 매우 편중된 시각이며, 성서가 말하는 유일한 핵심이 아님을 알리는 것이 시급하다. 그렇지 않으면 교만한 인간이 감히 생태 위기 극복의 유일한 주체이며, 그것을 스스로 이룰 수 있다고 자신할 것이기 때문이다. 필자는 이 글을 쓰며, 인간의 교만한 이 모습이 매우 부적절하며, 심지어는 위험하다고 생각한다. 인간은 오로지 피조물일 뿐이다. 그러므로 인간은 모든 자연과 동물을 돌보며 관리할 책임을 주신 하나님 앞에서 그것에 대한 책임을 지고 현재 인간이 저질러 놓은 생태 위기에 대해 반성해야 한다. 그뿐 아니라, 이제는 그 위기 속에서 동일하게 생존을 위협받는 존재일 뿐임을 고백하고, 무엇을 어떻게 할 것인지 진지하게 고민해야 한다. 그 방안을 쉽게 찾을 수 없지만 말이다.

III. 나가는 말

구약은 동물에 대해 우리가 익숙하게 알고 있는 것과는 다른 서술을 많이 포함하고 있다. 신학적 동물학은 그 서술을 찾아 인간과 동물이 창조주 앞에서 어떤 관계성을 가졌는지를 서술하는 목표를 가지고 있다. 이러한 연구는 오늘날 환경의 재앙에 직면해 있는 우리 인간들이 무엇을 할 것인지를 고민하는 데에 중요한 기초적 자세를 제공해 줄 수 있다. 그 자세는 인간이 모든 피조물 가운데 한 부분일 뿐이라는 겸손함의 자세이다. 지금 당장 무엇을 하려는 시도 보다는 무분별한 진보와 개발을 멈추고 잠시 인간의 한계를 돌아보는 것이다. 이런 식으로 나가면 인류의 재앙뿐 아니라 전 지구적 종말이 뻔히 예상되기에 과연 인간이 무엇을 할 수 있을지를 겸허히 살피는 것이다.

지금도 땅은 인간과 동물 사이에서 경쟁으로 뺏고 빼앗기며, 다시 뺏는 삶의 터전이기도 하다. 원전 사고와 같은 중대한 실수만 아니면, 대개 이 경쟁 속에서 인간이 승리를 쟁취하는 듯하다. 그러나 궁극적 귀속의 여부를 여전히 인간이 마음대로 결정할 수 없다. 그것을 결정하는 심판과 구원의 구도 속에서 예언서가 보여주는 인간의 죄와 그 죄에 대한 심판이 반드시 오늘날 환경의 문제와 직결되는 것은 아니지만, 체르노빌이나 후쿠시마의 경우에서 우리는 중요한 교훈을 얻을 수 있다. 이미 작년 이후 아직 돌파구를 마련하고 있지 못하는 코로나의 상황에서도 우리는 창조 속에서의 인간의 위치를 다시 확인하고, 생태학적 위기 극복을 위해 실천적 움직임이 필요하다는 것을 깨달아야 한다. 물론 우리를 구원에 이르게 하는, 즉 생태의 복원과 인간을 포함한 우리 모든 피조물의 새로워짐은 하나님의 손에 달려 있지만, 그것 아무것도 하지 않는 인간에게는 허용되지 않기 때문이다.

미주

1) 동물신학에 대해서는 앤드류 린지, 『동물신학의 탐구』, 장윤재 옮김 (대전: 대장간, 2014)을 참고하라.

2) '신학적 동물학'에 대한 학문적 개념 정의는 필자 개인의 정의임을 밝히는 바이다. 구글 학술검색 또는 학자들의 학문적 네트워크인 www.academia.org를 검색해 보아도, 아직까지 'theological zoology'를 언급하는 학자가 많지 않음을 알 수 있다. 현재까지 학문적 논의를 활발히 이어가는 대표적인 학자로, 라이너 하겐코드(Rainer Hagencord)가 있는데, 그의 참고할 만한 책은 *Gott und die Tiere: Ein Perspektivenwechsel* (Regensburg: Friedrich Pustet, 2018); *Die Würde der Tiere: Eine religiöse Wertschätzung* (Gütersloh: Gütersloher Verlagshaus, 2011); *Noahs vergessene Gefährten: Ein zerrüttetes Verhältnis heilen* (Ostfildern: Matthias Grünewald, 2010); *Gott und die Tiere: Ein Perspektivenwechsel* (Regensburg: Friedrich Pustet, 2008); *Diesseits von Eden: Verhaltensbiologische und theologische Argumente für eine neue Sicht der Tiere* (Regensburg: Friedrich Pustet, 2005)가 있다. 하겐코드가 가장 최근에 쓴 논문으로 "Vom Mit-Sein des Menschen mit allem Lebendigen: Über einen vergessenen und wieder zu entdeckenden Traum," in *Natur und Schöpfung*, ed. I. Fischer et al (Jahrbuch für Biblische Theologie 34; Göttingen: Vandenhoeck & Ruprecht, 2020), 275-301; "Mensch – Tier – Natur: Anthropologische, ethische und theologische Perspektiven," *Diakonia, Internationale Zeitschrift für die Praxis der Kirche* 4 (2020): 245-250와 또한 페이스 G. 폴(Faith Glavey Pawl)의 "Exploring Theological Zoology: Might Non-Human Animals Be Spiritual (but Not Religious)?," in *The Lost Sheep in Philosophy of Religion: New Perspectives on Disability, Gender, Race, and Animals*, ed. Blake Hereth & Kevin Timpein (New York: Routledge, 2019)를 참고하라.

3) 레오나르도 보프는 생태학을, "(생물이든 무생물이든) 존재하는 모든 것이 자신과, 그리고 (실재하는 것이든 잠재하는 것이든) 존재하는 다른 모든 것과 갖는 관계이자 상호 작용이며 대화"로 정의한다. 레오나르도 보프, 『생태신학』, 김항섭 옮김 (서울: 가톨릭출판사, 1996), 21.

4) 생태학적 논의의 큰 틀 속에서 생태 신학은 근본적으로 존재하는 모든 것을 그것이 존재하게 한 창조주와 연관하여 논의하는 것으로 좁혀서 이해할 수 있다. 이에 관해, 보프, 『생태신학』, 67 이하를 참고하라.

5) Silvia Schroer, *Die Tiere in der Bibel: Eine kulturgeschichtliche Reise* (Basel: Herder, 2010), 7. 실비아 슈로어, 『성서의 동물들』, 강철구, 구자용 옮김 (출간예정).

6) '하나님의 형상'을 고대 중근동의 왕의 이데올로기로만 이해하는 것에 반대하는 야콥 뵈얼레(Jakob Wöhrle)의 주장에도 귀를 기울일만하다. 그는 이것을 창세기 2장 7절 그리고 9장 6절과 연관하여 사람에게 신적인 무엇이 있어서, 다른 존재들, 특히 동물과 구분되는 면이 있다고 판단한다. 이에 관해, Jakob Wöhrle, "dominium terrae: Exegetische und religionsgeschichtliche Überlegungen zum Herrschaftsauftrag in Gen 1,26-28," *ZAW*

121(2009): 171-188, 177-178을 참고하라. 필자가 보기에도 창 9:6의 언급은 적어도 그 곳에서는 전후 문맥 상 확실히 땅에 대한 통치 개념과 연결되지는 않는 것 같다.

7) Schroer, *Die Tiere in der Bibel*, 19.

8) 이에 관해, Claus Westermannn, *Genesis* : 1. Teilband *Genesis 1-11* (BK I/1; Neukirchen-Vluyn: Neukirchener Verlag, 1976), 219를 참고하라. 또한 한동구도 29-30절이 선행하는 26-28절과 대립되고 모순됨을 인식하는데, 이것은 인간에게 동물이 음식으로 허락되지 않았다는 것을 의미하며, 이를 통해 인간에게 부여된 동물 세계에 대한 지배와 정복에는 제한이 있을 뿐 아니라, 더 나아가 피조물 사이에 평화의 개념이 고안되어 있음을 발견한다. 이에 관해, 한동구, 『창세기 해석』 (성남: 도서출판 이마고데이, 2003), 103, 116을 참고하라.

9) '만듦'과 '파괴'의 개념의 공존으로 창조자의 절대적 주권이 강조되는 '야차르 창조 신학'은 렘 18장의 토기장이의 비유 핵심이기도 하다. 이에 관해, Udo Rüterswörden, ***dominium terrae: Studien zur Genese einer alttestamentlichen Vorstellung*** (Berlin: Walter de Gruyter, 1993), 55를 참고하라.

10) '네페쉬'를 단순하게 '영'(靈)으로만 번역하기에는 한계가 있다. 차라리 히브리어 '네페쉬'를 그대로 쓰고, 인간이든 동물이든 살아 존재하는 그 자체 혹은 전체로 이해하는 것이 좋겠다.

11) 각주 7의 뵈엘레의 견해를 다시 참고하라. 뵈얼레와는 달리 필자는 동물에게도 생기가 있으며, 그러므로 인간과 동물 사이에 그것으로 인해 어떤 중대한 차이가 있다는 견해를 부정적으로 평가한다.

12) ANEP 685 참조. 이 그림에서 주목하고자 하는 것은 태양신이 아니라, 어깨에서 흘러나오는 물로 특징화된 단물의 신 엔키(Enki)/에아(Ea)이다. 그 어깨의 물속에 고기가 표현되어 있다. 수메르인들의 신관에서 엔키는 단물 바다의 신이며, 그 바다 위에 육지가 둥둥 떠 있고, 샘을 통해 단물이 솟아난다. 이에 관해, F. Schmidtke, "Sumer," *Biblisch-Historisches Handwörterbuch III* : 1889-1890 중 1889 참조.

13) E. Jacob, "Schöpfung 1.-2.," *Biblisch-Historisches Handwörterbuch III* : 1710-1714 중 1712 참조.

14) 뤼디거 룩스, 『이스라엘의 지혜』, 구자용 옮김 (고양: 한국학술정보, 2012), 184.

15) Schroer, *Die Tiere in der Bibel*, 20-21과 Farbetafeln No.2를 참조하라.

16) Peter Riede, "Mensch und Welt in der Sicht des Alten Testaments. Am Beispiel von Psalm 104," in ***Schöpfung und Lebenswelt: Studien zur Theologie und Anthropologie des Alten Testaments*** (Marbruger Theologischen Studien 106; Leipzig: Evangelischen Verlagsanstalt, 2009), 114.

17) 이 관계도는 필자의 다른 논문, 구자용, "야웨, 동물의 주: 신학적 동물학에 대한 소고," 「구약논단」 제56집(2015): 229에서 참고하였음.

제3장

무엇을 먹을까?

레위기 음식법에 대한 생태학적 읽기*

박유미

I. 들어가는 말

‘무엇을 먹을까?’ 이것은 매끼니 모든 사람의 고민일 것이다. 요즘 같이 먹을 것이 풍부한 시대에 좀 더 맛있는 것을 찾아나서는 TV프로그램도 몸에 좋은 먹거리에 대한 정보도 넘쳐난다. 그뿐만 아니라 요즘은 먹는 것 자체를 즐기며 맛있게 먹는 모습 혹은 많이 먹는 모습을 보여주는 ‘먹방’이 인기다. 그리고 한편에서는 많이 먹은 것을 빼기 위해 육류만 먹기도 하고 채소만 먹기도 하며 다이어트를 하고 있다. 또한 좀 더 건강하고 공정한 먹거리를 사기 위해 농약을 사용했는지, 유전자 변형을 한 식품인지, 가축들이 어떤 환경에서 자라는지, 공정한 거래를 한 식품인지 등 많은 것을 고려한다. 그런데 그동안 우리는 일상에서 가장 중요한 먹거리에 대한 고민을 교회나 신앙과 무관하게 생각하였고 이에 대해 교회에서 거의 이야기하지 않

* 이 글은 「성경과 신학」 99 (2021)에 실린 “레위기 음식법에 대한 생태학적 접근”을 본서에 맞게 수정한 것이다.

았다.

COVID-19 펜데믹을 지나면서 우리는 생태계가 심각한 위기에 직면했음을 깨닫게 되었고 생태계의 위기를 일으키는 요소 중 하나가 먹거리와 연결되어 있다는 것을 알게 되었다. 그 대표적인 문제 중 하나는 지나친 육류의 생산과 소비에서 오는 환경파괴와 탄소 배출의 문제이고 또 하나는 인간이 야생동물의 서식지까지 침범해서 야생동물과 빈번하게 접촉하고 섭취하면서 생겨난 문제이다. 야생동물의 접촉과 섭취는 그들의 서식지 파괴와 종족의 멸종을 가져올 뿐만 아니라 최근 20여년 사이에 일어난 전염병들은 모두 야생동물과의 접촉 혹은 섭취로 인해 일어났다. 이렇게 인간과 야생동물의 빈번한 접촉과 섭취는 야생동물과 인간의 생존을 위태롭게 만들고 있다.

우리는 기독교인으로서 환경을 파괴하고 야생동물을 멸종시키며 인간을 위태롭게 하는 무분별한 식생활에 대해 생각해 볼 필요가 있다. 하나님은 이 세상을 창조하시고 인간에게 '땅을 다스리고 정복하라'는 명령을 하시며 땅을 다스릴 권한을 위임하셨다. 하지만 이것이 인간과 다른 종들의 생존을 위태롭게 하거나 멸종시켜도 되는 권한은 아니다. 인간은 생존을 위해 음식이 반드시 필요하고 하나님이 식물과 고기를 먹도록 허락하셨지만 그것이 생태계를 위험하게 만들 정도로 식탐을 부려도 좋다는 의미는 아니다. 그동안 신학은 인간과 하나님과의 관계, 인간과 인간과의 관계, 그리고 이 세상보다는 내세에 관심을 가졌다. 그렇기 때문에 우리가 사는 지구의 환경과 동물, 식물을 포함한 생태계 문제에는 그다지 관심을 두지 않았고 우리의 먹거리와 신학은 무관한 것이라고 여겼다. 하지만 지금과 같은 생태 위기 속에서 우리는 하나님과 생태계, 인간과 생태계의 관계에 관심을 가져야 한다. 왜냐하면 교회 공동체는 인간 공동체의 일부이고 이 인간 공동체는 우주 공동체이며 교회도 생태계의 망 속에서 한 부분을 차지하고 있기 때문이다.[1] 그래서 이 글에서는 레위기 11장의 음식법을 생태학적 관점에서 살펴보면서 인간이 생태계와 동물에 대해 어떤 태도를 가져야 하는지 그리고 기독교인으로서 무엇을 어떻게 먹을지 고민해 보려고 한다.

여기서 한 가지 전제해 둘 것은 성경 자체가 오늘의 생태학적 위기 상황에 대해서 완성된 해답을 주지 못한다는 것이다. 생태학적 위기는 인간 경험에 새로운 것이기 때문에 과거 전통에 생태학적 영성이나 윤리가 그대로 형성되어 있는 경우는 없다. 따라서 현대적 상황에 맞는 재해석을 해야 한다.[2] 그러므로 음식법에 대한 생태학적 읽기는 기존의 신학적 해석을 반대하거나 대체하는 해석이 아니다. 전통적 해석을 바탕으로 해석의 지평을 넓혀 생태학적 관점을 더하여 교회가 생태 위기에 참여할 수 있는 신학적 기반을 마련하려는 것이다. 사실 레위기 11장의 음식법도 생소하고 생태학적 읽기도 생소하지만 이 생소한 두 지평의 만남을 시도해 보려고 한다. 그러므로 이 글에서는 먼저 음식법이 나오는 본문인 레위기 11장 1-23절의 내용을 간략하게 살피고 음식법에 대한 전통적인 신학적 해석을 정리하고 이를 바탕으로 생태학적 적용을 할 것이다.

II. 레위기 11장 1-23절 본문 읽기

이 장에서는 레위기 11장 1-23절의 구조를 분석하고 내용을 간단하게 살펴보려고 한다.

레위기 11장은 서론(1절), 먹을 수 있는 동물과 먹을 수 없는 동물의 구분(2-23절), 사체의 부정과 처리법(24-45절), 결론(46-47절)으로 이루어져 있다. 이 글에서는 음식법을 중심으로 다루기 때문에 본문을 레위기 11장 1-23절로 한정하려고 한다. 1-23절의 구조는 서론, 육지 동물, 수중 동물, 새, 곤충으로 다음과 같이 나눌 수 있다.

1절: 서론(여호와께서 모세와 아론에게 말씀하여 이르시되)
2-8절: 육지 동물 구분(먹을 수 있는 것과 부정한 것)
9-12절: 수중 동물 구분(먹을 수 있는 것과 가증한 것)
13-19절: 먹을 수 없는 새(가증한 것)
20-23절: 곤충[3] 구분(먹을 수 있는 것과 가증한 것)

이 본문은 여호와께서 모세와 아론에게 말씀하셨다는 구문으로 시작한다. 11-17장의 정부정법(淨不淨法)을 설명하는 서두에서 모세와 아론이 함께 언급되는 경우가 종종 나타난다(11, 13, 15장). 제사장은 어떤 것이 정한 것과 부정한 것인지 판단할 책임이 있기 때문에 아론이 하나님의 말씀을 직접 들은 것이다.

레위기 11장은 창세기 1장의 분류와 동일하게 동물을 육지 동물, 수중 동물, 새, 곤충으로 나누었고 이들 중에서 먹을 수 있는 동물과 먹을 수 없는 동물로 나누었다. 육지 동물은 '먹을 수 있는 것'과 '부정한 것'으로 분류되고 수중 동물과 곤충은 '먹을 수 있는 것'과 '가증한 것'으로 분류된다. 그리고 새의 경우는 먹을 수 있는 것에 대한 언급은 없고 먹을 수 없는 '가증한 것'의 목록만 나열되었다.

내용을 보면 육지 동물의 경우 먹을 수 있는 것은 되새김질하는 초식동물 중에서 굽이 갈라진 것이며 그 외는 모두 부정한 것으로 분류된다. 여기서 되새김질은 하지만 굽이 갈라지지 않은 동물(낙타, 사반, 토끼)과 굽은 갈라져 있지만 되새김질을 못하는 동물(돼지)의 예를 구체적으로 언급하며 이 두 가지 조건이 모두 만족되어야 함을 강조하고 있다. 그리고 수중 동물의 경우 지느러미와 비늘이 있어야 하며 그 외는 모두 가증한 것으로 분류된다. 새는 특징만 언급된 수중생물과 대조적으로 가증한 것으로 여겨지는 새의 명단을 나열한 반면, 먹을 수 있는 새의 특징을 언급하지는 않는다. 이것은 여기에 언급된 새를 제외하고는 모두 먹을 수 있다는 의미이다. 그런데 먹을 수 없는 새들의 공통된 특징은 육식을 하는 맹금류들이다. 곤충의 경우, 먹을 수 있는 것은 날개가 있고 뛰는 다리를 가진 네 발 달린 네 종류(메뚜기, 베짱이, 귀뚜라미, 팥중이)이고 나머지는 가증한 것으로 분류된다.

육지 동물과 새의 경우 공통적으로 육식동물의 식용이 금지되는데 이것은 피의 식용 금지와 연결된다. 고든 웬함(Gorden Wenham)은 육식동물이나 맹금류가 다른 동물을 사냥해서 먹기 때문에 피와 함께 고기를 먹어서는 안 되는 근본 원리를 위반하는 것이므로 육식동물이나 맹금류를 피를 빼지 않고 고기를 먹는 사람들이 부정해지는 것처럼 부정한 것으로 선언된다고 하였다.[4] 제이콥 밀그롬(Jacob Milgrom)은 피의 식용 금지가 창세기 9장 3-6절에서 노아와 그의 아들들에게 육식을 허용하며 시작되었고 음식법은 이것과 연속성을 가진다고 하였다.[5]

본문에서 식용이 금지된 동물에 대해 두 가지 용어를 사용하는데 육지 동물은 '부정한 것'(타메)으로 그 외는 '가증한 것'(쉐케츠)으로 표현한다. '가증한 것'은 부정을 나타내는 관습적인 단어인 '타메'보다 좀 더 불쾌한 뉘앙스를 표시한다.[6] 그래서 존 하틀리(John E. Hartley)는 레위기가 신명기와 달리 '가증한 것'이라는 단어를 사용하여 먹을 수 없는 물고기에 대한 반감을 가중시켰다고 설명한다.[7] 밀그롬은 '부정한 것'으로 언급된 동물은 먹거나 만져서도 안되지만 '가증한 것'으로 언급된 동물은 먹는 것은 안 되지만 만지는 것으로는 부정해지지 않는다고 주장하였다.[8] 하지만 성경 본문에도 말을 타거나 나귀를 타는 경우들이 종종 등장하기 때문에(수 15:18; 삿 10:4; 삼상 25:20) 만지는 것으로 부정해진다는 밀그롬의 견해는 받아들이기 어렵다. 하틀리도 부정한 동물을 만지거나 이동시킬 때가 아니라, 단지 먹을 때만 의식적으로 부정해지기 때문에(8절) 나귀나 낙타와 같은 동물은 사육될 수 있었다고 주장하였다.[9] 이렇게 '부정한 것'과 '가증한 것'을 구분한 견해과 달리 박철현은 레위기 7장 21절과 11장 43-44절에서 두 구문을 평행하게 사용하는 것을 근거로 두 단어는 동의어처럼 사용되었다고 하였다.[10] 레위기 11장 43절을 보면 땅에 기는 동물을 금지하면서 '가증하게 되는 것'이 곧 '부정하게 되는 것'이라고 표현하며 가증한 동물과 부정한 동물 모두 먹는 것을 금지하고 있다. 그러므로 현재 본문에서는 '부정한 것'과 '가증한 것'을 같은 의미로 사용하고 있는 것으로 생각된다.

그런데 본문에서는 정결한 동물과 부정한 동물을 나눈 근거와 신학적 의미가 구체적으로 언급되지 않기 때문에 학자마다 다양한 해석을 하는데 다음 장에서는 그동안 이 본문이 어떻게 해석되어왔는지를 살펴보면서 음식법에 대한 신학적 의미를 정리하겠다.

III. 음식법에 대한 해석들

이 장에서는 음식법에 대한 다양한 해석을 소개하며 정부정 동물을 나눈 근거와 음식법의 신학적 의미를 정리하므로 생태학적 읽기를 위한 토대를 마련하려고 한다.

첫째, 정한 동물과 부정한 동물로 나눈 것은 인간의 관점에서 볼 때 임의적이라는 해석이다. 하나님에 대한 인간의 순종을 시험하기 위해 하나님만의 이유로 주어졌기 때문에 인간은 그 기준을 알 수 없다는 것이다.[11] 주로 랍비들이 이 해석을 지지하였다. 그런데 임의적 분류라는 해석은 그 기준을 알 수 없다는 부분에서 후에 나오는 윤리적 해석과 비슷하다.

둘째, 알레고리적 해석이다. 이 해석은 가장 오래된 것으로 아리스테아스(Aristeas)와 필로(Philon)와 초기 기독교 교부들이 많이 사용하였다. 그들은 정결한 동물의 습성과 행동은 이스라엘의 올바른 행동 방식이고 부정한 동물들의 행동과 습성은 죄인 혹은 이방인을 표현하는 것이라고 설명하며 음식법이 교훈적 기능을 가진다고 주장하였다. 예를 들면 필로는 배로 기는 파충류를 자기 배를 채우고자 몰두하는 자들을 상징하는 것으로 보았다.[12] 그런데 이 해석은 아직도 한국교회에서 종종 사용된다.

셋째, 제의적 해석이다. 이 해석은 몇 가지 동물들에 대해 먹는 것을 금지한 것은 그 동물들이 주변 이방 나라의 제의와 종교와 밀접하게 연결되어 있기 때문이라고 설명한다. 즉, 음식법을 이방 종교의 영향을 막기 위한 벽으로 본 것이다. 그런데 이 해석은 돼지의 경우는 설명되지만 고대 근동의 많은 나라에서 신으로 숭배받았던 소를 정결한 동물로 분류한 것은 설명하기 어렵다.[13)]

넷째, 위생학적 해석이다. 이 해석은 부정한 동물은 질병을 감염시켜서 먹기에 부적합하며 정결한 동물은 먹기에 안전한 동물이라는 것이다. 이것은 특히 건강관리와 의학에 관심이 많은 20세기 독자들에게 잘 받아들여진 해석으로 하나님은 자신의 섭리로 이스라엘 민족의 건강에 기여하는 규례를 주셨다는 것이다. 하지만 웬함은 정결한 동물이 부정한 동물보다 더 위생적이라는 근거를 찾기 어렵고 구약 본문에서 부정한 동물이 건강에 해롭기 때문에 피해야 한다는 암시도 없으며 또한 몸에 해로운 식물은 왜 분류되지 않았는지에 대해 설명하기 어렵다며 비판하였다.[14)] 또한 하틀리는 신약이 먹을 수 있는 동물과 먹을 수 없는 동물의 구별을 모두 제거했는데 하나님 자신이 건강을 증진시키기 위해 주신 법들을 제거하신 것은 은 이해할 수 없다고 비판한다.[15)] 이 해석은 한동안 한국교회에서 유행했었는데 요즘은 거의 받아들여지지 않는다.

다섯째, 인류학적 해석이다. 이 해석은 정한 동물과 부정한 동물의 구별은 이스라엘의 세계관과 삶의 가치를 반영한다는 것이다.[16)] '정결함'이란 '온전함' 혹은 '정상'을 의미하고[17)] 정결한 것은 이스라엘 사회가 추구하는 질서/체계/형태와 꼭 들어맞는 것이며 이에 벗어나는 것은 모두 부정한 것이 된다고 보았다.

메리 더글러스(Marry Douglas)는 동물의 이동 수단을 통해 정결한 동물과 부정한 동물을 나누었다.[18)] 그에 따르면 유목민에게는 새김질하고 갈라진 굽을 가진 동물이 식용에 적합하기에 정결한 동물로 보았다는 것이다. 그리고 부정한 새들은 비행 외에 추가적으로 다이빙을 하거나 수영을 하는 특성을 갖는데 이런 행동이 그들을 온전한 새다움을 갖지 못하게 만든다는 것이다. 이렇게 물고기, 조류 그리고 곤충 중에서 정결한 것은 그들이 사는 영역에 적합한 이동 수단을 사용하는 것들이다. 또한 정결한 동물과 부정한 동물의 구별은 사람과 유비를 갖는다고 보았다. 사람은 도덕적 물리적 온전함의 규범에 일치해야 하고 동물은 속해 있는 동물 집단의 표준에 일치해야 한다고 보았다.[19] 또한 음식법은 하나님의 유일성, 순결성, 완전성에 대한 묵상을 매 순간 상기시키는 표징으로 이런 상징적인 율법 체계는 이스라엘 백성들이 식사할 때마다 자신들이 구속받아 하나님의 백성이 된 것을 상기하는 기능을 한다.[20] 이런 설명은 알레고리 해석과 유사한 부분이 있다. 하지만 이스라엘의 세계관에 기준을 두고 있다는 점에서 기준이 없는 임의적인 알레고리 해석과 다르다.

이렇게 더글러스는 당시 이스라엘의 문화 인류학적 기준을 따라 정결한 동물과 부정한 동물을 나누었고 이런 분류의 이유가 자신들이 구별된 하나님의 특별한 백성이라는 것을 기억하기 위한 수단이라고 해석하였다. 그리고 필립 젠슨(Philip P. Jenson)은 더글러스의 견해를 보완하여 음식법은 여호와가 이스라엘과 열방을 구별하기 위해 만든 것이라고 하였다. 그리고 성경에서 동물 세계를 세 가지 영역(제의용, 정결한 것, 부정한 것)으로 나눈 것은 인간 세계를 세 영역(제사장들, 이스라엘, 이방인)으로 나눈 것과 연결할 수 있다고 보았다.[21]

여섯째, 윤리적 해석이다. 이 해석은 음식법의 핵심 목적이 동물을 죽여 식용으로 사용하려는 시도를 차단하는 것으로 생명 존중 사상을 가르치려는 의도를 가진 것이라고 보는 것이다.[22] 밀그롬은 음식법이 피의 금지와 연결되며 피의 금지는 기본적으로 생명 존중을 의미한다고 보았다.[23] 또한 그는 이스라엘 식단을 몇 가지 동물로 제한하는 법은 이스라엘이 열방과 분리되어야 한다는 점을 매일 식탁에서 일깨워주는 것이라고 말한다.[24] 그리고 음식법의 윤리적 목적은 동물의 왕국과 동물의 생명에 대한 이스라엘의 접근을 제한하는 것으로 즉, 동물 생명 보호의 차원에서 먹을 수 있는 종류를 제한하려는 것이라고 설명한다.[25]

마지막으로 다양한 해석에 대해 정리해 보자. 현재 신학계는 더글러스의 인류학적인 해석과 밀그롬의 윤리적 해석을 가장 많이 받아들이는데 이를 종합하면 다음과 같이 세 가지로 정리할 수 있다. 첫째, 음식법에서 정부정을 구분하는 것은 이스라엘의 세계관과 율법적 체계를 밑바탕에 깔고 있다. 그렇기에 유목민이었던 이스라엘 사람들이 생각하기에 '정상' 혹은 '완전'하다고 여기는 것을 정결한 동물로 구분하였다. 그리고 율법 체계 속에서 열방은 모든 동물과 대응되고 이스라엘은 정결한 동물과 대응되고 제사장은 제사에 사용되는 거룩한 동물과 대응되는 삼중적 체계를 가지고 있다. 둘째, 이스라엘 백성들이 정결한 동물만 먹는 것은 하나님의 거룩한 백성이라는 것을 드러내는 삶의 방식이며, 식사 때마다 하나님의 율법을 지키는 거룩한 삶을 살아야 한다고 다짐하는 의식이다. 셋째, 피의 섭취를 금지하고 먹을 수 있는 동물의 수를 제한하는 것은 생명을 함부로 죽이지 말라는 생명 존중 사상을 내포하고 있다.

IV. 음식법에 대한 신학적 의미 찾기

이 장에서는 위의 다양한 해석을 기반으로 음식법이 구약의 다른 부분과 어떻게 연결되는지, 어떤 신학적 의미를 가지고 있으며 신약과 어떤 관계가 있는지 살펴보려고 한다. 음식법에 대한 신학적 의미를 찾는 것은 생태학적 읽기를 위한 기초 작업이라고 할 수 있다.

1. 구약에서 신학적 의미

인간은 음식을 먹어야 살기 때문에 음식은 인간이 창조되는 시점부터 주어졌다. 창조 시 하나님은 인간에게 씨 맺는 모든 채소와 씨 맺는 열매를 먹거리로 주셨다(창 1:29). 그러므로 최초 인간에게 허락된 먹거리는 곡식과 과일류 등 식물이었다. 그런데 하나님은 인간의 타락으로 인한 홍수심판 이후 노아에게 모든 동물을 먹거리로 허락하셨다(창 9:3 "모든 산 동물은 너희의 먹을 것이 될지라 채소 같이 내가 이것을 다 너희에게 주노라"). 하나님은 홍수가 막 끝난 상황에서 인간의 생존을 위해 육식을 허용하신 것이다. 밀그롬은 이에 대해 노아가 더 이상 아담과 같은 이상적인 인간이 아니라 실질적인 인간으로 하나님이 노아의 식량과 필요를 위해 마지못해 허락했다고 설명한다.[26] 즉, 육식은 창조 당시 하나님이 의도하셨던 이상적인 상태가 아니라 인간의 타락으로 인한 심판 후 인간의 생존을 위해 어쩔 수 없이 허락하신 것이다. 하나님은 육식을 허락하시는 대신 피를 먹는 것과 함부로 피를 흘리는 것을 금지하셨다. 창세기 9장 1-7절의 구조를 보면 다음과 같다.

1절 생육하고 번성하라 땅에 충만하라
    2-3절 육식을 허용
    4-6절 피의 섭취 금지와 살인 금지
7절 생육하고 번성하라 땅에 충만하라

이 구조를 보면 4-6절의 피의 규례는 육식 허용과 연결된 부가적 설명으로 동물의 경우, 살상은 허용되지만 피의 섭취는 금지하고 인간의 경우, 피 흘리는 것 자체를 금지한다. 여기서 동물 피의 섭취와 인간의 피흘림을 같이 언급한 것은 인간의 피와 마찬가지로 동물의 피도 하나님으로부터 기원한 생명의 근원이 되기 때문에 동물도 함부로 죽이면 안된다는 의미를 담고 있다. 그러므로 창세기 9장 1-7절에서 인간에게 주어진 '생육하고 번성하라'는 명령은 동물에 대한 무분별한 살육과 섭취를 억제하고 다른 인간에 대한 억압과 살인과 같은 피흘림을 억제하는 선에서 이루어져야 한다고 제한을 둔 것이다. 이렇게 동물이든 사람이든 생명을 함부로 죽이면 안 된다는 것은 홍수 이후 새로운 인류를 향한 하나님의 유일한 명령이면서 가장 본질적인 명령이라고 할 수 있다.[27] 이런 맥락에서 보면 인간의 생육과 번성은 생태계의 다른 생명을 존중하고 공존할 수 있는 범위 안에서 성취해야 할 명령인 것이다.

홍수 후 모든 인류에게 모든 동물을 먹을 수 있도록 허락하신 하나님은 레위기 11장에서 자신이 선택한 백성인 이스라엘에게 모든 동물 중에서 몇몇 동물만 제한적으로 먹으라고 명령하신다. 즉, 하나님은 동물을 정결한 것과 부정한 것으로 나누어 이스라엘에게 정결한 동물만 먹으라고 제한하신 것이다. 정결한 동물에는 소와 양과 염소와 같은 가축들과 노루, 사슴, 산양, 산 염소, 들소 등과 같은 야생동물이 모두 포함된다(신 14:4-6). 이 중에서 제사용으로는 그들이 기른 가축인 소와 양과 염소, 비둘기 정도만 사용할 수 있다. 그리고 되새김질하고 굽이 갈라진 야생동물의 경우 사냥해서 먹을 수 있지만 그 종류는 상당히 제한되었기 때문에 고기를 얻기 위해 야생동물을 마구잡이로 사냥하는 것은 금지된 것과 마찬가지이다. 이렇게 먹을 수 있는 동물을 제한하는 음식법은 다음과 같이 세 가지 신학적 의미를 포함하고 있다.

첫째, 음식법은 이스라엘이 여호와 하나님을 섬기는 백성이라는 것을 드러내는 하나의 징표이다. 더글러스의 말처럼 음식법은 매일의 식사를 통해 이스라엘이 자신의 정체성을 인식하게 되는 것이다. 이스라엘 백성은 날마다 차리는 식탁에 주변 나라 식탁에서 흔히 볼 수 있는 돼지고기나 말고기 등을 올리지 않음으로써 자신이 주변 나라들과 구별되는 거룩한 하나님의 백성이라는 것을 식사 때마다 기억한다. 또한 주변 나라 사람들과 같은 식탁에 앉았더라도 부정한 동물을 먹지 않음으로 다른 사람들에게 자신이 하나님의 백성이라는 사실을 드러낸다. 이렇게 음식법은 이스라엘이 여호와 백성이라는 것을 드러내며 이스라엘과 열방을 구별하는 중요한 징표인 것이다. 이를 통해 알 수 있는 것은 구약이 음식을 단순히 인간의 번성과 생명 유지를 위한 수단으로 본 것이 아니라 한 사람의 정체성을 나타내는 징표로 보았다는 것이다. 그런데 음식이 그 사람의 정체성을 나타낸다는 신학적 해석은 단지 종교적인 분야뿐만 아니라 '무엇을 먹느냐가 그 사람을 결정한다'는 요즘 생태학적 이슈를 잘 나타내는 해석이다.

둘째, 음식법은 여호와 율법의 순종 여부를 알려주는 하나의 지표이다. 제프리 하퍼(Geoffrey G. Harper)는 음식법을 창세기 3장에서 아담이 선악과를 먹은 사건과 연결시킨다. 왜냐하면 '먹는 것을 금지함'이란 모티프가 동일하기 때문이다. 그는 새로운 아담으로서의 이스라엘이 음식법을 통해 여호와의 명령에 순종할지 안 할지에 있어 태초의 아담과 동일한 선택의 기로에 서있다고 보았다.[28] 비록 태초에 아담은 하나님처럼 되고자 하는 욕망을 이기지 못하고 선악과를 먹음으로 하나님의 명령에 순종하지 못했다. 그래서 이스라엘 백성은 음식법을 통해 다시 하나님의 율법에 순종하라는 명령을 받았다는 것이다. 하퍼의 해석은 음식법을 지키느냐 지키지 않느냐가 전체 율법에 대한 순종의 성공과 실패를 가늠하는 역할을 한다고 본 것이다. 여러 법 중의 하나인 음식법 하나로 율법 전체 순종의 여부를 판단하는 것은 과하단 생각이 든다. 하지만 음식법이 하나님의 말씀에 대한 순종과 믿음을 표현하는 하나의 방법이라는 것에는 동의한다. 또한 음식법을 지키기 위해선 인간이 가지고 있는 기본적인 식욕과 탐욕을 억눌러야 가능하다. 인간이 먹는 것에 대한 욕망을 억제하는 것은 상당히 어려운 일지만 음식법은 이를 요구하고 있다. 그러므로 음식법을 지키는 것은 자신의 욕망을 억누르고 하나님의 말씀에 대한 순종을 보이는 삶이다.

셋째, 음식법은 근본적으로는 생명 존중의 의미가 있다. 밀그롬은 먹을 수 있는 동물의 종류를 제한하는 것은 일부의 식용 동물을 제외한 다른 동물의 생명을 보호하기 위한 것이라고 보았는데[29] 이에 동의한다. 먹을 수 있는 동물의 종류가 줄어들면 자연스럽게 육식을 할 기회가 줄어들고 동물의 살상도 줄기 때문이다.

물론 이것에 대해서도 반론은 있다. 음식법에서는 먹을 수 있는 동물의 종류만 제한되었을 뿐 양에 대한 제한은 없기에 이 조항이 과연 육식의 억제나 생명 존중을 담고 있다고 할 수 있냐는 것이다. 이에 대해 밀그롬은 성경 시대의 경제적 현실에 근거하여 평범한 이스라엘 가정에서 가축의 도살은 매우 드문 일로 고기를 먹는 것은 화목제와 같이 특별한 경우에만 행했다고 설명한다.[30] 즉, 집에서 기르는 가축은 일반 백성들에게 값비싼 재산이기 때문에 함부로 죽일 수가 없었다는 것이다. 구약 시대에 소는 가정과 부족의 재산이자 노동용 가축이며 고기와 우유와 가죽을 얻을 수 있는 소중한 재산이었다.[31] 이렇게 소는 비싼 동물이기 때문에 음식보다는 노동이나 제사를 위해 사육되었다.[32] 또한 양이나 염소와 같은 작은 가축들도 유목민에게 있어서 중요한 재산으로 가축을 돌보는 것은 온 가족의 일이었다. 그리고 양이나 염소에서는 고기와 우유와 양털과 염소털 등을 얻을 수 있었으며 때때로 현금의 역할도 하였다(창 38:17).[33] 이렇게 구약시대에 가축은 중요한 재산으로 고기를 먹기 위해 길렀다기보다는 다양한 경제적 이익을 위해 길렀다. 당시에도 왕들이나 귀족들은 일반식사에서도 고기를 섭취하였지만(왕상 8:63) 일반 백성들은 화목 제사나 특별한 축제(삼하 6:19) 혹은 유월절(출 12:6-11; 민 9:11)등 특별한 날만 고기를 먹을 수 있었던 것으로 보인다. 배희숙은 고대 이스라엘의 사회-경제 구조에서 고기는 신들과 고위층(왕, 귀족, 제사장 등)을 위한 음식으로 여겨졌기 때문에 열왕기상 17장에서 엘리야가 까마귀에게 빵과 함께 고기를 공급받은 것에 대해 당시 이스라엘의 일반 사람들보다 더 좋은 삶을 산 것 같다고 지적하기도 하였다.[34] 이렇게 유목과 농경 사회에서 경제적 가치가 높은 가축을 정결한 동물로 분류하였기 때문에 이 가축들을 지금처럼 대량으로 사육하고 도살하여 육식을 풍성하게 즐기기는 어려웠다.

그리고 경제적 이익을 침해하지 않는 야생동물도 먹을 수 있는 종류가 제한되었기 때문에 야생동물의 영역을 침범하고 야생동물을 남획하는 일은 상당히 억제될 수밖에 없다. 그러므로 부정한 동물의 지정은 고기를 먹고자 하는 인간의 욕망을 억제함으로 인간으로부터 동물들의 종을 보존하고 그들의 생활 영역을 보호하는 생명 존중의 의미를 내포하고 있다고 할 수 있다.

2. 신약에서의 신학적 의미

레위기 11장의 음식법은 신약시대에 바리새인들에 의해 엄격히 지켜졌다. 이들은 엄격한 음식법을 지키는 정결한 사람들만이 하나님과 바른 관계를 맺고 있으며 그들만이 하나님의 백성이라고 확신했다.[35] 사도행전 10장 고넬료 사건에서의 음식법은 이런 배경 속에서 등장한다. 고넬료는 이달리야 부대의 백부장으로 하나님을 경외하는 사람이었다(행 10:1-2). 그런데 하나님의 사자가 고넬료에게 베드로를 자신의 집으로 초청하라는 계시를 주었고 고넬료는 이에 순종하여 욥바에 있는 베드로에게 사람을 보낸다. 그리고 그 사이 베드로는 기도하는 가운데 다음과 같은 환상을 본다. "하늘이 열리며 한 그릇이 내려오는 것을 보니 큰 보자기 같고 네 귀를 매어 땅에 드리웠더라 그 안에 있는 땅에 있는 각종 네 발 가진 동물과 기는 것과 공중에 나는 것들이 있더라(11-12절)." 이 구절은 땅과 공중과 땅 위의 기는 모든 동물을 가리키며 정결한 동물과 부정한 동물을 모두 포함하고 있다. 이것은 베드로의 "속되고 깨끗하지 아니한 것을 내가 결코 먹지 아니하였나이다(14절)"라는 말을 통해서 분명히 드러난다. 그런데 환상 속 소리는 이것을 먹으라고 하며 "하나님께서 깨끗하게 하신 것을 네가 속되다 하지 말라"라고 말한다. 이 말은 이제 정결한 동물과 부정한 동물의 구분을 없애고 모두 정결한 것으로 간주하겠다는 것이다. 이것은 레위기 11장의 음식법에 대한 새로운 해석이다. 이 환상 후 베드로는 고넬료의 집에 성령이 강림하시는 것을 보면서 유대인만이 아니라 이방인도 구원하시는 하나님의 역사를 인정하게 된다. 이 본문에서 정결한 동물과 부정한 동물의 주제는 정결한 사람과 부정한 사람의 주제와 유비를 이룬다.[36] 당시 유대인들은 이방인을 부정한 짐승과 같은 부정한 존재로 여기고 정결한 유대인과 함께 식탁교제를 할 수 없다고 보았기 때문이다. 그런데 본문에서 이 명령이 세 번 반복되었다는 것은 하나님께서는 강력한 의지를 가지고 정부정을 철폐하시겠다고 하신 것이다. 그러므로 음식법의 철폐는 유대인과 이방인의 구분의 철폐이며 유대인과 이방인이 모두 한 식탁에 앉을 수 있는 정결한 존재가 되었다는 의미이다.

이렇게 사도행전 10장은 신약시대를 사는 그리스도인이 음식법을 더 이상 지키지 않아도 된다는 결정적인 근거이다. 왜냐하면 예수님으로 인해 도래한 하나님 나라에서는 모든 동물이 정결한 동물이기 때문이다.[37] 이것은 창조 시의 모습으로 돌아간 것이다. 창조 시 하나님께서는 하늘의 모든 새와 바다의 모든 동물과 땅의 모든 동물을 보기 좋았다고 말씀하셨기 때문이다(창 1:20-25). 그러므로 모든 동물이 정결한 동물로 확장된 신약의 사건은 생태학적으로 더 이상 정결한 동물과 부정한 동물 혹은 좋은 동물과 나쁜 동물의 구분 없이 모든 동물이 좋은 것이라는 것을 주장할 수 있는 근거가 된다.

V. 음식법에 대한 생태학적 해석

레위기의 음식법은 신약시대를 지나며 더 이상 지키지 않게 되었지만 음식법이 가지고 있는 신학적 의미는 생태 위기를 맞고 있는 우리에게 그리스도인으로서 생태 문제를 어떻게 바라보고 어떻게 살아야 하는지에 대한 실마리를 주고 있다. 이 장에서는 지금까지 살펴본 레위기 음식법을 생태학적 관점으로 해석하며 어떻게 우리 삶에 적용할 수 있는지를 제안하려고 한다.

1. 무엇을 먹을 것인가는 신앙의 문제

레위기의 음식법은 거룩한 이스라엘 백성의 정체성을 나타내는 하나의 수단이었다. 그들이 부정한 동물을 피하고 정결한 동물만 먹음으로써 그들이 하나님의 백성임을 스스로 인식하고 다른 사람에게도 인식시켰다. 이렇게 무엇을 먹느냐는 그 사람의 정체성을 드러낸다. 이것은 현대 사회에서도 마찬가지로 생태 위기, 사회적 정의의 문제는 먹거리의 문제와도 매우 밀접하게 연결되어 있다. 착취를 통해 생산된 먹거리, 지나친 농약이나 개간 등 환경을 파괴하며 생산되는 식량들, 탄소배출이 많은 먹거리, 물을 고갈시키는 먹거리, 유전자가 변형된 먹거리, 갑질을 일삼는 회사의 제품들, 점점 멸종되어가는 어종의 남획, 지나친 육류의 소비 등과 같이 생태 위기와 연결된 먹거리 이슈는 상당히 많다. 그리고 이미 우리 사회는 어떤 먹거리를 사고 먹느냐에 따라 생태와 사회를 생각하는 사람인지 아니면 이에 대해 아무런 생각 없이 탐욕과 편리함과 이익만을 추구하는 사람인지를 구별하고 있다. 그리고 환경이나 정의의 이슈에 따라 불매운동을 하거나 공정무역 거래 먹거리를 사는 등 이 문제에 적극적으로 참여하는 사람도 많다.

사실 그동안도 기독교인에게 먹거리는 단순히 개인의 취향이나 세속적인 문제가 아니라 신앙의 문제였다. 이스라엘이 정결한 동물만 먹어 자신들이 하나님을 믿는 백성이라는 정체성을 드러낸 것처럼 한국교회는 오랫동안 술과 담배를 안하는 것으로 자신의 정체성을 드러내 왔다. 그와 마찬가지로 현재 생태 위기에 직면한 사회 속에서 기독교인이 무엇을 먹을까를 고민하는 것은 신앙의 문제이다. 물론 신약에서 고넬료 사건을 계기로 더 이상 정결한 동물과 부정한 동물의 구분은 없어졌고 모든 동물을 먹을 수 있다. 하지만 하나님은 창조 시 인간에게 하나님이 만드신 지구를 지키는 청지기 혹은 관리자로 세우셨다. 창세기 1장 28절에서 '정복하라'(카바쉬), '다스리라'(라다)라는 명령에 대해 웬함은 "인류는 동물들에 대하여 하나님의 대리자 역할을 하고 따라서 그것들을 창조하셨던 하나님과 동일한 방식으로 그것들을 다루면서 자애로운 왕처럼 자연을 다스리도록 위임받았다"고 하였다.[38] 최순진도 인간이 땅을 '다스리는 것'이 무제한적인 개발에 대한 자격을 얻은 것은 아니라고 하면서 인간과 다른 피조물과의 관계는 폭력적이지 않고 긍정적인 관계이며 인간은 폭력과 착취가 아닌 평화로 다스려야만 한다고 하였다.[39] 이렇게 인간은 자연과 동물을 착취하기 위해서가 아니라 하나님의 형상을 닮은 좋은 관리자로 세움을 받은 것이다.

그리고 이런 사명을 잘 감당하기 위해 오늘 무엇을 먹을까를 고민하는 것은 기독교인의 의무이다. 예수님은 "무엇을 먹을까…무엇을 입을까 염려하지 말라"(마 6:25)고 하셨지만 이것은 생계를 걱정하지 말라는 의미이지 우리가 생산하는 먹거리 중에 어떤 것이 정의롭게 생산되는지, 환경과 건강에 좋은지, 어떤 것이 환경을 망치고 다른 동식물을 멸종시키는지, 건강을 악화시키는 것인지, 그리고 사람들을 착취하며 정의롭지 못한 방식으로 생산되었는지 분별하지 말라는 의미가 아니다. 오히려 하나님이 창조하신 이 지구를 지키는 청지기로서 인간과 다른 생명이 이 땅에서 계속 살아갈 수 있도록 먹거리의 생산을 감시하고 생태계를 살릴 수 있는 먹거리의 선택에 적극적으로 참여해야 한다.

2. 인간의 욕망 억제

조영호는 기독교적 관점에서 인간의 이기심과 탐욕 그리고 자만, 즉, 인간의 죄를 생태 위기의 원인으로 보았다.[40] 더 많은 부와 발전을 위한 끊임없는 개발이 생태 위기의 중요한 원인임은 분명하다. 박성철은 현대인의 개발 이데올로기가 단순한 경제적 담론이 아니라 일종의 '강박관념'이라고 진단하였다.[41] 그런데 생태 위기를 가져온 강박적인 욕망은 개발 부분에서만 나타나는 것은 아니다. 음식에 대한 탐욕 또한 생태 위기를 가져오게 되는 한 원인이다. 현재 한국 사회는 방송이나 개인 인터넷 방송, SNS에 '먹방'이 넘쳐난다. 이런 먹방은 음식에 대한 과도한 식욕을 부추기고 음식에 대한 과도한 욕망의 자극은 과식을 유도하고 식량을 낭비하게 한다. 또한 먹방은 육류의 소비를 부추기고 있다. 육류의 과도한 소비는 건강상으로도 문제가 되지만 다른 한편으로 육류를 생산하기 위한 땅과 에너지와 곡류를 과도하게 소비케 하고 탄소도 많이 배출하여 생태 위기를 가속화 한다. 리프킨은 “곡물로 키운 소의 쇠고기는 불에 탄 삼림, 침식된 방목지, 황폐해진 경작지, 말라붙은 강이나 개울을 회생시키고 수백만 톤의 이산화탄소, 아산화질소, 메탄을 허공에 배출시킨 그 결과물이다”라고 신랄하게 비판한다.[42] 또한 공장형 소나 돼지, 닭의 사육은 동물권의 윤리 문제를 일으킨다. 최훈은 “우리가 과거 사회에서 특별한 날에나 맛볼 수 있었던 고기를 흔하게 먹을 수 있게 된 데에는 이렇게 고통을 피하고 싶고 가족과 함께 살고 싶다는 동물의 본래의 습성을 침해한 덕이다”라며 과도한 육식 문화가 가지고 있는 비윤리성을 지적하였다.[43]

그런데 절제되지 못하는 식욕과 육류의 과도한 소비는 거기서 끝나는 것이 아니라 비만을 부르고 또다시 사람들은 살을 빼기 위해 많은 시간과 돈을 투자하고 닭가슴살로 대표되는 육류를 또 다시 소비하는 악순환을 낳는다. 탐식으로 인한 비만과 다이어트의 악순환은 먹거리가 풍성한 한국 사회 전반에서 일어나는 현상이다. 이렇게 우리 사회는 절제되지 못하는 식욕으로 우리의 시간과 돈만 낭비하는 것이 아니라 생태 위기를 가속화하고 있다.

또한 탐욕은 야생동물의 생존에도 위협을 가한다. 우리나라의 경우 곰의 쓸개가 몸에 좋다고 하여 닥치는 대로 곰을 잡다가 반달곰은 멸종위기에 처하게 되었는데 만일 곰이 부정한 동물이라며 곰의 섭취를 금지했다면 곰은 멸종위기를 겪지 않았을 것이다. 현재 제비집을 즐긴 대가로 제비의 개체 수가 줄고, 샥스핀을 즐기다 상어가 멸종위기에 처한 상황이다. 또한 육류를 얻기 위한 밀림과 숲의 파괴는 숲이나 밀림에서 살던 야생동물의 생존을 위협하고 있다.

그런데 레위기의 음식법은 이런 인간의 무한한 욕망을 절제하도록 요구하고 있다. 그리고 이런 인간의 욕망 억제는 태초부터 시작되었다. 하나님은 에덴동산에서 모든 식물과 과실은 허락했지만 선악을 알게 하는 나무의 실과는 먹지 못하게 하므로 인간의 한계를 정하고 인간은 자신의 욕망을 억제해야 한다는 것을 알려주셨다. 그리고 노아 홍수 후 하나님은 인간에게 육식을 허용했지만 피 먹는 것은 제한하며 생명의 주인이 여호와임을 알려주시며 동물 살육을 억제하셨다. 또한 레위기에서는 하나님과 언약을 맺은 이스라엘에게 먹을 수 있는 동물을 제한하였고 이를 통해 하나님의 말씀에 순종하는지 아닌지에 대한 시금석으로 삼았다. 하나님의 백성에게 음식법을 주신 것은 부정한 동물이 악하거나 몸에 좋지 않다거나 이상해서가 아니라 인간의 욕망을 억제하고 동물의 생존권을 보장하기 위한 것이다. 먹을 수 있는 동물의 종류가 제한되면 하나님이 지으신 다양한 동물종을 유지하고 그들이 타고날 때부터 가진 습성을 지키며 생존할 수 있기 때문이다. 물론 구약 시대에는 인간이 동물에게 위협을 받던 시기이며 인간이 지금처럼 인구가 많은 것도 아니어서 인간의 존재가 다른 동물들의 생존에 위협이 될 정도였는지에 대해서는 의문을 제기하거나 이런 접근에 대해 이의를 제기할 수도 있다. 하지만 인구가 급격히 늘어나고 인간의 끝없는 욕망이 다른 동물의 생존에 막대한 영향을 끼치고 있는 현재 상황에서는 이 법의 정신을 살리는 것이 필요하다고 생각한다.

또한 인간의 욕망 억제는 인간의 생존을 위해서도 필요하다. 식도락을 위한 야생동물의 식용 금지와 서식지 출입을 금지하는 것은 인간과 동물의 교차 감염을 막을 수 있어 인간의 생존에 꼭 필요하다. 개발로 야생동물의 서식지까지 접근하거나 인간에 의해 사냥당한 야생동물들이 시장에서 거래되면서 인간과 야생동물이 접촉할 기회가 많아졌다. 이로 인해 인간이 동물이 가지고 있는 바이러스에 노출되고 감염되는 일이 속출하고 있다. 사스, 메르스, COVID-19 모두 야생동물이 가지고 있던 바이러스가 인간에게 전염된 경우이다. 앞으로도 이런 감염과 전염병은 종종 발생할 것이 예상되기 때문에 사회적으로도 야생동물의 사냥과 포획과 식용에 대한 위험성을 지적하는 목소리가 높아지고 있다.

이와 같이 그리스도인도 모든 생명체를 보호해야 할 책임을 맡은 청지기로서 먹거리에 대한 식탐과 탐욕을 절제하고 야생동물의 서식지를 보호하고 사냥과 식용을 금지하는 일에 적극적으로 참여해야 한다.

3. 좋은 동물과 가치 없는 동물로 나누는 관점 개선

음식법은 정결한 동물과 부정한 동물을 나눈다. 그런데 이런 분류는 각 동물의 존재론적 우월성이나 열등성을 나타내는 것이 아니다. 레위기 11장이나 구약 어디에도 부정한 동물이 열등하거나 악해서 부정한 동물로 지정됐다는 언급이 없다. 이런 해석은 앞에서 보듯이 알레고리 해석이나 위생학적 해석에서 기인 된 것이다. 구약의 신학적 체계 안에서 정결한 동물과 부정한 동물로 나눈 것은 이스라엘을 열방과 구별하기 위한 상징으로 주어진 것이다. 이런 신학적 해석은 이스라엘이 모든 열방보다 우월하여 하나님의 백성으로 선택된 것이 아니듯 정결한 동물이 부정한 동물보다 우월하거나 좋은 것이라 선택된 것이 아니라는 것을 의미한다. 구약은 모든 동물에 대해 기본적으로 우열을 가리지 않는다. 태초에 하나님께서 세상을 창조하시고 바다의 물고기, 하늘의 새, 땅의 동물과 기는 것 등 모든 동물을 만드시고 보시기에 좋았다고 하셨다. 즉, 부정한 동물과 정한 동물의 구분 없이 모두 하나님 보시기에 좋은 동물이었다. 그리고 노아 홍수 시에도 정결한 동물뿐만 아니라 부정한 동물, 새와 땅에 기는 모든 동물을 방주에 태워 창조하신 모든 종을 보존하셨다(창 7:8-9). 또한 욥기 38-39장을 보면 하나님께서 돌보시는 동물들의 명단이 나오는데 산염소, 암사슴, 들나귀, 들소와 같은 정결한 동물뿐만 아니라 사자, 까마귀, 타조, 말, 매, 독수리와 같은 부정한 동물도 하나님의 돌봄의 대상이며 그들 각각의 특성도 하나님이 주셨다고 말한다. 그러므로 동물이 풀을 먹는 것도, 고기를 먹는 것도, 땅을 기는 것도, 지느러미가 없고, 비늘이 없는 것도, 두 발로 뛰는 것도, 네 발로 뛰는 것도 모두 하나님이 주신 습성이기 때문에 이에 대해 좋고 나쁨을 정하는 것은 의미가 없다.

그동안 교회는 암암리에 알레고리 해석과 위생학적 해석을 받아들여 정결한 동물이 부정한 동물보다 특성적으로 혹은 위생학적으로 우월하다고 말하며 동물의 우열을 나누어왔다. 또한 인간은 인간에게 유익이 되는 동물을 우월한 동물로, 인간에게 유익이 되지 않는 동물을 존재의 가치가 없는 열등한 동물로 분류하고 이런 동물의 종을 없애려고 노력하였다. 하지만 음식법은 동물의 우열을 가리는 법이 아니며 구약은 이런 식으로 우열을 나누는 것에 찬성하지 않는다. 그리고 결정적으로 고넬료 사건을 통해 모든 동물의 식용이 허용되면서 모든 동물은 정결하다는 것을 분명히 하고 있다. 하나님께서 창조하시고 좋다고 하신 모든 피조물은 인간의 이익과 목적에 상관없이 내재적 가치를 지닌다.[44] 즉, 하나님께서 창조하신 모든 피조물은 선하며 인간은 인간의 이익과 목적에 상관없이 모든 종이 생존할 수 있도록 보호해야 하는 책임이 있는 것이다. 결론적으로 생태계는 한 종이 사라지면 다른 종의 생존에 영향을 미치고 결국은 인간을 포함한 모든 생명체가 사라지게 되는 연결망 속에 있기 때문에 모든 피조물을 선하게 보는 관점은 생태계 보존을 위해 매우 중요하다.

VI. 나오는 말

생태 위기를 맞이하여 지구 위의 모든 생명체의 삶이 위태로워진 상황 속에서 교회도 이에 대해 고민하고 책임 있는 응답이 있어야 한다고 생각한다. 그래서 이 글은 교회가 생태 위기에 대응하여 어떤 신학적 입장을 갖고 어떻게 행동해야 할지 고민하며 레위기 11장 음식법에 대해 생태학적 관점을 적용해 보았다. 왜냐하면 레위기는 하나님의 거룩한 백성이 하나님이 주신 거룩한 땅에서 어떻게 살아야 할 것인가를 다룬 책이기에 여전히 현재를 살아가는 기독교인에게도 어떻게 살아야 할지 그 방향을 제시해 주고 있다고 생각하기 때문이다. 먼저 전통적인 해석을 살펴보며 레위기 11장 음식법은 다른 열방들과 구별된 민족이라는 하나의 징표이며 생명 존중 사상이 반영되어 있으며 신약에서 이 음식법은 모든 동물이 정결하다는 것으로 개념이 확장되었다는 것을 보여주었다. 그리고 생태학적 관점에서 레위기 11장의 음식법을 통해 기독교인은 이 땅을 보존하고 관리할 책임을 맡은 청지기로서 무엇을 먹을 것인가를 고민해야 한다고 제안하였다. 그리고 음식법에 담겨 있는 인간의 욕망 억제 기능을 드러내고 그 기능은 지금도 여전히 유효하며 생태 보존을 위해 더더욱 요청되는 덕목이라고 말하였다. 그리고 마지막으로 정결한 동물은 좋고 부정한 동물은 나쁘다는 선입관에 대해 비판하며 모든 동물은 하나님 보시기에 선하고 보존할 가치가 있으므로 기독교인이 생태계 보존을 위해 나서야 한다고 제안하였다.

사실 레위기 11장의 생태적 읽기가 쉽지 않은 시도였지만 그럼에도 불구하고 교회는 성경을 바탕으로 세워졌고 성경 해석을 기반으로 움직이는 곳이기 때문에 교회의 생태계 회복 운동도 성경에 기반을 두어야 한다고 생각한다. 앞으로 성경에 대한 생태학적 읽기가 더 활발하게 이루어지길 기대한다.

미주

1) 레오나르도 보프, 『생태신학』, 김향섭 옮김 (서울: 가톨릭출판사, 1996), 74.
2) 로즈메리 류터, 『가이아와 하느님: 지구 치유를 위한 생태 여성 신학』, 전현식 옮김 (서울:이화여자대학교 출판부, 2006), 243-244.
3) '곤충'으로 번역한 '쉐레츠'는 '떼지어 다니다', '바글거리다'. '무수히 많다'라는 뜻의 동사 '샤라츠'에서 파생한 단어로 떼로 무리 지어 다니는 작은 생물을 나타내는데 대부분의 학자들은 이 본문에서 '곤충'으로 번역하는 것에 동의하고 있다. 박철현, 『레위기』 (서울: 솔로몬, 2018), 358-359.
4) 고든 웬암, 『레위기』, 김귀탁 옮김 (서울: 부흥과 개혁사, 2014), 196
5) Jacob Milgrom, *Leviticus 1-16* (New York: Doubleday, 1991), 705.
6) Willem A. VanGemeren, *New International Dictionary of Old Testament Theology & Exegesis*, vol. 4 (Grand Rapid: Zodervan, 1997), 243. 이하 *NIDOTC*로 표기.
7) 존 하틀리, 『레위기』, 김경열 옮김 (서울: 솔로몬, 2005), 365. 참고로 신명기에서는 부정한 동물에 대해 모두 '타메'를 사용한다.
8) *NIDOTC* 4, 244.
9) 하틀리, 『레위기』, 369.
10) 박철현, 『레위기』, 358.
11) 웬암, 『레위기』, 188.
12) 왕대일, "'너희가 먹지 못할 것은 이러하다,' 레위기의 음식법(레11:2b-23) 재고 정결한 동물과 부정한 동물의 해석사를 중심으로, " 「신학과 세계」 58 (2007): 12.
13) Jiri Moskala, "Categorization and Evaluation of Different Kinds of Interpretation of the Laws of Clean and Unclean Animals in Leviticus ll," *Biblical Research* 46 (2001): 9-10.
14) 웬암, 『레위기』, 189-190.
15) 하틀리, 『레위기』, 342.
16) Moskala, "Categorization and Evaluation," 21
17) Marry Douglas, *Purity and Danger: an analysis of concepts of pollution and taboo* (London & New York: Routledge, 1984), 55.
18) Ibid., 55-57.
19) Ibid., 53.
20) Ibid., 58.
21) Philip P. Jenson, *Graded Holiness: A Key to the Priestly Conception of the World* (Sheffield: JSOT Press, 1992), 146.
22) 왕대일, "레위기의 음식법(레11:2b-23) 재고," 13.

23) Milgrom, *Leviticus 1-16*, 705-706.

24) Ibid., 730-731.

25) Ibid., 35.

26) Ibid., 705.

27) 김근주, 『오늘을 위한 레위기』 (서울: IVP, 2021), 259.

28) G. Geoffrey Harper, "Time for a New Diet? Allusions to Genesis 1-3 as Rhetorical Device in Leviticus 11," *STR* 4/2 (2013): 191.

29) Milgrom, *Leviticus 1-16*, 733.

30) Ibid., 735.

31) 하틀리, 『레위기』, 137.

32) *NIDOTC* 1, 709.

33) *TDOT* 12, 200.

34) Hee-Sook Bae, "Elijah's Magic in the Drought Narrative: Form and Function," ***Biblische Notizen*** 169 (2016): 15.

35) 반재광, "누가의 '환대의 식탁' 연구-누가복음 14:12-24과 사도행전 10장을 중심으로," 「신약논단」 제24권 제3호 (2017): 560.

36) 앞의 글, 575.

37) 참고로, 예수님도 음식법에 대해 "입으로 들어가는 것이 사람을 더럽게 하는 것이 아니라 입에서 나오는 그것이 사람을 더럽게 하는 것이니라"(마1 5:11)라고 하셨다.

38) 고든 웬암, 『창세기 1-15』, 박영호 옮김 (서울: 솔로몬, 2006), 130.

39) 최순진, "Paradise, Paradise Lost, Paradise to Be Restored," 「성경과 신학」 69 (2014): 11.

40) 조영호, "기후 위기, 윤리 그리고 교회," 『생태 위기와 기독교』, 박성철 책임편집 (파주: 한국학술정보, 2021), 56.

41) 박성철, "생태 위기와 근대 개발 이데올로기," 『생태 위기와 기독교』 (파주: 한국학술정보, 2021), 34.

42) 제레미 리프킨, 『육식의 종말』, 신현승 옮김 (서울: 시공사, 2013), 351.

43) 최훈, 『동물을 둘러싼 열 가지 철학 논쟁 동물 윤리 대논쟁』 (고양: 사월의 책, 2019), 66.

44) 전현식, "[생태신학 9] 지구적 위기와 로즈마리 류터의 생태여성신학," 「기독교사상」 621 (2010): 273.

제4장

생태 관점에서 읽은 '뿌리는 자의 비유' (막 4:3-8)

문우일

I. 들어가는 말: 생태 위기에 뿌리는 자 비유에 주목하는 이유

지구 차원의 생태 위기를 맞이하여, 예수께서 가르쳐주신 '뿌리는 자의 비유'(막 4:3-8)를 생태 관점에서 다시 읽고 숙고할 필요가 있을까? 인류와 지구의 지속 가능한 미래를 위하여 비유를 포함한 예수의 말씀과 성경 전체를 생태 관점에서 다시 숙고하여 널리 알릴 필요가 절실하다고 생각한다.

인류가 생태 위기에 직면하자, 기독교가 생태 위기를 부추겼다고 지적하는 이들이 많아졌다. 어떤 이들은 성경 자체가 과도하게 인간 중심적이고 인간이 자연을 이기적으로 지배하도록 허용한다고 비판한다. 어떤 이들은 성경 자체보다는 기존의 성경 해석과 기독교 교리 및 실제가 생태계를 파괴하는 방향으로 흘렀다고 본다. 예컨대 조재천은 서구의 인간 중심 기독교 세계관은 생태 위기를 가속화했음에도 불구하고, 일부 기독교의 "뿌리 깊은 반지성주의"는 "기독교 환경 운동을 비판하는" 경향을 보인다고 통찰한다.[1] 또한 어떤 이들은 가부장적 보수 기독교와 절대신 개념이 자연과 여성과 노약자를 그 본성에 반하여 지배 대상으로만 여긴 결과로 생태 위기가 왔다고 지적한다. 어떤 이들은 자세한 설명도 없이 아예 기독교와 성경이 반(反)생태적이라 전제하고, 생태 지혜를 기독교 밖에서 찾으려 한다.[2)]

한편, 생태 관점에서 성경을 재해석하거나 기독교 안에서 생태 담론을 형성하려는 시도가 충분하지는 않으나 꾸준히 늘고 있는 것도 사실이다. 이런 시도가 절실한 이유는 무엇보다 생태계 파괴 속도가 예상보다 빨라졌기 때문이다. 오늘날의 생태 위기 상황은 과거의 잘잘못을 일일이 분석하여 규명하거나 생태계 파괴의 주범들을 찾아내어 처벌하고 교정할 시간을 충분히 허용하지 않는다. COVID-19의 범세계적 확산은 말할 것도 없고, 2015년 파리 기후협약은 지구 평균 온도가 산업화 이전보다 1.5도 상승하여 인류가 돌이킬 수 없는 재앙의 길에 들어서는 시점을 2050년에서 2040년으로 앞당겨 경고했기 때문이다. 이는 지금 당장 인류가 전 분야별로 총력을 기울여 생태 행동을 결단하고 실천해도 생태계를 회생시키기가 어렵다는 뜻이다. 그렇다고 포기할 사안도 아니다. 왜냐하면 생태 위기는 인류와 지구의 생사가 달린 문제이기 때문이다. 이런 상황을 외면하는 일이야말로 피조물의 멸망과 창조 질서 파괴를 묵인하고 동조하는 반기독교 행위가 분명하다.

이 시대의 그리스도인은 가장 급진적인 생태계 회복 담론을 창출하고 강화하여 지구공동체를 서둘러 쇄신할 막중한 시대 사명을 안고 있다. 기독교는 거대 종교로서 인류 정신과 생활방식뿐 아니라 지구공동체에 막대한 영향을 끼치기 때문이다. 특별히 한국 기독교는 개신교와 천주교를 포함하여 성인 종교 인구의 23%를 차지하기 때문에(개신교 17%, 천주교 6%, 불교 16%), 한국 사회 전반에 끼치는 영향력이 지대하다.[3] 그러므로 기존의 기독교와 성경 해석이 친(親)생태적인지 반(反)생태적인지를 막론하고, 기독교는 그 거대한 체계를 생태 위기 구원 체계로 비상 가동해야 한다.

기독교계의 생태 비상 가동을 위하여 성경, 특히 예수 말씀에 주목해야 하는 까닭은, 예수를 통하여 기독교가 시작되었고, 성경이 전하는 예수 말씀은 기독교의 원천이요 동력이기 때문이다. 예수의 말씀과 가르침은 놀라운 비유들로 간결하게 응축되어 있는데, 예수께서는 그 비유들을 알기 위하여, '뿌리는 자의 비유'를 알아야 한다고 마가복음에서 말씀하셨다. "너희가 이 비유를 알지 못할진대 어떻게 모든 비유를 알겠느냐?"(막 4:13). 그러므로 기독교 비상 가동을 위한 효과적 생태 담론 형성을 위하여 예수 가르침의 열쇠와 단서가 되는 '뿌리는 자의 비유'에 주목할 필요가 있다.

'뿌리는 자의 비유'는 세 편의 공관복음과 도마복음 말씀 9, 클레멘스(Pope Clement I)의 『고린도인들에게 보낸 편지』 24:5, 순교자 유스티누스(Justin Martyr)의 『유대인 트리포와의 대화』 125:6-9 등이 보도한다. 이 가운데 이 글은 마가복음 본문에 집중하되, 노먼 하벨(Norman Habel)이 제안한 '생태 정의 원칙들'(Ecojustice Principles)을 개략적으로 참조하여 다시 해석해 보겠다.[4] 이 비유가 세 공관복음에 모두 기록되었음에도 특별히 마가복음에 집중하는 까닭은, 학계에서 대체로 인정받는 "두 자료설"이 마가의 본문을 가장 오래된 것으로 보고, 이를 토대로 대부분의 선행연구가 진행되었기 때문이다. 또한 하벨의 원칙들을 엄밀하게 적용하지 않고 개략적으로 참조만 하는 까닭은 생태비평의 속성이 엄밀한 본문 주석에 적합하지 않기 때문이다. 유연희가 지적한 바와 같이, 생태비평이란 "정교하게 절차를 따르는 방법론이라기보다는 관점"에 가까우므로, 무리하게 비교하고 분석하기보다는 관점을 조율하는 편이 적절할 것이다.[5)]

하벨이 제안한 여섯 가지 생태원칙을 요약하면 다음과 같다. ① 내적 가치(Intrinsic Worth)의 원칙, ② 상호연결(Inter-connectedness)의 원칙, ③ 목소리(Voice)의 원칙, ④ 목적(Purpose)의 원칙, ⑤ 상호 관리직(Mutual Custodianship)의 원칙, ⑥ 저항(Resistance)의 원칙.[6)] 또한 발 플럼우드는 생태에 위협적인 서구 이원론을 11쌍으로 열거했고,[7)] 여기에 하벨은 5쌍을 더했다. 그 쌍들 가운데 이 글은 특별히 문화(culture)/자연(nature), 인간(human)/자연(nature), 문명(civilized)/야만(primitive), 자유(freedom)/필연(necessity), 주체(subject)/객체(object)들에 주목하여, 뿌리는 자의 비유가 서구의 대결적 이원론과 대치하는 경향이 강함을 읽어내고자 한다.[8)]

II. 뿌리는 자 비유를 전하는 다양한 본문들

마가복음 외에도 여러 초대교회 문헌이 '뿌리는 자의 비유'를 보도한다. 그 가운데 가장 이른 시기에 쓰인 여섯 편의 본문들을 필자가 사역하여 소개한다.

① 마가복음 4:3-8

들으라, 보라! 뿌리는 자가 뿌리러 나갔다. [4]그가 뿌리게 되었을 때, 어떤 것은 길가에 떨어졌고, 새들이 와서 그것을 삼켰다. [5]그리고 다른 것은 흙이 많지 않은 돌밭에 떨어졌고, 흙이 깊지 않으므로 곧장 싹텄다. [6]그리고 해가 솟았을 때 그것은 태워져 뿌리가 없으므로 메말랐다. [7]그리고 다른 것은 가시들 속에 떨어졌고, 가시들이 자라 그것을 질식시켰고, 그것은 열매를 내지 못하였다. [8]그리고 다른 것들은 좋은 땅에 떨어져 자라 무성해졌을 때 열매를 내기 시작했고, 삼십 배와 육십 배와 백배로 결실하기 시작했다.

② 마태복음 13:3-8

보라, 뿌리는 자가 뿌리러 나갔다. [4]그가 뿌리는 중에, 어떤 것들은 길가에 떨어졌고, 새들이 와서 그것들을 삼켰다. [5]다른 것들은 흙이 많지 않은 돌밭들에 떨어졌고, 흙이 깊지 않으므로 곧 싹텄으나, [6]해가 솟아난 후에 태워져 뿌리가 없으므로 메말랐다. [7]다른 것들은 가시들 위에 떨어졌고, 가시들이 자라나 그것들을 질식시켰다. [8]다른 것들은 좋은 땅에 떨어져 열매를 내었으니, 어떤 것은 백 배, 어떤 것은 육십 배, 어떤 것은 삼십 배로 결실하였다.

③ 누가복음 8:5-8

[5]뿌리는 자가 그의 씨를 뿌리러 나갔다. 그것을 뿌리는 중에 어떤 것은 길가에 떨어져 밟혔고, 하늘의 새들이 그것을 삼켰다. [6]다른 것은 바위 위에 떨어졌고, 돋아난 후에 습기가 없으므로 메말랐다. [7]그리고 다른 것은 가시들 사이에 떨어졌고, 가시들이 함께 돋아나 그것을 질식시켰다. [8]그리고 다른 것은 좋은 땅에 떨어져 돋은 후에 백배의 열매를 맺었다.

④ 도마복음 9

[1]보라, 뿌리는 자가 나갔고, 손에 가득 채워 뿌렸다. [2]어떤 것들은 길에 떨어져 새들이 와서 걷어갔다. [3]다른 것들은 그 바위에 떨어

졌고 땅으로 뿌리를 내리지 못하여 가지들을 하늘로 뻗어 올리지 못했다. [4]그리고 다른 것들은 가시들에 떨어져 그것들이 그 씨앗을 할퀴었고 그 벌레가 그것들을 먹어치웠다. [5]그리고 어떤 것은 그 좋은 땅에 떨어졌고 하늘을 향해 좋은 열매를 내었으니 그것은 60배와 120배가 되었다.

⑤ 로마의 클레멘트, 『고린도인들에게 보낸 편지』 24:5

뿌리는 자가 나갔고 각각의 씨들을 땅에 뿌렸는데, 이것들이 땅에 떨어진 뒤에는 비록 마르고 헐벗었으나 흩어지고, 그런 다음에 주님 섭리의 숭고함이 그 흩어짐으로부터 그것들을 다시 일으키고, 그 하나로부터 많은 것들이 자라나 열매를 맺는다.

⑥ 순교자 저스틴, 『유대인 트리포와의 대화』 125:6-9

뿌리는 자가 나가서 그 씨를 뿌렸다. 그리고 어떤 것은 그 길에, 어떤 것은 그 가시들에, 어떤 것은 그 바위들에, 어떤 것은 그 좋은 땅에 떨어졌다.

III. 뿌리는 자 비유에 대한 기존 해석의 한계

19세기 후반부터 마가우선설(Markan Priority)이 힘을 얻기 시작하고 예수께서 비유를 통해 하나님 나라를 선포하셨음이 부각되자, 마가복음 4장의 비유들에 관한 연구가 활발해졌다. 비록 “하나님 나라”라는 말이 ‘뿌리는 자의 비유’ 자체에 나오지 않으나, 그 주변에 나오기 때문에(막 4:11, 26, 30), 4장 처음에 등장하는 이 비유를 가장 중요한 하나님 나라 비유로 보는 경향이 있었다. 그런데 이 비유가 다른 공관복음에 나오는 '뿌리는 자의 비유'와 100% 일치하지는 않기 때문에 이 비유의 형성 과정과 원형을 복원하려는 시도가 이어졌다. 시도한 방법은 주로 역사비평에 문학비평을 가미한 방식이었고, 생태비평을 시도한 사례는 발견되지 않는다.

아돌프 율리허(Adolf Jülicher) 이전까지 비유 해석은 알레고리 해석이 대세를 이루었다.[9] 율리허는, 뿌리는 자 비유(막 4:3-8)는 한 가지 비교점을 가진 직유인 반면에 그 해석 부분(4:14-20)은 직유가 아니라 은유들로 구성한 알레고리이기 때문에, 비유와 그 해석 부분이 전승층이 다르다고 보았다.[10] 또한 앞서 소개한 여섯 편의 뿌리는 자 비유들 가운데 오로지 공관복음만이 알레고리 해석을 덧붙이기 때문에, 비유와 해석 부분의 저자가 다를 가능성을 제기했다. 이에 찰스 도드(Charles H. Dodd)는 '비유로 말하는 이유'(4:11-13)와 알레고리 해석 부분(4:14-20)은 예수가 아닌 사도들의 언어라고 보았다.[11] 유사하게 요아킴 예레미아스(Joachim Jeremias), 매리 톨버트(Mary A. Tolbert), 존 드루리(John Drury), 윌리 막센(Willi Marxen) 등이 비유와 그 주변 본문들의 형성 과정을 다양하게 제시하였다.[12]

한편, 역사적 예수의 언어가 아람어였다는 전제하에, 비유에서 아람어 흔적을 찾아내려는 이들이 있었다. 특히 예레미아스는, 서로 상반하는 절들이 동사를 앞세워 등장하는 '반어적 평행구조'(antithetic parallelism)에 주목했다.[13] 그러나 그는 역사적 예수가 사용한 반어적 평행법이 정확히 무엇인지 밝히지 못한 채, 그것이 아람어에만 나타나는 특징인지 불분명하다는 결론에 이르렀다.[14] 또한 헬무트 퀘스터(Helmut Koester)는 예레미아스의 '반어적 평행구조'를 '대조적 병행구조'(the paratactic construction)라고 고쳐 말하면서, 이 구조가 아람어에서 기원했다고 주장했다. 그러나 그는 구체적 예시를 들지 못했고, 아람어에만 그런 구조가 나타나는지 논하지 않았다.[15]

한편 찰스 미튼(Charles L. Mitton)은 64편의 예수 말씀들이 "삼중구조로 되어"(threefoldly constructed) 있고, 마가복음의 '뿌리는 자 비유' 역시 삼중구조임을 관찰했다.[16] 뿌리는 자 비유를 담고 있는 초대교회 본문들을 서로 비교해 보면 삼중구조가 마가복음에 가장 뚜렷하게 나타나고 다른 본문들에서 점차 희미해지거나 사라지는 것을 확인할 수 있다. 더 나아가 매튜 블랙(Matthew Black)은 이 비유를 아람어로 번역해 보이며, 이 비유가 역사적 예수의 아람어 비유에 대한 "그리스어 문자적 직역"(a literal translation Greek version)이라고 주장했다.[17] 그러나 아람어로 번역할 수 있다고 해서 복음서가 그리스어로 전하는 비유를 본래 아람어였다고 단정할 수는 없다.

이런 제안들을 바탕으로 존 크로싼(John D. Crossan)은 뿌리는 자 비유가 "아람어 원본을 그리스어로 번역할 때 나타나는 특징들을 상당히 심하게 드러낸다"고 주장했다. 그러나 크로싼은 그 특징들이 무엇인지 설명하지 못했고, 아람어 예시를 한 문장도 들지 못했다. 게다가 크로싼은 그 비유를 아람어가 아닌 그리스어로 복원하기를 시도했다. 그는 미튼이 발견한 삼중구조와 예레미아스 및 퀘스터의 대조적 병행구조를 비유 해석에 적용하여, 이에서 벗어나는 부분을 예수의 말씀이 아니라 후대의 첨가라고 주장했다. 유사하게 테오도르 위든(Theodore J. Weeden)도 역사비평을 적용하여 비유를 복원함으로써 학계의 주목을 받았다.[18]

그러나 이 비유를 아람어가 아닌 그리스-로마 문헌 가운데 창조론, 우주론, 건국, 교육 등을 다룬 본문들과 비교한 이들도 많았다.

이들은 생태비평으로 확장하기 용이한 주제들을 다루었으나, 생태비평을 시도하지는 않았다.

예컨대, 론 카메론(Ron Cameron)은 그리스-로마 문헌에서 '뿌리는' 주제가 종종 "교육"(paideia)을 상징한다는 사실을 알아냈다.[19] 버튼 맥(Burton L. Mack)도 마가복음이 쓰일 당시에 지중해 세계에서 "농사짓는 주제, 특히 뿌리는 주제는 전형적으로 교육을 상징했다"고 확인한다.[20] 뿌리는 자는 선생을, 씨 뿌림은 가르침을, 씨앗들은 가르친 말씀들을, 그리고 토양은 학생들을 상징한다는 것이다. 예컨대, 시락서 6:19와 알렉산드리아의 필론이 쓴 『탈출과 발견에 관하여』(*De fuga et inventione* 52)에서 지혜는 인간 영혼에 씨를 뿌리고 영혼의 배움을 통해 열매를 거둔다.[21]

제프리 애셔(Jeffrey R. Asher)는 그리스 문헌에서 '씨 뿌림'이 종종 신의 인간 창조와 연관이 있음을 발견했다.[22] 아델라 콜린스(Adela Y. Collins)는 뿌리는 주제가 헬라적 유대 문헌에도 자주 등장한다면서, 에스라 4서 8:37-41, 9:30-31, 에녹 1서 62:7-8을 그 예로 들어 애셔의 연구를 부연했다.

> 우주 창조에 대한 그[=애셔]의 설명에 따르면, 플라톤에서 데미우르고스는 낮은(젊은) 신들에게 피조물들의 몸, 곧 사멸하는 부분을 창조하라고 지시하면서, 인간의 불멸하는 부분만은 "자신이 직접 씨를 뿌려서 그 탄생(origin)이 있게" 한 다음에 그것들(불멸하는 영혼들)을 자신이 직접 (낮은 신들이 만든) 몸들에 넣겠다고 천명한다. 데미우르고스는 불멸하는 영혼들을 창조한 다음에, "그는 그것들(영혼들)을 어떤 것은 지구에, 어떤 것은 달에," 그밖에 다른 것들은 여러 별들에 뿌리기 시작했다.[23]

콜린스는 그리스-로마 문헌에서 뿌리는 주제가 우주 창조, 국가

탄생, 영적 교육을 상징하는 전형적인 주제임을 강조했다. 콜린스는 플라톤뿐 아니라, 세네카(Seneca: *Ad Lucilium Epistulae Morales* 38.2; 73.16), 히포크라테스(Hippocrates: *Law* 3), 디오게네스 라에티우스(Diogenes Laertius: *Vit. Phil.* 7.40) 등을 예시하며 그 본문들이 마가복음의 뿌리는 자 비유와 유사함을 입증했다. 농사 이야기처럼 보이는 이 비유가 실은 우주와 인간 창조, 영혼 교육과 구원, 지혜와 영혼의 교감, 생사와 사멸의 주기를 암시한다는 것이다. 콜린스는 생태 신학을 직접 적용하지는 않았으나, 뿌리는 자 비유에서 생태 신학 주제들을 풍부하게 찾아낸 셈이다.

필자는 삼중구조가 마가복음의 뿌리는 자 비유에 나타남을 인정하지만, 이 구조가 아람어에만 나타나는 것은 아님을 입증했다.[24] 콜린스를 비롯한 연구자들이 발견한 바와 같이, 삼중구조는 그리스-로마 문헌에도 자주 나타나기 때문이다. 더구나 예수 당시는 국제공용어가 아람어에서 그리스어로 교체되는 과도기였으므로 예수께서 아람어만 쓰셨다고 단정하기 어렵다. 그러므로 다음 단원에서는 그리스-로마 문헌과 헬라화된 유대 문헌 가운데, 뿌리는 주제와 삼중구조가 생태 주제를 농후하게 드러내는 본문들을 몇 가지 추려서 소개하겠다.

IV. 삼중구조의 생태적 함의

크로싼이 마가복음의 뿌리는 자 비유에서 찾아낸 여섯 가지 삼중구조는 다음과 같다.

① 결실을 방해하는 세 가지 요소는 새, 해, 가시 등이다.

② "떨어졌다"(e;pesen)가 세 번 반복된다.

③ "왔다"(h=lqen), "나왔다"(avne,bhsan), "떴다"(ane,teilen)가 병행하며 삼중구조를 형성한다.

④ "삼켰다"(kate,fagen), "할퀴었다"(sune,pnixan) "말랐다"(exhra,nqh)가 삼중적으로 병행한다.

⑤ 세 종류의 밭과 세 종류의 실패가 삼중구조를 이룬다.

⑥ 세 종류의 성공, 곧 30배, 60배, 100배의 결실이 세 종류의 실패를 보상하며 대칭을 이룬다.

앞서 설명했듯이, 삼중구조는 아람어 문헌뿐 아니라 그리스-로마 문헌에서도 자주 발견된다. 특히 그리스 철학에서 삼중구조는 보이지 않는 이데아 세계와 보이는 이 세계가 소통하는 도구로서 절대적인 초월신이 창조와 섭리 질서를 유지하는 생태구조와 연관이 깊다.[25] 특히 피타고라스의 영향을 받은 사상가들 중에서 만물이 '3' 또는 '삼각형'으로 이루어졌다고 믿으며 '3'에 관한 것들을 신령하게 여기는 이들이 많았다. 예컨대, 플라톤은 우주론을 다룬 『티마에우스』에서 만물을 구성하는 '스토이케이아', 즉, 불, 흙, 물, 공기 등이 삼각형들로 이루어졌을 뿐 아니라, 신이 우주와 인간 영혼을 창조할 때 사용한 제5원소(**에테르**) 역시 삼각형이라고 주장했다.

> 그러면 어떤 것들이 가장 아름다운 네 가지 물체(불, 흙, 물, 공기)로 될지를...말해야만 합니다...그러면 불과 그 밖의 것들의 물체들이 구성되도록 해 준 두 가지 삼각형이 선택된 것으로 하죠. 그 하나는 직각이등변삼각형이고, 다른 하나는 더 큰 변이 더 작은 변보다 제곱에 있어서 언제나 세 배가 되는 삼각형입니다...왜냐하

면 우리가 선택한 삼각형들에서 네 가지 부류가 생겨나기는 하지만, 셋이 부등한 변들을 갖고 있는 하나의 삼각형(직각부등변삼각형)으로 구성되는 것이고 네 번째 것 하나만 직각이등변삼각형으로 구성되기 때문입니다...그러나 아직도 하나의 구조가, 즉 다섯 번째 것이 남아 있는데, 신은 이것을 우주를 위해, 우주를 다채롭게 그려내는 데에 사용하였습니다.[26]

이는 삼중구조야말로 보이는 세계와 보이지 않는 세계, 인간과 자연, 문명과 원시, 물질계의 자유처럼 보이는 현상 속에 깃든 신적 필연으로서, 하늘과 땅 등의 대립적 이원론을 초월하여 신과 인간과 자연이 소통하는 방식임을 암시한다. 플라톤의 삼중구조적 우주창조론은 모든 우주 구성 요소들이 예외 없이 내적 가치와 고유한 목적을 가지고 상호 소통하며 서로 관리해주어야 할 적극적 주체임을 강조한다. 이는 하벨의 생태 원칙들이 예수 비유를 탄생시킨 철학적 토양과 충분히 공명할 수 있음을 암시한다.

플라톤에게 '기하학'은 단순한 과학이 아니라, '영원한 존재들에 대한 지식'으로서, 그것을 통해 신은 세상을 창조하고 섭리한다. 또한 기하학을 통하여 인간의 영혼은 신이 지은 세상에서 신령한 아름다움을 발견하고, 신의 존재를 탐지하며 신을 향해 갈 수 있다는 것이다.[27] 플라톤은 우주가 기하학적 주기를 따라 운행하고, 가장 생산력이 왕성한 신령한 주기는 피타고라스의 삼각형과 연관이 있다고 믿었다.

그러나 생산된 모든 것에는 쇠퇴가 있다...땅 속에 뿌리를 내린 식물들만이 아니라, 땅 위의 동물들에게도 혼과 육신의 풍요로운 생산과 불임과 불모의 시기가 있으니, 이는 각각의 것들에 있어서의 순환들이 그 주기를 채우게 될 때마다 있느니라....신적인 창조물을 위해서는 완전수가 포함하는 주기가 있느니라....세 개의 길이와 네 개의 꼭지점을 갖고 있으면서 사물들을...자라게도 하고 쇠퇴케도 하는 것들의 근의 제곱의 곱들이...있느니라. 이것들 가운데서 4와 3이 5와 짝을 지은 뒤에 다시 세제곱됨으로써 두 개의 조화를 제공하느니라...이 기하하적인 수 전체가 더 나은 출생과 더 못한 출생을 좌우하는 것이니.... [28]

위 인용문에서 '3'과 '4'와 '5'가 이루는 짝이란 세 변의 길이 비율이 3:4:5인 직각삼각형을 가리키며, 피타고라스의 삼각형에 관한 정리($a^2+b^2=c^2$)와 연관이 있다. 플라톤이 암시하는 다산의 황금 주기가 정확히 무엇인지는 알 수 없으나, 위 본문은 실패와 성공, 불모와 풍작을 이야기하며, 실패를 거듭하다가 마침내 주기가 차면 풍성하게 결실하는 자연 이치를 설명한다. 이런 생태 주제는 뿌리는 자 비유의 중심 주제와도 상통한다.

알렉산드리아의 필론도 피타고라스의 삼각형을 신령한 생태적 근원으로 여겼다. 필론에 따르면, 3-4-5 직각부등변삼각형은 "우주가 그것으로부터 태어난 기원"이며, "가장 근본적인 원소이고 가장 오래된 것"이다.[29] 필론은 그 삼각형이 지성소의 핵심 부분을 형성한다고 보았고, 필론에게 가장 중요한 명절로 여겨졌던 오순절을 상징한다고 보았다. 필론은 50이야말로 가장 신령하고 자연스러운 숫자라고 믿었는데, 그 이유는 50이라는 숫자가 그 삼각형에서 유래했다고 믿었기 때문이다($3^2+4^2+5^2=50$).[30]

중플라톤주의로 분류되는 플루타르코스에게도 피타고라스의 삼각형은 생태적 시원으로서, "삼각형들 가운데 가장 아름다운 것"이며, "우주의 본성"을 함축하는 "결혼의 상징"이다.[31] 플루타르코스에 따르면, 신은 기하학적 비율을 사용하여 세상을 창조했고, 현재도 기하학으로 세상을 섭리하며, 신령한 비율대로 선과 악을 구별하여 인간을 심판한다. 따라서 인간들도 신의 비율에 맞추어 정의롭게 행동할 필요가 있다고 한다.[32] 즉, 신이 우주 창조에 사용한 생태 원리가 인간 정의와 직결된다는 뜻이다. 그러한 신의 삼각 구조를 신플라톤주의자 프로클루스(Proclus)는 "생명을 창조하는 삼각형"이라고 정의했다.[33]

숫자 '3'에 대한 존중은 글쓰기에도 반영되어 피타고라스-플라톤 전통에서 글의 구조는 자주 삼중구조를 갖는다. 뿌리는 주제를 다룬 플라톤의 다음 글은 삼중구조는 물론이고 대조적 병행구조마저 보인다:[34]

> 그[=데미우르고스]는 뿌렸다
> 어떤 것들은 땅에
> 어떤 것들은 달에
> 어떤 것들은 남아 있는 시간의 유기체들에

V. 마가복음의 뿌리는 자 비유의 생태적 요소들

마가복음의 뿌리는 자 비유는 삼중구조 외에서 풍부한 생태 요소들을 함축하고 있다. 그 가운데 몇 가지만 추려서 소개하겠다.

1. 누가 무엇을 뿌렸는가?[35]

공관복음은 '뿌리는 자'를 구체적으로 명시하지 않고 독자에게 그 주체를 다양하게 해석할 여지를 남긴다. 이런 여유로운 행간에서 독자는 하나님이나 예수님과 같은 신적 주체를 뿌리는 자라고 상상하거나, 농부나 선생 같은 평범한 인간을 상상하거나, 심지어 동식물 등 생태 요소를 포함한 자연을 상상할 수도 있다. 그러나 한국어 번역본들은 "씨(를) 뿌리는 자/사람"(개역개정, 개역한글, 공동번역, 새번역) 또는 "한 농부"(현대인의성경)라고 무리하게 번역하여 그리스어가 함축하는 풍부한 해석 가능성을 차단한다. 특히 '사람'이라고 번역하는 공동번역은 '뿌리는 자'가 '하나님'이나 '자연'일 가능성을 원천 봉쇄하여 본문의 생태적 함의를 훼손한다.

그러면 무엇을 뿌렸는가? 누가복음만이 '그의 씨를'(**톤 스포론 아우투**)를 넣어 '그의 씨를' 뿌렸다고 고정할 뿐, 마가와 마태는 무엇을 뿌렸는지 밝히지 않는다. 그럼에도 한국어 번역은 '씨를' 뿌렸다고 명시함으로써, 원문의 다양한 생태적 함의를 차단한다.

그러면 씨 외에 뿌릴 수 있는 것이 있는가? 있다! 성경 자체에 뿌리는 자가 뿌릴 수 있는 것들이 다양하게 등장한다. 예컨대, 누가복음의 비유 부분에서는 '씨를' 뿌리지만(8:5), 비유 해석 부분에서는 '하나님의 말씀'(**호 로고스 투 떼우**, 8:1)을 뿌린다. 이와 달리 마가복음과 마태복음에서 뿌린 것은 '하나님의 말씀'이 아니라 그냥 '말씀'(**로고스**)이다(막 4:14; 참조. 마 13:19-23). 또한 뿌리는 자는 '좋은 씨'(마 13:37)를 뿌리거나, '의'(**디카이오수네**, 칠십인역 잠 11:21 참조)를 뿌리거나, '악한 것들'(칠십인역 잠 22:8)을 뿌릴 수도 있다.

성경 밖에서도 뿌릴 수 있는 것들은 다양하게 등장한다. 앞서 소개한 플라톤의 본문에서 데미우르고스는 세계영혼을 우주에 뿌렸다. 또한 스토아 철학자들에게 신은 이 세상에 '퍼진 씨앗/정자들'(**로고이 스페르마티코이**)과 같다. 이런 시각에서 뿌리는 자는 로고스 신 자신

이고 뿌린 씨앗도 로고스 신 자신이 되어 생태 주제를 함축한다.[36)]

예수 및 사도들과 동시대를 살며 70여 편의 방대한 현존 작품을 남긴 필론(Philo of Alexandria)도 '퍼진 씨앗/정자들'이라는 용어를 사용했다.[37)] 그는 플라톤의 본문을 언급하며, 씨를 뿌린 이는 하나님이고, 그 씨앗은 덕(德) 내지 로고스이고, 각각의 토양은 인간의 영혼이라고 해석했다.[38)]

> 하나님은 토양을 경작하시고 유쾌함을 심으신다.[39)]
> 하나님은 땅에 태어난 인간 속에 양심과 덕을 뿌리셨다.[40)]
> 그(모세)는 자연 본연의 좋음을 밭에 비교했는데, 왜냐하면 그것이야말로 덕이라는 씨앗들의 수용체이기 때문이다.[41)]

세 개의 공관복음 역시 뿌린 것을 로고스라고 명시하므로, 풍부한 생태 해석을 가능하게 한다(막 4:14-20; 마 13:19-23; 눅 8:12, 13, 15). 그리스 전통과 유대 전통과 신약성경에서 로고스는 신과 인간과 자연을 연결하는 창조와 섭리 원칙이며 신과 인간의 공통분모다. 따라서 로고스 하나님이 로고스를 뿌리셨다는 것은 하나님 자신이 하나님을 뿌려 하나님 같은 세상을 창조하셨다는 뜻이다. 이는 신과 인간과 자연의 경계를 초월하여 지구구성원 전체와 우주 전체가 소통하는 생태 원리를 함축한다.

또한 맥이 지적한대로, 마가복음 형성 당시에 농사와 관련된 비유, 특히 파종은 자연을 따르는 이상적 교육(**파이데이아**)을 상징하는 전형적 방식이었으므로 인간과 자연을 아우르는 생태 언어의 일종인 셈이다. 이런 체계에서 뿌리는 자는 스승 또는 지혜를, 뿌린 것은 가르침을, 토양은 학생을 지칭한다.[42)]

2. 비유에 깃든 생태 저항 기능

앞서 소개했듯이, 크로싼은 마가의 비유 안에 수확을 가로막는 세 가지 요인들을 새, 태양, 가시 등으로 보았으나, 필자는 여기에 '개체적 일탈'을 덧붙이고 싶다. 왜냐하면 ① 마가의 비유는 수확하지 못한 것들을 각각 한 톨로 묘사함으로써 개체를 강조할 뿐만 아니라(**호, 알로, 알로**), ② 생태구조에서 일탈한 개체는 새, 태양, 가시들 같은 저항 요소를 만났을 때 그것을 극복하지 못하고 사라질 수 있다는 사실을 암시하기 때문이다. 이런 개체들은 결실하기까지 필요한 기간을 견디지 못하고 결실하기 전에 서둘러 사라진다. 역으로 생태계의 지속가능성은 일정 기간 동안 지속적으로 성장하고 인내할 것을 요구한다. 일탈한 개체와 달리 나머지 다수(**알라**)는 30배, 60배, 100배로 결실하는데, 이 결실 현장에 새, 해, 가시가 전혀 없었을 것 같지는 않다. 이는 개체가 생태구조에 머무는 한, 새, 해, 가시 같은 생태 저항 요소들이 더는 적이 아니며, 도리어 생태계 유지를 위하여 협력해야 할 벗이요 필수구성원임을 암시한다. 그들의 존재에도 불구하고 생태구조에서 일탈하지 않는 한, 뿌려진 개체들은 일정 기간이 지날 때마다 수확을 거듭하며 계속 번성할 것이다.

한편, 필론은 예수의 '뿌리는 자의 비유'에 등장하는 새, 불(태양), 가시들을 영혼이 열매를 맺지 못하도록 방해하는 플라톤적 욕망들로서 '파괴적 요소'라고 설명한다. 즉, 생태 원리에 대항하는 개별 욕망이 생태계에 발생하면, 자연에 내재한 생태 저항 요소가 즉각 발동한다는 것이다.

> 하늘의 새들(타 페테이나 투 우라누)은 영혼을 산산조각 내며 삼

> 켜버리는(카테파게인) 욕망들을 상징하는 영혼의 적들이다. 가시들(아칸싸스)은 어리석은 사람의 영혼에서 뻗쳐 나오는 욕망들과 같고 불처럼 비이성적인 충동이어서 영혼이 그것들과 함께 있게 되면 영혼의 모든 소유를 태워 버리고 소진시킨다(카타플레게이 카이 디아프떼이레이).[43]

위 인용문에서 괄호 안에 그리스어를 음역한 단어들은 마가복음의 뿌리는 자 비유에도 나오는 단어들이다. 더불어 필론은 욕망의 요소들을 '욕망 그 자체'와 '욕망을 낳는 것'과 '욕망의 결과물' 등 삼중으로 설명한다.

필론은 경작의 과정도 삼중으로 설명하는데 이 설명 역시 마가복음의 뿌리는 자 비유와 공명한다.

> 모두 아는 바와 같이 먼저 씨 **뿌리기(스포라)**와 심기를 하고 나면, 그 다음에 뿌리고 심은 것들의 **자람(아욱세시스)**이 뒤따르는데, 뿌린 것들은 **뿌리들(리자스)**을 아래로 내려 자리를 잡고, 심은 것들은 위로 뻗어 올라 크게 자라고 몸통들과 가지들을 낸다. 이것을 마친 다음에 싹이 나고 잎이 나며, 그 후에야 모든 것이 완성되어 **열매를 맺는다(카르푸 포라)**. 단, 열매 맺기가 모두 완벽하지는 않으며, 열매의 양과 질 면에서 다양한 차이를 보인다.[44]

괄호 안의 그리스어 음역은 마가복음의 뿌리는 자 비유에도 등장하는 단어들이다. 필론이 열매 맺기의 다양성을 설명하는 부분은 마가복음의 비유에서 열매의 양이 일정하지 않고 30배와 60배, 100배로 다양한 것과 상응한다. 요컨대, 필론의 욕망론에 따르면, 수확을 방해하고 생태계의 지속가능성을 위협하는 주요 요인은 생태구조를 일탈해서라도 개체적 성취를 이루고자 하는 인간의 과도한 욕망이라고 볼 수 있다. 이런 욕망이야말로 오늘날 생태 위기를 초래한 주범이리라.

VI. 나가는 말: 마가복음의 '뿌리는 자 비유'를 생태 관점에서 정리하며

마가복음의 뿌리는 자의 비유는 자세한 설명 없이 간결하다. 마치 독자를 넉넉한 행간으로 초대하여 해석해 보기를 독려하는 것 같다. 이 비유는 언뜻 농사짓는 분위기를 자아내지만, 그리스-로마 전통과 유대 전통과 예수 전통을 아우르는 풍부한 언어를 사용하기 때문에 관점에 따라 다양한 해석 가능성이 열려있다. 이에 필자는 이 비유에 대한 선행연구를 먼저 소개하고 생태 관점으로 읽기를 시도했다.

비유 자체는 뿌리는 주체와 뿌려진 객체를 대립적으로 차별하지 않으므로 생태 친화적인 경향이 강하다. 뿌려진 각 개체를 품질에 따라 차별하지 않으며, 주체, 객체, 환경의 중요성 정도를 상하관계나 지배구도로 구분하지 않는다. 비록 새, 해, 가시 등이 수확을 방해하는 악역을 담당하는 것처럼 보이지만, 실상 그것들은 지극히 자연스러운 역할에 충실할 뿐, 특별한 악행을 저지른 것은 없다. 그것들이 출몰한 길가, 돌밭, 가시밭도 비난받을 만한 장소가 아니라 좋은 땅만큼이나 자연스럽다. 게다가 좋은 땅에는 새와 해와 가시가 아예 없을 것 같지 않고, 있을 것이 분명하지만, 그것들이 좋은 땅에서는 수확에 지장을 초래하지 않는다. 새, 해, 가시조차 좋은 땅에서는 악역의 혐의를 벗고 좋음에 참예하며 자연계의 필수구성원으로서 자기 역할을 훌륭하게 수행할 것이 예상된다.

이 비유는 어느 특정 주체에 과도한 비중을 두지 않고 신-인간-자연이 넉넉한 밭고랑 사이를 넘나들며 각자의 역할을 자연스럽게 소화하는 생태구조를 선보인다. 하늘이 땅에 군림하거나 인간이 자연을 지배할 여지도 주지 않는다. 더구나 파종기와 수확기를 시작과 끝이라는 시간적 이원론으로 대립시키거나, 뿌린 씨앗과 거둔 씨앗을 야만과 문명이라는 인위적 이원론으로 격돌시키지 않는다. 뿌리는 자와 뿌린 것과 수확한 것이 각자 독단적으로 일탈하지 않은 채 어우러지며 서로 견제하고 협력하는 한, 이 생태계가 무한히 반복하고 확장할 수 있음을 암시한다.

그러면 풍성하게 수확하는 좋은 땅은 어디인가? 비유는 좋은 땅의 조건을 일일이 열거하지 않으나 다수의 개체들이 모이는 곳임을 암시한다. 다수의 것들이 이기심과 지배욕을 버리고 서로 인내하며 어우러지는 곳이라면 어디라도 좋은 땅이 될 가능성이 열려있다. 예컨대, 돌밭에 장미 한그루만 있다면 여전히 돌밭이지만 어디라도 여러 그루의 장미들이 심겨 자란다면 이전에 그곳이 무엇이었건 이제는 장미밭이라고 불러야 하지 않겠는가? 그러므로 좋은 것들이 모여 자라면 그곳이 이전에 무엇이었건 좋은 땅이 되는 것이다.

또한 좋은 땅은 온전한 결실이 이루어지고 지속되기까지 개별적 일탈과 생태 저항적 요인들을 수용하고 인내해야 하는 현장이기도 하다. 함께 참여하는 개체들이 온전한 열매를 맺을 때까지 조급하게 서두르지 말고 참고 기다려야 마침내 좋은 땅이 이루어진다. 인간의 욕망을 빠르게 채우기 위하여 서둘러 공산품을 만들어 급하게 소비하고 버리는 오늘날의 반(反)생태적 행위들은 생태계를 벗어나는 일탈 행위로서 생태 저항 기제들의 공격 대상이 된다. 생태계가 지속 가능한 상태를 유지하려면, 뿌려진 것이 싹트고, 뿌리 내리고, 위로 자라고, 옆으로 몸집이 커지다가 마침내 결실할 때까지 우리 모두 인내하며 충분한 시간과 노력을 기울여야 한다.

열매를 빨리 맛보려고 서두르는 인위적이고 개별적인 일탈은 언뜻 생산량을 늘리는 문명 활동처럼 보이지만, 실은 자연 생산성에 크게 미치지 못할뿐더러 수확 자체를 근절할 수 있다고 '뿌리는 자의 비유'는 경고한다. 겉보기에 밋밋하고 보잘것없는 한 톨의 씨앗 속에 자연은 1대에 30배, 60배, 100배의 결실을, 2대에 900배 3,600배, 10,000배의 결실을, 3대에 810,000배, 12,960,000배, 100,000,000배의 결실을 숨겨놓았다. 자연 생태계가 창조 질서에 따라 유지되는 한, 자연은 보잘것없는 것 속에 숨어 있다가 반복해서 현현하며 놀라운 결실을 이어갈 것이다.

미주

1) 조재천, “생태해석학(eco-hermeneutics)의 가능성, 의의, 그리고 과정-신약학의 관점에서.” 2021년 한국복음주의신약학회 정기총회 및 학술대회 주제발표 논문.
2) 이정배, “J.B. 멕다니엘의 생태신학연구: 탈가부장주의와 불교와의 대화를 바탕하여,” 「신학사상」 (2006): 129-154.
3) 한국갤럽 2021년 보고서. https://www.gallup.co.kr/gallupdb/reportContent.asp?seqNo=1208 (2021년 8월 20일 접속).
4) 상호텍스트성에 관하여는 다음을 보라: 문우일, “크리스테바의 상호텍스트성에서 맥도날드의 미메시스비평까지,” 「신약논단」 19권 제1호 (2012): 313-351. 하벨의 생태원칙은 다음을 보라: Norman Habel, “Guiding Ecojustice Principles,” *Spiritan Horizons* 11.11 (2016), Article 14; https://dsc.duq.edu/spiritan-horizons/ (2021.5.25.).
5) 유연희, “‘그녀가 운다’- 생태비평으로 읽는 예레미야 12장-,” 「성경원문연구」 49 (2021): 50-74 중 53.
6) 원칙들의 번역과 요약은 유연희, “‘그녀가 운다’- 생태비평으로 읽는 예레미야 12장-,” 53을 보라.
7) Val Plumwood, *Feminism and the Mastery of Nature* (London & New York: Routledge, 1993), 43.
8) Habel, “Guiding Ecojustice Principles,” 94.
9) Adolf Jülicher, *Die Gleichnisreden Jesu* (Freiburg I. B.: J. C. B. Mohr, 1888). http://archive.org/stream/diegleichnisred00jlgoog#page/n8/mode/2up.
10) 아리스토텔레스의 비유 개념과 마가복음 비유의 특성을 비교하려면 다음을 보라: Adela Y. Collins, *Mark: A Commentary*, edited by Harold W. Attridge (Minneapolis: Fortress Press, 2007), 242.
11) Charles H. Dodd, *The Parables of the Kingdom* (New York: Chales Scribner's Sons, 1961); cf. Dan Otto Via, Jr., *The Parables* (Philadelphia: Fortress Press, 1974); John D. Crossan, *In Parables* (San Francisco: Harper & Row Publishers, 1973); John Drury, *The Parables in the Gospel* (New York: Crossroad, 1985); J. R. Donahue, *The Gospel in Parable: Metaphor, Narrative, and Theology in the Synoptic Gospels* (Philadelphia: Fortress Press, 1988).
12) Joachim Jeremias, *Rediscovering the Parables* (New York: Chales Scribner's Sons, 1966), 10; *The Parables of Jesus*, 3rd revised edition, translated by S. H. Hooke (London: SCM Press LTD, 1954), 60-62. 비슷한 내용을 한국어로 보려면 다음을 보라: 요하킴 예레미아스, 『신약신학』, 정충하 옮김 (서울: 새순출판사, 1990), 73-75; Mary Ann Tolbert, *Sowing the Gospel* (Minneapolis: Fortress Press, 1996); Drury, *The Parables in the Gospel*, 51; Willi Marxsen, “Redaktionsgeschichtlich Erklarung der sogenannten Parabeltheorie des Markus,” *ZTK* 52 (1955): 255-271; cf. Philip Sellew, “Oral and Written Sources in Mark 4:1-34,” *NTS* 36 (1990): 237.

13) Joachim Jeremias, *New Testament Theology: The Proclamation of Jesus* (New York: Charles Scribner's Sons, 1971), 14.

14) Jeremias, *New Testament Theology*, 16.

15) Helmut Koester, "A Test Case of Synoptic Source Theory (Mk 4:1-34 and Parallels)," *Gospels Seminar*, SBL Convention, Atlanta, 31 October 1971: 50-51, 59.

16) Charles L. Mitton, "Threefoldness in the Teaching of Jesus," *ExpT* 75 (1964): 228-30; Charles L. Mitton, *The Fact behind the Faith* (Grand Rapids: Eerdmans, 1974), 136-39.

17) Matthew Black, *An Aramaic Approach to the Gospels and Acts*, 3rd edition (Oxford: Clarendon, 1967), 63.

18) John D. Crossan, *In Parables* (San Francisco: Harper & Row Publishers, 1973); "The Seed Parables of Jesus," *JBL* 92, No. 2 (1973/6): 244-266; Theodore Weeden, "Recovering the Parabolic Intent in the Parable of the Sower," *JAAR* 47, No. 1 (1979): 97-120.

19) Ron Cameron, "Parable and Interpretation in the Gospel of Thomas," *Forum* 2 Je (1986): 3-39 중 21.

20) Burton L. Mack, *A Myth of Innocence* (Philadelphia: Fortress Press, 1991), 159.

21) Mack, *A Myth of Innocence*, 1157-1160.

22) Jeffrey R. Asher, *Polarity and Change in 1 Corinthians 15*, *HUTh* 42 (Tübingen: Mohr Siebeck, 2000), 137-138.

23) Collins, *Mark*, 244.

24) 문우일, "삼중구조는 아람어 흔적인가?" 26-46을 참조하라.

25) 앞의 글, 26-46.

26) Plato, *Timaeus* 53e-55c; 플라톤, 『티마에우스』, 박종형, 김영균 옮김 (서울: 서광사, 2000), 149-155.

27) Plato, *Republic* 526e-527b. 플라톤, 『국가 · 정체』, 박종형 옮김 (서울: 서광사, 1997), 473-474.

28) Ibid., 546a-d; 플라톤, 『국가 · 정체』, 513-516.

29) Philo of Alexandria, *On the Special Laws* 2.176; *On the Life of Moses* 80.

30) Philo, *On the Contemplative Life* 65; *On the Special Laws* 2.176.

31) Plutarch, *De Iside et Osiride* 56, 373f, text and translation from Harold Cherniss, *Plutarch's Moralia*, vol. 13 (LCL; Cambridge, MA/London: Harvard University Press, 1976) 13:135; *De Animae Procreatione* 10 (*Moralia* 373F, 1017C).

32) Plutarch, *Moralia*, *Table-talk* VIII. 718-720.

33) *Proclus*, In *Platonis rem publicam commentarii* 23.1-24.5; cf. James Adam, *The Republic of Plato*, second edition, vol. 2 (Cambridge: University Press, 1963) 205; *The Nuptial Number of Plato: Its Solution and Significance* (London: C. J. Clay and Sons, 1891).

34) Plato, *Timaeus* 42d.

35) 이 단원은 필자의 다음 논문을 수정하여 재사용했다. 문우일, "마가복음 4:3의 번역과

해석," 「성경원문연구」 31 (2012), 153-159 중 155-157.

36) 참조. Diogenes Laertius, *Lives of Eminent Philosophers* 7.147-149 in *Diogenes Laertius II*, Loeb Classical Library 185, R. D. Hicks, trans. (Cambridge: Harvard University Press, 1995), 250-252.

37) Philo, *On the Creation of the World* 43 in *Philo I*, Loeb Classical Library 226, trans. F. H. Colson & G. H. Whitaker (Cambridge: Harvard University Press, 1991), 32.

38) 로고스를 뿌린다는 개념은 Philo, *Allegorical Interpretation*, 1.65를 보라. 또한 필론에서 "씨앗들"은 **로고이 스페르마티코이**를 지칭하여 로고스의 구성 부분을 뜻한다.

39) Philo, *Allegorical Interpretation*, 1.43.

40) Ibid., 1.79.

41) Ibid., 3.249-250.

42) Burton L. Mack, *Mark and Christian Origins: A Myth of Innocence* (Philadelphia: Fortress Press, 1991), 159; 참조: Adela Y. Collins, *Mark: A Commentary*, 243-246; Ron Cameron, "Parable and Interpretation in the Gospel of Thomas," *Forum* 2 Je (1986), 3-39, 21.

43) Philo, *Allegorical Interpretation*, 3.248-249.

44) Philo, *On the Creation.* 41; cf., *On Dreams* 2.76.

참고문헌

제1부 성서, 자연생태계와 인간의 새로운 관계에 답하다

제1장 생태 신학적 관점으로 본 창세기 1장의 세계관(최종원)

국내 저서 및 논문

구자용. "야웨, 동물의 주-신학적 동물학에 대한 소고." 「구약논단」 통권 56집 (2015/6).

최종원. "아모스 8-9장에 나타난 희망의 신탁에 대한 연구." 「구약논단」 통권 66집 (2017/12).

______. "신명기의 '사랑과 계약'에 대한 새로운 연구." 「구약논단」 통권 52집 (2014/6).

______. "레위기 26장 14-33절에 나타난 숫자 칠의 의미에 대한 연구." 「구약논단」 통권 47집 (2013/3).

번역서

보프, 레오나르도. 『생태신학』, 김항섭 옮김. 서울: 카톨릭출판사, 2013.

블랜킨숍, 조셉. 『모세오경-성경의 첫 다섯 권 입문』. 박요한 옮김. 서울: 성서와 함께, 2006.

______. 『현대성서주석: 에스겔』, 박문재 옮김. 서울: 한국장로교출판사, 2002.

사이쯔, 크리스토퍼. 『현대성서주석: 이사야 1-39』. 이인세 옮김. 서울: 한국장로교출판사, 2003.

알렌, 레슬리 C. 『에스겔 20-48』. WBC 29. 정일오 옮김. 서울: 솔로몬, 2008.

웬함, 고든. 『창세기 1』. WBC 1. 박영호 옮김. 서울: 솔로몬, 2006.

쳉어, 에리히. 『구약성경개론』, 이종한 옮김. 서울: 분도출판사, 2012.

크로이처, 지크프리트 외. 『구약성경 주석방법론』. 김정훈 옮김. 서울: CLC,

2011.
클레멘츠, 로날드. 『현대성서주석: 예레미야』. 김회권 옮김. 서울: 한국장로교출판사, 2002.

해외 저서 및 논문

Cardellini, I. "Hosea 4,1-3, Eine Strukturanalyse." In *Bausteine Biblischer Theologie, FS Botterweck*. Edited by H.-J. Fabry. BBB 50; Köln, Bonn, 1977.

Gertz, Jan Christian. & Konrad Schmid & Markus Witte, eds. *Abschied vom Jahwisten*. Berlin & New York: Walter de Gruyter, 2002.

Neumann-Gorsolke, Ute. *Wer ist der Herr der Tiere? Eine hermeneutische Problemanzeige*. BThSt 85; Neukirchen-Vluyn: Neukirchener Verlag, 2012.

Korošec, Viktor. *Hethitische Staatsverträge. Ein Beitrag zu ihrer juristischen Wertung*. Leipzig: Weicher, 1931.

Schmidt, Werner H. *Schöpfungsgeschichte der Priesterschrift*. WMANT 17; Neukirchener: Neukirchen-Vluyn, 1973.

Steck, Odil Hannes. *Der Schöpfungsbericht der Priesterschrift*. FRLANT 115; Göttingen, 1981.

Rendtorff, Rolf. "The 'Yahwist' as Theologian? The Dilemma of Pentateuchal Criticism." *JSOT* 3 (1977).

______. "Traditio-Historical Method and the Documentary Hypothesis." In *Proceedings of the Fifth World Congress of Jewish Studies*. Vol. I. Jerusalem: World Union of Jewish Studies, 1969.

Rüterswörden, Udo. "Bundestheologie ohne berit." *ZAR* 4 (1998).

______. *dominium terrae. Studien zur Genese einer alttestamentlichen Vorstellung*. BZAW 215; Walter de Gruyter, Berlin, New York: Walter de Gruyter, 1993.

Wellhausen, Julius. *Die Komposition des Hexateuchs*. Berlin: de Gruyter, 1963.

Wöhrle, Jakob. "dominium terrae: Exegetische und religionsgeschichtliche

Überlegungen zum Herrschaftsauftrag in Gen 1,26-28." *ZAW* 121 (2009).

제2장 욥에게 들려주는 하나님의 생태학 특강(욥 38:1-41:34) (강철구)

국내 저서 및 논문

강철구. "하나님의 두 번째 말씀(욥 60:6-41:34[41:26])의 배경과 의미." 「구약논집」 18집 (2020).

구자용. "야웨, 동물의 주 - 신학적 동물학에 대한 소고." 「구약논단」 56집 (2015).

박성철. "생태 위기와 근대 개발 이데올로기." 『생태 위기와 기독교』. 박성철 책임편집. 파주: 한국학술정보, 2021.

배희숙. "하나님의 형상과 땅의 통치(창 1:26-28) - 인간의 본질과 과제에 대한 새 관점." 「장신논단」 49호 (2017).

안근조. 『지혜의 말씀으로 읽는 욥기』. 서울: 한들출판사, 2007.

이혜경. "환경 파괴로 늘어나는 전염병 현황 및 대응 방안." 국회입법조사처 편. 「이슈와 논점」. 제1699호, 2020년 4월 7일.

하경택. 『욥기』. 서울: 한국장로교출판사, 2018.

번역서

보프, 레오나르도. 『생태신학』, 김항섭 옮김. 서울: 카톨릭출판사, 2013.

젠슨, J. 제럴드. 『욥기』. 한진희 옮김. 서울: 한국장로교출판사, 2007.

쳉어, 에리히. 『구약성경개론』, 이종한 옮김. 서울: 분도출판사, 2012.

해외 저서 및 논문

Ebach, Jürgen. *Streiten mit Gott*. Teil 2. Neukirchen-Vluyn: Neukirchener Verlag, 2005.

Gradl, Felix. *Das Buch Ijob*. NSK.AT 12; Stuttgart: Verlag Katholisches Bibelwerk, 2001.

Habel, N. C. "Earth First: Inverse Cosmology in Job." In *The Earth Story in Wisdom Traditions*. Edited by N. C. Habel & Shirley Wurst. Sheffield: Sheffield Academic Press, 2001.

Janowski, Bernd. "Die Erde ist in die Hand eines Frevlers gegeben: Zur Frage nach der Gerechtigkeit Gottes im Hiobbuch." In *Wo ist Gott? Die Theodizee-Frage und die Theologie im Pfarramt*. Edited by H. Lichtenberg & H. Zweigle. Neukirchen-Vluyn: Neukirchener Verlag, 2009.

______. "Die lebendige Statue Gottes. Zur Ahthropologie der priesterlichen Urgeschichte." In *Gott und Mensch im Dialog*. Edited by M. Witte. Berlin/New York: Walter de Gruyter, 2004.

Keel, Otmar & Silvia Schroer. *Schöpfung. Biblische Theologien im Kontext altorientalischer Religion*. Göttingen: Vandenhoeck & Ruprecht, 2008.

Lux, R. "Narratio-Disputatio-Acclamatio. Sprachformen des Leidens und seiner Überwindung im Hiobbuch." In *Dogmatik erzählen? Die Bedeutung des Erzählens für eine biblisch orientierte Dogmatik*. Edited by G. Schneider-Flume & D. Hiller. Neukirchen-Vluyn: Neukirchener Verlag, 2005.

Patrick, Dale. "Divine Creative Power and the Decentering of Creation: The Subtext of the Lord's Addresses to Job." In *The Earth Story in Wisdom Traditions*. Edited by N. C. Habel & S. Wurst. Sheffield: Sheffield Academic Press, 2001.

Schmid, Konrad. "Schöpfung im Alten Testament." In *Schöpfung*. Edited by K. Schmid. Tübingen: Mohr Siebeck, 2012.

제3장 불평등 사회의 생태적 전환을 위한 잠언의 지혜 (김순영)

국내 저서 및 논문

김순영. 『일상의 신학, 전도서』. 서울: 새물결플러스, 2019.

박성원. "경제와 생태정의를 위한 계약-세계개혁교회연맹(WARC)의 경제정의를 위한 신앙고백을 중심으로.” 「신학과 목회」 24 (2005): 236-257.
정호승. 『슬픔이 기쁨에게』. 창비시선 19. 서울: 창비, 2014.
조영호. “기후 위기, 윤리 그리고 교회.” 『생태 위기와 기독교』 비블로스성경인문학 시리즈 2. 파주: 한국학술정보, 2021.
조용현. “도덕적 행위자로 기능하는 잠언의 아쉬르(부자).” 「구약논단」 74 (2019): 108-135.
한동구, “잠언의 지혜신학에 반영된 ‘공정한 사회의 이념’.” 「구약논단」 41 (2011): 12-33.

번역서

룩스, 뤼디거. 『이스라엘의 지혜』. 구자용 옮김. 파주: 한국학술정보, 2012.
머피, 롤란드. 『잠언』. WBC 22. 박문재 옮김. 서울: 솔로몬, 2001.
맥페이그, 샐리. 『기후변화와 신학의 재구성』. 김준우 옮김. 서울: 한국기독교연구소, 2008.
보프, 레오나르도. 『생태신학』. 김항섭 옮김. 서울: 카톨릭출판사, 2013).
브루그만, 월터. 『하나님, 이웃, 제국: 하나님의 신실하심과 공동선 창조』. 윤상필 옮김. 서울: 성서유니온, 2016.
__________. “구약신학의 틀 II: 고통의 포옹.” 곽건용 옮김. 「기독교사상」 37 (1993): 114-130.
클리포드, 리처드. 『지혜서』. 안근조 옮김. 서울: 대한기독교서회, 2015.
에런라이크, 바버라. ‘노동의 배신’. 최희봉 옮김. 서울: 부키, 2012.
일리치, 이반 외. 『전문가들의 사회』. 신수열 옮김. 서울: 사월의 책, 2017.
일리치, 이반. 『그림자 노동』. 노승영 옮김. 서울: 사월의 책, 2015.
크렌쇼, 제임스. 『구약지혜문학의 이해』. 강성열 옮김. 서울: 한국장로교출판사, 2002.

해외 저서 및 논문

Brown, F., Driver S. R., & Briggs, C. A. *The New Brown, Driver, Briggs, Gesenius Hebrew and English Lexicon: With an Appendix Containing the Biblical Aramaic*. Peabody: Hendrickson Publishers, 1979.
Conradie, Ernst. “Toward an Eccological Biblical Hermeneutics: A Review Essay on the Earth Bible Project,” *Scriptura* 85 (2004), 123-135.
Garrett, Duane A. *Proverbs Ecclesiastes Song of Songs*. NAC; Nashville: Broadman, 1993.
Habel, Norman. “The Earth Bible Project.” *Journal of Religion, Nature & the*

Environment 99 (1999): 123-124.
Habel, Norman. "Guiding Ecojustice Principles." *Spiritan Horizons 11* (2016): 92-109.
Lind, Christopher. "Ecojustice: What is it and Why Does It Matter?." In *Synod of the Diocese of Niagara* (2007), 1-18
Longman III, Tremper. *Proverbs*. BCOT; Grand Rapids: Baker Academic, 2006.
Lucas, Ernest C. *Proverbs*. Grand Rapids: Eerdmands, 2015.
Waltke, Bruce. *The Book of Proverbs: Chapters 1-15*. NICOT; Grand Rapids: Eerdmans, 2004.
Wink, Walter. "Ecobible: The Bible and Ecojustice." *Theology Today* 49 (1993): 465-477.

신문 및 잡지(웹사이트 포함)

http://www.hani.co.kr/arti/economy/economy_general/778609
https://www.pressian.com/pages/articles/2020121108564659544

제4장 그녀가 운다: 생태비평으로 예레미야 12장을 읽다 (유연희)

국내 저서 및 논문

김도훈. "생태학적 성서해석의 시도." 「장신논단」 19(2003): 209-233.
박동현. 『예레미야 I』. 대한기독교서회 창립100주년기념성서주석. 서울: 대한기독교서회, 2006.
장석정. "열 가지 재앙에 나타난 생명과 생태계." 「Canon&Culture」 6.2(2012), 79-108.

번역서

류터, 로즈마리 래드퍼드. 『가이아와 하느님: 생태 여성학적 신학』. 전현식 옮김. 서울: 이화여자대학교출판문화원, 2000; Rosemary R. Ruether, *Gaia and God: An Ecofeminist Theology of Earth Healing.* San Francisco: Harper Collins, 1992.
브라이트, J. 『예레미야』. 국제성서주석 22. 한국신학연구소 옮김. 서울: 한국신학연구소, 1979.
크레이기, 피터 외. 『예레미야 1-25장』. *World Biblical Commentary* 26. 권대영 옮김. 서울: 솔로몬, 2003.
클레멘츠, 로널드. 『예레미야』. 현대성서주석. 김회권 옮김. 서울: 한국장로교출판사, 2002. Ronald E. Clements. *Jeremiah. Interpretation: A Bible Commentary for Teaching and Preaching*. Louisville: Westminster John Knox Press, 1988.

하벨, 노만 C.『땅의 신학: 땅의 신학 땅에 관한 여섯 가지 이념』. 정진원 옮김. 서울: 한국신학연구소, 2001. Norman C. Habel, *The Land Is Mine: Six Biblical Land Ideologies. Overtures to Biblical Theology*. Philadelphia: Fortress Press, 1993.

호렐, 데이빗 G.『성서와 환경: 생태성서신학 입문』. 이영미 옮김. 서울: 한신대학교출판부, 2014; David G. Horrell. *The Bible and the Environment: Towards a Critical Ecological Biblical Theology. Biblical Challenges in the Contemporary World*. London & New York: Routledge, 2014.

해외 저서 및 논문

Bauer, Angela. *Gender in the Book of Jeremiah: A Feminist-Literary Reading. SBL* 5. New York: Peter Lang Publishing, 1999.

Brueggemann, Walter. *A Commentary on Jeremiah: Exile and Homecoming*. Grand Rapids: Eerdmans, 1998.

Diamond, A. R. *The Confessions of Jeremiah in Context: Scenes of Prophetic Drama*. JSOTSS 46. Sheffield: JSOT Press, 1987.

Eaton, Heather. "Ecofeminist Contributions to an Ecojustice Hermeneutics." In *Readings from the Perspective of Earth. Earth Bible* 1. Edited by Norman C. Habel. Sheffield: Sheffield Academic Press, 2000, 54-71.

Fretheim, Terence. "The Earth Story in Jeremiah 12." In *Readings from the Perspective of Earth*. Earth Bible 1. Sheffield: Sheffield Academic Press, 2000, 96-110.

Habel, Norman C., ed. *Readings from the Perspective of Earth. Earth Bible* 1. Sheffield: Sheffield Academic Press, 2000.

Habel, Norman C. & Shirley Wurst, eds. *The Earth Story in Genesis. Earth Bible* 2. Sheffield: Sheffield Academic Press, 2000.

Habel, Norman C. & Shirley Wurst, eds. *The Earth Story in Wisdom Traditions. The Earth Bible* 3. Sheffield: Sheffield Academic Press, 2001.

Habel, Norman C. ed. *The Birth, the Curse and the Greening of Earth: An Ecological Reading of Genesis 1-11. Earth Bible Commentary*. Sheffield: Sheffield Phoenix Press, 2011.

Habel, Norman C. "Ecological Criticism." In *New Meanings for Ancient*

Texts: Recent Approaches to Biblical Criticisms and Their Applications. Edited by Steven L. McKenzie & John Kaltner. Louisville: Westminster John Knox Press, 2013, 39-58.

Hays, Daniel J. *Jeremiah and Lamentations.* Grand Rapids: Baker Books, 2016.

Holladay, William L. *Jeremiah 1: A Commentary on the Book of the Prophet Jeremiah Chapters 1-25. Hermeneia*. Minneapolis: Augsburg Fortress, 1986.

Horrell, David G. *Ecological Hermeneutics: Biblical, Historical and Theological Perspectives.* London: T. & T. Clark, 2010.

Huey, F. B., Jr. *Jeremiah, Lamentation.* New American Commentary 16. Nashville: B&H Publishing Group, 1993.

Kalmanofsky, Amy. *Terror All around: The Rhetoric of Horror in the Book of Jeremiah. The Library of Hebrew Bible/Old Testament Studies* 390. New York: T&T Clark, 2008.

Lundbom, Jack R. *Jeremiah 1-20, The Anchor Yale Bible Commentaries*. New York: Yale University Press, 1999.

O'Connor, Kathleen M. *The Confessions of Jeremiah: Their Interpretation and Role in Chapters 1-25.* SBLDS 94. Atlanta: Scholars Press, 1988.

O'Connor, Kathleen M. *Jeremiah: Pain and Promise.* Minneapolis: Fortress Press, 2011.

Plaskow, Judith. *Standing Again at Sinai.* San Francisco: Harper & Row, 1990.

Smith, James E. *Jeremiah, A Commentary.* Morrisville: Lulu.com, 2019.

Stulman, Louis. "Reflections on Writing/Reading War and Hegemony in Jeremiah and in Contemporary U.S. Foreign Policy." *Prophecy and Power: Jeremiah in Feminist and Postcolonial Perspective. The Library of Hebrew Bible/Old Testament Studies* 577. Edited by Christl M. Maier & Carolyn J. Sharp. London: Bloomsbury, 2013, 57-71.

Centre for Biblical Studies. "Uses of the Bible in Environmental Ethics." http://humanities.exeter.ac.uk/theology/research/centres/biblicalstudies/past/uses/ (2021. 8. 1.).

성서 및 사전

『성경전서 새번역』. 서울: 대한성서공회, 2001.

『성경전서 개역개정판』. 서울: 대한성서공회, 1998.

The English Standard Version. Wheaton: Crossway, 2007.

The Holman Christian Standard Bible. Nashville: Holman Bible Publishers,

2004.
The King James Version. 1611.
The New Revised Standard Version. New York: American Bible Society, 1989.
The New King James Version. Nashville: Thomas Nelson, 1984.
The New Living Translation. Carol Stream: Tyndale, 1996.
The New International Version. Grand Rapids: Zondervan, 1973.

Brown, Francis, Samuel R. Driver & Charles A. Briggs, *A Hebrew and English Lexicon of the Old Testament.* Clarendon Press: Oxford, 1953.

신문 및 잡지(웹사이트 포함)

송경은. "韓 1인 탄소배출량 세계 4위..." 매일경제. https://www.mk.co.kr/news/it/view/2019/09/757523/ (2021. 8. 1.).
고선호. "플라스틱, 미래를 품다", 이뉴스투데이. https://www.enewstoday.co.kr/news/articleView.html?idxno=1466775 (2021. 8. 1.).

제5장 묵시적 생태학의 관점에서 본 새 하늘과 새 땅(계 21:1–22:5) (김혜란)

국내 저서 및 논문

김추성. "요한계시록 21-22장의 세 예루살렘." 「신약정론」 33/2 (2015).
이병학. 『요한계시록』. 서울: 새물결플러스, 2016.
______. "죽음의 현실과 새 예루살렘의 대항현실." 「신약논단」 17/4 (2010).
이필찬. 『속히 오리라』. 서울: 이레서원, 2006.

번역서

미들턴, J. 리처드. 『새 하늘과 새 땅』. 이용중 옮김. 서울: 새물결플러스, 2015.
보프, 레오나르도. 『생태 신학』. 김향섭 옮김. 서울: 카톨릭 출판사, 2013.
아우내, 데이비드 E. 『요한계시록 17-22』. WBC 52(하). 김철 옮김. 서울: 솔로몬, 2004.

앵거스, 이안. 『기후정의』. 김현우, 이정필 옮김. 서울: 이매진, 2012.
오스왈트, 존. 『이사야 II』. 이용중 옮김. 서울: 부흥과 개혁사, 2016.
오즈번, 그랜트. 『BECNT 요한계시록』. 김귀탁 옮김. 서울: 부흥과개혁사, 2012.

해외 저서 및 논문

Alexander, T. Desmond. *From Eden to the New Jerusalem: An Introduction to Biblical Theology*. Grand Rapids: Kregel Publications, 2009.
Bauckham, Richard. *The Theology of the Book of Revelation*. Cambridge: Cambridge University Press, 1993.
Beale, G. K. *The Book of Revelation. A Commentary on the Greek Text*. Grand Rapids: Eerdmans, 1999.
Bredin, Mark "God the Carer: Revelation and the Environment." *Biblical Theology Bulletin* 38 (2008).
Dumbrell, William J. *The End of the Beginning Revelation 21-22 and Old Testament*. Grand Rapids: Lancer Books, 1985.
Friesen, Steven. *Imperial Cults and the Apocalypse of John: Reading Revelation in the Ruins*. Oxford: Oxford University Press, 2001.
Gundry, Robert H. "The New Jerusalem: People as Place, not Place for People." *Novum Testamentum* 29 (1987).
Hawkin, David. "The critique of Ideology in the Book of Revelation and its Implications for Ecology." *Ecothology* 8 (2003).
Kiel, Micah D. *Apocalyptic Ecology*. Collegeville: Liturgical Press, 2017.
McKenzie, Steven L. & Kaltner, John (eds.). *New Meanings for Ancient Texts: Recent Approaches to Biblical Criticisms and Their Applications*. Louisville: Westminster John Knox Press, 2003.
Osborne, G. R. *Revelation*. Grand Rapid: Baker Academic, 2002.
Reid, Duncan "Setting aside the ladder to heaven: Revelation 21.2-22.5 from the perspective of Earth." In *The Earth Story in the New Testament*. Edited by Norman C. Habel & Vicky Balabanski. Sheffield: Sheffield Academic Press, 2002.

Rossing, Barbara "for the healing of the world: Reading Revelation Ecologically." In *From Every People and Nation: the Book of Revealtion in Intercultural Perspective*. Edited by David Rhoads. Minneapolis: Fortress Press, 2005.

Smalley, Stephen S. *The Revelation to John: A Commentary on The Greek Text of The Apocalypse*. London: SPCK, 2005.

Sweet, John. *Revelation*. Philadelphia: Trinity Press International, 1990.

______. *Revelation*. London: SCM Press, 1979.

성서 및 사전

BDAG[=Greek-English Lexicon of the New Testament and Other Early Christian].

제2부 성서, 자연생태계 내 생명의 새로운 가치에 답하다

제1장 동물, 사회의 급진적 정황 변화의 주역(출 23:4–5) (오민수)

국내 저서 및 논문

강철구. "욥의 하나님 이해: 욥의 질문과 하나님의 답변을 중심으로." 「구약논단」 23집 (2017/3): 139-164.

구자용. "야웨, 동물의 주." 「구약논단」 21집 (2015/6): 205-235.

하경택. "'창조와 종말' 주제를 위한 동물의 신학적 의의(意義)." 「구약논단」 14집 (2008/12): 126-146.

한동구. 『다시 체험하는 하나님: 포로기의 산학사상』. 서울: 퍼플, 2020.

번역서

보프, 레오나르도. 『생태신학』. 김항섭 옮김. 서울: 가톨릭출판사, 2013.

해외 저서 및 논문

Bartelmus, Rüdiger. *Einführung in das Biblische Hebräisch. Mit einem Anhang Biblisches Aramäisch*. Zürich: Theol. Verlag, 1994.

Boecker, Hans J. "'Feindesliebe' im alttestamentlichen Recht?." In *Verbindungslinie: Festschrift für Werner H. Schmidt zum 65. Geburtstag*. Edited by A. Grauper & H. Delker Alexander & B. Ernst. Neukirchen: Neukirchener, 2000.

Dalman, Gustaf. *Arbeit und Sitte in Palästina*. Bd. II. Gütersloh: C. Bertelsmann Verlag, 1932.

Gordon, Cyrus H. *The Ancient Near East*. New York: Norton, 1965.

Houston, Walter. "Exodus." In *The Oxford Bible Commentary*. Edited by J. Barton & John Muddiman. Oxford: Oxford University Press, 2001.

Jacob, B. *Das Buch Exodus*. Stuttgart: Calwer, 1997.

Keel, Othmar. *Das Böcklein in der Milch seiner Mutter und Verwandtes im Lichte eines altorientalischen Bildmotivs*. V. IRAT; Tübingen: SLM Press, 2013.

Otto, Eckhard. "Ackerbau in Juda im Spiegel der alttestamentlichen Rechtsüberlieferung; Agriculture in Judah according to Legal Texts of the Torah." In *Landwirtschaft im Alten Orient*. Edited by H. Klengel & J. Renger. 51e Rencontre Assyriologique Internationale; BBVO 18; Berlin: Dietrich Reimer Verlag, 1999, 229-236.

Schroer, Silvia. *Die Tiere in der Bibel. Eine kulturgeschichtliche Reise*. Freiburg im Breisgau: Herder, 2010.

성서 및 사전

"Schutzbürger." *HALAT* : 193b.

HALAT I: 771.

"Flur, Ackerfeld, Feldstück, Landschaft, Gebiet." *HALAT* II: 1219.

Clines, David J. A. ed. *The Dictionary of Classical Hebrew* I. Sheffield: Scheffield Academic Press, 1993.

______. *The Dictionary of Classical Hebrew* II. Sheffield: Scheffield Academic Press, 1995.

Gerstenberger, Erhard. "'hb wollen." *THAT* I (^{6}2004): 20-25.
Jaroš, Karl. "Maße und Gewichte." *NBL* II (1995): 731-735.
Jenni, Ernst. "'ōjēb Feind." *THAT* I (^{6}2004): 118-122.
______. "śn' hassen." *THAT* II (^{6}2004): 835-837.
Lang, Bernhard. "Tier." *NBL* III (2001): 849-872.
Woschitz, Karl M. "Esel." *NBL* I (1991): 596-597.

신문 및 잡지(웹사이트 포함)

Heidegger, Martin. "Nur ein Gott kann uns retten." *Spiegel* (1967.5.31.): 193-219.
Löhr, Eckhart. "Der Mensch muss der Natur ihre Würde zurückgeben, um seine eigene Würde zu bewahren: Warum es sich lohnt, Hans Jonas wieder zu lesen." *Neue Zürich Zeitung* (2019.5.11.): 1-4.

제2장 구약의 신학적 동물학과 생태학 - 구자용

국내 저서 및 논문

구자용. "야웨, 동물의 주." 「구약논단」 21집 (2015/6): 205-235.
한동구. 『창세기 해석』. 성남: 도서출판 이마고데이, 2003.

번역서

룩스, 뤼디거. 『이스라엘의 지혜』. 구자용 옮김. 고양: 한국학술정보, 2012.
린지, 앤드류. 『동물신학의 탐구』. 장윤재 옮김. 대전: 대장간, 2014.
보프, 레오나르도. 『생태신학』. 김항섭 옮김. 서울: 가톨릭출판사, 1996.

해외 저서 및 논문

Hagencord, Rainer. "Vom Mit-Sein des Menschen mit allem Lebendigen: Über einen vergessenen und wieder zu entdeckenden Traum." In *Natur und Schöpfung*. Edited by I. Fischer et al. Jahrbuch für Biblische Theologie 34; Göttingen: Vandenhoeck & Ruprecht, 2020,

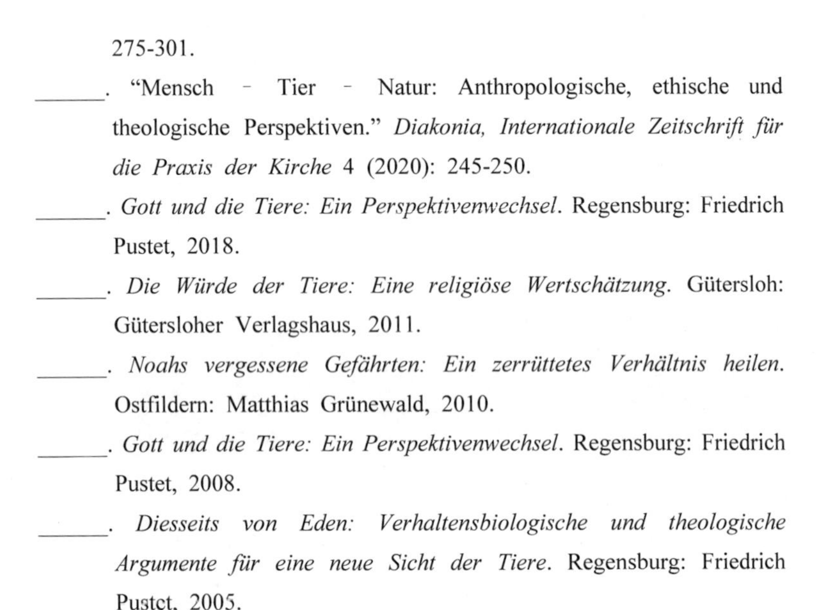
275-301.

______. “Mensch – Tier – Natur: Anthropologische, ethische und theologische Perspektiven.” *Diakonia, Internationale Zeitschrift für die Praxis der Kirche* 4 (2020): 245-250.

______. *Gott und die Tiere: Ein Perspektivenwechsel*. Regensburg: Friedrich Pustet, 2018.

______. *Die Würde der Tiere: Eine religiöse Wertschätzung*. Gütersloh: Gütersloher Verlagshaus, 2011.

______. *Noahs vergessene Gefährten: Ein zerrüttetes Verhältnis heilen*. Ostfildern: Matthias Grünewald, 2010.

______. *Gott und die Tiere: Ein Perspektivenwechsel*. Regensburg: Friedrich Pustet, 2008.

______. *Diesseits von Eden: Verhaltensbiologische und theologische Argumente für eine neue Sicht der Tiere*. Regensburg: Friedrich Pustet, 2005.

Pawl, Faith Glavey. “Exploring Theological Zoology: Might Non-Human Animals Be Spiritual (but Not Religious)?.” In *The Lost Sheep in Philosophy of Religion: New Perspectives on Disability, Gender, Race, and Animals*. Edited by Blake Hereth & Kevin Timpein. New York: Routledge, 2019.

Riede, Peter. “Mensch und Welt in der Sicht des Alten Testaments. Am Beispiel von Psalm 104.” In *Schöpfung und Lebenswelt: Studien zur Theologie und Anthropologie des Alten Testaments*. Marbruger Theologischen Studien 106; Leipzig: Evangelischen Verlagsanstalt, 2009.

Rüterswörden, Udo. *dominium terrae: Studien zur Genese einer alttestamentlichen Vorstellung*. Berlin: Walter de Gruyter, 1993.

Schroer, Silvia. *Die Tiere in der Bibel: Eine kulturgeschichtliche Reise*. Basel: Herder, 2010); 실비아 슈로어. 『성서의 동물들』. 강철구, 구자용 옮김 (출간예정).

Westermannn, Claus. *Genesis* : 1. Teilband *Genesis 1-11*. BK I/1;

Neukirchen-Vluyn: Neukirchener Verlag, 1976.

성서 및 사전

Jacob, E. “Schöpfung 1.-2.” *Biblisch-Historisches Handwörterbuch III* : 1710-1714.

Schmidtke, F. “Sumer.” *Biblisch-Historisches Handwörterbuch III* : 1889-1890.

제3장 무엇을 먹을까? – 레위기 음식법에 대한 생태학적 읽기 (박유미)

국내 저서 및 논문

김근주. 『오늘을 위한 레위기』. 서울: IVP, 2021.

박성철. “생태 위기와 근대 개발 이데올로기.” 『생태 위기와 기독교』. 파주: 한국학술정보, 2021.

박철현. 『레위기』. 서울: 솔로몬, 2018.

반재광. “누가의 ‘환대의 식탁’ 연구-누가복음 14:12-24과 사도행전 10장을 중심으로.” 「신약논단」 제24권 제3호 (2017).

왕대일. “‘너희가 먹지 못할 것은 이러하다,’ 레위기의 음식법(레11:2b-23) 재고 정결한 동물과 부정한 동물의 해석사를 중심으로. “ 「신학과 세계」 58 (2007).

전현식. “[생태신학 9] 지구적 위기와 로즈마리 류터의 생태여성신학.” 「기독교사상」 621 (2010).

조영호. “기후 위기, 윤리 그리고 교회.” 『생태 위기와 기독교』. 박성철 책임편집. 파주: 한국학술정보, 2021.

최순진. “Paradise, Paradise Lost, Paradise to Be Restored.” 「성경과 신학」 69 (2014).

최훈. 『동물을 둘러싼 열 가지 철학 논쟁 동물 윤리 대논쟁』. 고양: 사월의책, 2019.

번역서

러프킨, 제레미. 『육식의 종말』. 신현승 옮김. 서울: 시공사, 2013.

류터, 로즈메리. 『가이아와 하느님: 지구 치유를 위한 생태 여성 신학』. 전현식 옮김. 서울:이화여자대학교 출판부, 2006.

보프, 레오나르도. 『생태신학』. 김향섭 옮김. 서울: 가톨릭출판사, 1996.

웬암, 고든. 『레위기』. 김귀탁 옮김. 서울: 부흥과 개혁사, 2014.

______. 『창세기 1-15』. 박영호 옮김. 서울: 솔로몬, 2006.

하틀리, 존. 『레위기』. 김경열 옮김. 서울: 솔로몬, 2005.

해외 저서 및 논문

Bae, Hee-Sook. "Elijah's Magic in the Drought Narrative: Form and Function." *Biblische Notizen* 169 (2016).

Douglas, Marry. *Purity and Danger: an analysis of concepts of pollution and taboo*. London & New York: Routledge, 1984.

Harper, G. Geoffrey. "Time for a New Diet? Allusions to Genesis 1-3 as Rhetorical Device in Leviticus 11." *STR* 4/2 (2013).

Jenson, Philip P. *Graded Holiness: A Key to the Priestly Conception of the World*. Sheffield: JSOT Press, 1992.

Milgrom, Jacob. *Leviticus 1-16*. New York: Doubleday, 1991.

Moskala, Jiri. "Categorization and Evaluation of Different Kinds of Interpretation of the Laws of Clean and Unclean Animals in Leviticus ll." *Biblical Research* 46 (2001).

VanGemeren, Willem A. *New International Dictionary of Old Testament Theology & Exegesis* [=*NIDOTC*]. Vol. 4. Grand Rapid: Zodervan, 1997.

성서 및 사전

Theological Dictionary of the Old Testament[=TDOT]. Vol. 12.

제4장 생태 관점에서 읽은 ‘뿌리는 자의 비유’ (막 4:3-8) (문우일)

[고대 문헌]

Hippocrates. Translated by H. S. Jones. Loeb Classical Library. Cambridge: Harvard University Press, 1923.

Philo. Translated by F. H. Colson et al. 10 vols. Loeb Classical Library. Cambridge: Harvard University Press, 1929-1962.

Plato. Translated by Harold North Fowler et al. 12 vols. Loeb Classical Library. Cambridge: Harvard University Press, 1914-1935.

플라톤. 『국가 · 정체』. 박종형 옮김. 서울: 서광사, 1997.

______. 『티마에우스』. 박종형, 김영균 옮김. 서울: 서광사, 2000.

Plutarch. Lives. Translated by Bernadotte Perrin. 11 vols. Loeb Classical Library. Cambridge: Harvard University Press, 1914-1926.

_____. Moralia. Translated by Frank Cole Babbitt et al. 16 vols. Loeb Classical Library. Cambridge: Harvard University Press, 1927-2004.

Seneca. Ad Lucilium Epistulae Morales. 3 vols. London: Heinemann, 191-25.

[현대 문헌]

국내 저서 및 논문

문우일. “크리스테바의 상호텍스트성에서 맥도날드의 미메시스비평까지.” 「신약논단」 19권 제1호 (2012): 313-351.

_____. “뿌리는 자 비유(막 4:3-8)의 삼중구조는 아람어 흔적인가?” 「피어선 신학논단」 (2012): 26-46.

_____. “마가복음 4:3의 번역과 해석.” 「성경원문연구」 31(2012): 153-159.

유연희. “‘그녀가 운다’- 생태비평으로 읽는 예레미야 12장-.” 「성경원문연구」 49 (2021), 50-74.

이정배. “J.B. 멕다니엘의 생태신학연구: 탈가부장주의와 불교와의 대화를 바탕하여.” 「신학사상」 (2006), 129-154.

조재천. “생태해석학(eco-hermeneutics)의 가능성, 의의, 그리고 과정-신약학의 관점에서.” 2021년 한국복음주의신약학회 정기총회 및 학술대회 주제발표 논문.

번역서

예레미아스, 요아킴. 『신약신학』. 정중하 옮김. 서울: 새순출판사, 1990.

해외 저서 및 논문

Adam, James. *The Republic of Plato*. Second edition. Vol. 2. Cambridge: University Press, 1963.

Asher, Jeffrey R. *Polarity and Change in 1 Corinthians 15*. HUTh 42; Tübingen: Mohr Siebeck, 2000.

Black, Matthew. *An Aramaic Approach to the Gospels and Acts*. 3rd Edition. Oxford: Clarendon, 1967.

Cameron, Ron. "Parable and Interpretation in the Gospel of Thomas." *Forum* 2 Je (1986): 3-39.

Collins, Adela Y. *Mark: A Commentary*. Edited by Harold W. Attridge. Minneapolis: Fortress Press, 2007.

Crossan, John D. *In Parables*. San Francisco: Harper & Row Publishers, 1973.

_____. "The Seed Parables of Jesus." *JBL* 92, No. 2 (1973/6): 244-266.

Dodd, Charles H. *The Parables of the Kingdom*. New York: Chales Scribner's Sons, 1961.

Donahue, J. R. *The Gospel in Parable: Metaphor, Narrative, and Theology in the Synoptic Gospels*. Philadelphia: Fortress Press, 1988.

Drury, John. *The Parables in the Gospel: History and Allegory*. New York: Crossroad, 1985.

Habel, Norman. "Guiding Ecojustice Principles." *Spiritan Horizons* 11.11 (2016), Article 14; https://dsc.duq.edu/spiritan-horizons/.

Jeremias, Joachim. *Rediscovering the Parables*. New York: Chales Scribner's Sons, 1966.

_____. *The Parables of Jesus*. 3rd Revised Edition. Translated by S. H. Hooke. London: SCM Press LTD, 1954.

_____. *New Testament Theology: The Proclamation of Jesus*. New York: Charles Scribner's Sons, 1971.

Jülicher, Adolf. *Die Gleichnisreden Jesu*. Freiburg I. B.: J. C. B. Mohr, 1888.

Koester, Helmut. "A Test Case of Synoptic Source Theory (Mk 4:1-34 and Parallels)." *Gospels Seminar, SBL Convention*, Atlanta, 31 October 1971.

Mack, Burton L. *A Myth of Innocence*. Philadelphia: Fortress Press, 1991.

Marxsen, Willi. "Redaktionsgeschichtlich Erklarung der sogenannten Parabeltheorie des Markus." *ZTK* 52 (1955): 255-71.

Mitton, Charles L. "Threefoldness in the Teaching of Jesus." *ExpT* 75 (1964): 228-230.

_____. *The Fact behind the Faith*. Grand Rapids: Eerdmans, 1974.

Tolbert, Mary Ann. *Sowing the Gospel*. Minneapolis: Fortress Press, 1996.

Via, Dan Otto. *The Parables*. Philadelphia: Fortress Press, 1974.

Weeden, Theodore. "Recovering the Parabolic Intent in the Parable of the Sower." *JAAR* 47 No. 1 (1979): 97-120.

성서, 생태 위기에 답하다

초판인쇄 2022년 1월 28일
초판발행 2022년 1월 28일

지은이 강철구 · 구자용 · 김순영 · 김혜란 · 문우일 · 박유미 · 오민수 · 유연희 ·
최종원 · 박성철
펴낸이 채종준
펴낸곳 한국학술정보㈜
주소 경기도 파주시 회동길 230(문발동)
전화 031) 908-3181(대표)
팩스 031) 908-3189
홈페이지 http://ebook.kstudy.com
E-mail 출판사업부 publish@kstudy.com
출판신고 2003년 9월 25일 제406-2003-000012호

ISBN 979-11-6801-295-0 03230